글로벌 기업과 전략

Global Business & Strategy

이덕훈 지음

教友社

머리말

'Think global, Act local.'이라는 말은 글로벌화가 진전되면서, 모든 기업은 모든 일을 세계적인 차원에서 기획하고 조직하고 제품의 마케팅에 있어서는 현지화에 순응해야 한다는 의미를 가진 말이다. 세계적 경제통합의 흐름에서 '세계화' 또는 '글로벌'이라는 말이 이제 우리 경제뿐만 아니라 학계에서까지 등장하여 교육의 세계화, 경제의 세계화, 기업의 세계화, 경쟁의 세계화가 이제 이름뿐만 아니라 우리의 현실이 되고 있다. 이처럼 글로벌화(globalization)라는 말은 특수한 계층뿐만 아니라 모든 국민이 공유하는 단어가 되고 기업체는 물론 관공서에서까지 세계화로 인한 유행어로서 등장하여 국제화(Internationalization)와 다국적화(Multinationalization)의 개념과 함께 혼란되어 사용되고 있다.

교육계에서는 세계화라는 것은 세계적인 사고, 세계적인 수준에서 교육하고 연구하라는 말이지만, 기업에서는 세계적인 사고와 수준에서 제품을 생산, 판매하라는 의미이다.

이러한 세계화의 개념이 등장하게 된 것은 보편적 기준의 세계화의 등장과 생산수단의 세계화 등의 원인에 기인한다. 이러한 세계화에 핵심적 역할을 한 것은 글로벌기업이라고 생각된다. 글로벌기업은 앞으로는 더욱 더 큰 가능성을 갖고 있으며, 이해관계자인 주주와 나아가서는 진출국의 시민사회와 문화에 끼치는 영향까지도 생각하지 않을 수 없다.

그러나 글로벌기업들도 환경에 적응하여야 하며 적응하지 못한 기업은 커다란 교훈을 감지하여야 한다. 최근 기업을 둘러싼 국제환경은 급변하고 있으며 선진국의 신보호무역주의, EC 통합, 중국과 인도의 등장, 아시아 국가의 경제 환경의 변화 등 어느 하나도 기업으로서는 무시하지 못할 요인이다.

따라서 최근의 세계경제와 글로벌기업은 경영목표를 충분히 달성하기 위해서 국제환경 변화에 빨리 적응하는 것이 중요하다. 또한 상술한 국제환경에 적합한 전략을 수행하는 것도 기업의 경영목표와 직결되는 문제이기 때문에 국제환경에 적합한 국제전략을 수립하는 것이야말로 글로벌시대에 경영자의 중요 책무이기도 하다.

다시 말하면 사람, 제품, 돈, 정보의 글로벌적 교류는 이제는 지구규모로 움직이고 있으나 성공한 경우는 그다지 많지 않다. 기업의 국제비즈니스의 활동은 국제화가 진행되면서 문제가 되어온 시스템과 문화적 충돌문제를 어떻게 하여야 하고 그 전략은 무엇인가가 새로운 과제로 등장한다.

특히 요즈음 글로벌기업의 전략은 국제경영의 새로운 학문이며 글로벌기업에 새롭게 등장하는 과제이다. 국제화가 이루어지면서 나타나는 갈등을 어떻게 해결하며 성공하는가 하는 것은 글로벌기업의 중요한 전략의 하나이다. 본서는 이러한 의미를 갖고 구성된 것이다.

학교 보직 때문에 차일피일 미루면서 2년이 지났지만 이 책 역시 다른 책과 마찬가지로 많은 분들의 도움이 없었다면 완성은 어려웠을 것이다. 특히 성실함과 정의감을 인생의 목표로 일깨워 주신 부모님께 감사드리며 성실함이 무능력으로 인식되는 사회에서도 깨끗하게 사시다가 국립묘지로 가신 아버님의 은혜를 잊지 못한다.

또한 필자의 은사이신 일본 게이오 대학의 명예교수이신 후지모리 교수님은 항상 바쁘고 잡무로 식어가는 연구의식을 일깨워 주었으며 새로운 문제의식을 갖게 해 주었다. 국적을 떠나서 진심으로 감사드린다. 또한, 연구를 끊임없이 하고 있는 제자인 한국과학기술정보연구원의 박재수 박사와 박사과정 수료 후 스페인에서 석사를 마치고 귀국하여 국제적 사고를 접한 제자 한광수 선생에게도 감사한다.

2007. 8.

오정골의 녹음을 보면서

이 덕 훈

차례

제 5 장 자원중심의 국제경쟁과 전략 / 169

제 6 장 글로벌 경영의 조직론 / 197

제 7 장 글로벌 경영전략 모델 / 227

제 11 장 글로벌 기업과 협상문화 / 337

제 12 장 이문화간의 협상전략 / 361

제 13 장 이문화전략과 시너지효과 / 391

1 새로운 경쟁 대상으로서의 국제경영

오늘날 기업은 제2차 세계 대전 이후 과학기술의 발달과 새로운 경영방식, 수송과 통신의 도움으로 급격하게 국제화가 이루어졌으며, 그 결과로서 무국경(Borderless)시대와 지구화(Globalization) 시대로서의 국제경영이 대두되었다. 특히 구소련의 붕괴로 인하여 냉전체제의 종식은 이데올로기를 벗어나 경제적 경쟁이 군사적 경쟁보다 우선한다는 새로운 세계질서를 만들었다. 이러한 세계경제질서의 구조적 재편성과 정보산업의 발전에 따라 국경 없는 세계의 개막으로 선진기업들은 지구를 무대로 21세기 경쟁에 뛰어들고 있다.

국제경영이란 국경을 넘는 거래로서 대상은 재화·서비스·자본·인력·기술 등이 모두 포함되는 것이다. 다시 말하면 국제경영이란 현대 경제의 초점이 되며 선진국이나 후진국을 망라하고 국제무역과 해외투자는 경제발전에 필수 불가결한 요소로 등장하고 있다.

그렇다면 국제경영이란 무엇을 의미하고 있는가? 우리는 이 점을 중심으로 그 경계와 한계를 알아야 할 것이다. 그러므로 글로벌화의 등장과 국제경영의 정의를 언급하면서 본 장을 열도록 한다.

< 제 1 절 >
국제경영의 정의

국제경영의 정의를 논한다는 것은 쉬운 일이 아니다. 이는 그 규모와 범위에 있어 세계적인 **패러다임(paradigm)**의 흐름에서부터 각 민족의 문화까지 넓고도 세세한 부분까지 국제경영연구의 영역에 속하기 때문이다. 따라서 국제경영에 대한 개념을 알아보려면 국제경영의 발달과 성장에 대한 배경을 간략히 살펴보고 정의를 논하는 것이 순서라 하겠다.

국제경영의 발달모습을 국제경영을 담당하는 주체로서의 다국적 기업은 현대자본주의의 가장 지배적인 조직체로서 현재 諸국가 및 국민의 경제적, 사회적, 정치적 및 문화적 생활에 막대한 영향과 힘을 미치고 있다. 그러나 이의 발전은 국내 및 국제경영 양면에 많은 물의와 모순과 불안요인을 야기시키는 계기가 되고 있다.[1] 이러한 국제경영의 역사는 중세의 **코멘다(Commenda) 제도**나 17세기의 **동인도회사(East Indiaa company)**[2]가 그 시초라고도 하고 또 어떤 경우에는 20세기 초의 英美계 석유회사들이 그 효시라고도 한다.

20세기 초부터 제 1차 세계대전이 일어나기 이전까지 미국 및

1) Stephen Herbert Hymer, The Multinational Corporation-Radical *Approach*, Cambridge University Press, Cambridge, England, 1982, p. 1.

2) ① East India Company, British-1600~1894.
② East India Company, Dutch-1602~1798.
③ East India Company, French-1664~1769.

유럽 국가들이 전개한 국제경영활동을 요약하면, 미국 기업들은 원자재 확보·판로 확대 등을 위한 해외직접투자를 활발히 전개하기 시작했는데, 식민지가 거의 없었던 미국의 기업들은 주로 캐나다·중남미·유럽 등을 대상으로 삼아 해외제조활동과 미국산 상품의 수출과 **판매자회사**(marketing subsidiaries)를 통한 시장국들에서의 **현지마케팅**(overseas local marketing)을 포함한 해외상사활동(overseas merchandising activities)을 전개하기 시작했다. 이는 이미 이 기간 동안에 해외자원개발·제조·상사 계통의 미국 다국적 기업들이 존재하였음을 보여주는 자료이다.

유럽 기업들도 원자재 확보·판로확대 등을 위한 해외직접투자를 전개하기 시작했으나 주로 그들의 식민지와 유럽지역을 대상으로 하였으며, 서서히 해외직접투자를 통한 해외제조활동에도 진출하기 시작했다. 그 당시 특히 독일계 기업들의 화학·전기 산업 분야의 해외진출은 미국계 기업들을 능가할 정도였다.

그러나 국제기업과 국제경영의 현대적 의미의 현상은 1950년대부터라고 할 수 있다. 즉, 제 2차 세계대전 후에 미국의 거대기업들이 국내시장에서의 이윤율의 저하, 각국의 수입제한, 천연자원 확보 등의 여러 이유에서 해외직접투자를 하기 시작한데서 비롯된다. 이것이 곧 세계사에서의 다국적 기업의 등장이기도 하다.

상술하는 바와 같이 다국적 기업의 역사와 전개방법, 활동도 논자에 따라 방법을 달리하나 다국적 기업들은 세계경제와 시장의 출현을 개발하는 중요한 요인으로서 인식되어 왔다는 점은 공통적으로 인정하는 바이다. [표 1-1]의 다국적 기업의 수에서 나타나는 바와 같이 1969년도에 7,000개이던 것이 불과 30년밖에 안된

2000년에 약 9.3배인 65,000개의 성장을 기록한 것은 다국적 기업의 활동성이 글로벌화와 세계적 분업, 그리고 해외직접투자와 깊은 관계가 있음을 나타내는 간접적인 변수이기도 하다.

표 1-1 다국적 기업의 수(1969-2000)

년 도	다국적 기업의 수
1969	7,000
1990	24,000
1995	37,000
1997	53,000
2000	65,000

자료 : UN(2000년), UNCTAD(1993, 1999년)

그리고 미국의 경제전문지 포춘(Fortune)의 2007년 세계 500대 기업에서 미국이 162개사로 1위, 일본이 67개사로 2위, 프랑스가 38개로 3위, 독일이 37개로 4위, 그리고 영국이 5위로 33개를 기록하였다.[3]

2차대전 후 영국을 대신하여 세계 자본주의 경제권의 리더로서 등장한 미국에 의해 주도된 다국적 기업은 세계경제의 신장과 더불어 급격한 발전을 거듭하였으며 국제화의 선도적 역할을 담당해 왔다. 미국 기업들은 50년대 후반 EEC(유럽공동시장)의 결성을 계기로 유럽에 진출, 세계적 영업기반을 구축하였다.

이러한 미국 기업의 독주는 60년대 중반 이후 유럽과 일본이 급

3) Fortune 2007. 7. 23, 세계 500대 기업의 약 67%가 선진 5개국에서 차지하고 있음을 보여준다.

격히 부상하면서 제동이 걸리고 70년대 후반 이후에는 일본 기업들이 소니, 히다치, 도요타, 닛산 등의 다국적 기업의 진출에 의해 미국시장과 유럽시장으로 진출하여 무역적자로 인한 일본 때리기가 등장하기도 하였다. 이 시기부터 80년대까지는 미국 주도에서 일본, 독일 등 **다극화 현상**으로 이어져 이념전쟁에서 경제전쟁으로 바꾸어지기도 하였다. 특히, 1990년에 들어서면서 우리나라를 비롯한 신흥공업국의 급속한 경제성장이 수출확대노력에 의한 기업의 국제화 현상임이 명백히 드러남과 동시에 국제경영에 대한 관심은 고조되고 있다.

특히, 동서간의 이념분쟁의 시대가 종언을 고하며 **세계주의(Globalism)**과 **지역주의(Regionalism)**로 대변되는 경제환경의 변화와 함께 재화·서비스·자본·정보의 매개자인 다국적 기업의 역할은 증대되고 있으며 국제경영학은 경영학의 한 분야로서 그 위치를 확고하게 차지하게 되었다. 90년대 후반과 2000년대에 들어서면서 러시아·동구·중국·베트남 등 구 사회주의 국가권들에까지 외자유치에 열을 올리며 다국적 기업들에 추파를 던지고 있어 국제경영은 말 그대로 전 세계에서 이루어지고 있다고 하겠다. 현재 모든 국가에서 글로벌을 주장하고 있지만 그러나 글로벌 경제(Global economy)의 단어 사용에는 약간의 주의가 필요하다. 소위 미국, EU, 일본의 트라이어드 국가의 무역과 대외투자는 세계의 경제활동의 대부분을 차지하고 있고 세계의 주식공개기업의 톱 500개사의 80%는 지금도 본사는 트라이어드국에 위치하고 있다.[4)]

4) Alan, M Rugman, The End of Globalization, Random House Business Books, 2001.

이상에서 우리는 글로벌 경제와 국제경영에 대한 발달을 간단히 살펴보았다. 즉 국제경영이 발달한 역사는 그리 길지 않다고는 할 수 없으나 그 논의가 중심적인 문제로 대두된 것은 세계경제의 경계가 상호간섭을 받기 시작하는 시기, '**세계화**'가 진전되기 시작하면서 그 의미가 깊어지고 있는 것이다. 이하에서 서술되는 것은 이러한 배경을 이해하고 그 정의에 대해 바라보기 바란다.

1 글로벌화의 등장

인류의 세계질서는 모든 측면과 깊은 차원에서 구조 변혁을 이루고 있으며, 단순한 국제화를 넘어 글로벌화(globalization), 즉 지구적 상호의존화의 시대를 형성하고 있다. 특히 21세기 경제 질서는 "**글로벌 시장화**"로서 특징짓지만 이 글로벌화의 대세를 지탱하는 것은 단순한 무역의 확대만이 아니고 해외직접투자와 해외생산의 증대로 이행하고 있다.

이 직접투자는 다국적 기업, 최근에는 글로벌 기업, 무국적기업으로 불리어지는 지구적 거대기업의 다이나믹한 활동에 의해 이루어진다. 글로벌 기업에 의한 투자행동은 최근에는 전략적 제휴로 불리어지는 새로운 전략적 네트워크가 형성되어 지구적 시장경제에 신시대를 기획하고 있다.

글로벌 시장화와 글로벌 기업의 행동을 가능케 하고 질서를 이루는 것은 거시적 범위로는 제도를 포함한 새로운 경제 질서 논리가 출현하고, 또한 미시적 범위로는 글로벌 기업의 행동원리를 이끄는 비즈니스 윤리가 요구되고 있다.

지금 21세기의 세계질서로는 총체적으로는 구조변혁이 진행되고 있지만 한마디로 말하자면 "글로벌화"라는 규정이 타당하다고 생각한다. 이것은 단순한 국제화(internation alization)에 머무르지 않고 문자 그대로 지구화(globalization)로서 인류의 여러 활동이 지구적 규모로 상호의존적 관계를 확대시켜 심화해 온 것이라고 생각된다. 소위 **무국경화**(borderless, stateless),[5] 므국가화(nationless)라는 표현이 적절한 것이다.

따라서 이러한 글로벌화는

① 환경문제의 글로벌화
② 자원공급, 수요의 글로벌화
③ 라이프 스타일의 글로벌화
④ 정보 시스템의 글로벌화
⑤ 기술의 글로벌화
⑥ 인구이동의 글로벌화[6]로 이어져 글로벌 시장화, 정보화 경제의 재 편승, 세계적 노동력 이동시대를 형성해 왔다.

5) Kenichi, Ohmae, *The Borderless world*, Collins, London, 1990.
6) Robert, B. Reich, *The work of nations, preparing ourselves for 21st century capitalism*, Alford A Knopf, 1991.

1) 시장의 글로벌화

오늘날 세계경제는 제2차 세계대전 이후 과학기술의 발달과 수송통신의 발전으로 급격하게 국제화가 이루어졌으며 그 결과로서 무국경(borderless)시대의 시장의 세계화가 이루어진 것이다.[7] 다시 말하면 미국시장이나 일본시장이 아닌 "**글로벌 시장(Global Market)**"의 등장이다. 이는 무역장벽, 거리, 시간, 문화의 장벽을 뛰어넘고, 개인의 기호 특성의 차이를 초월하는 국제적 규격과 감각하의 표준화를 의미하기도 한다.

예를 들면, 코카콜라, 리바이스 청바지, 소니 워커맨, 맥도널드 햄버거 등은 맛과 규격 그리고 멋의 표준화로 세계 시장을 창조하였다. 그러한 의미에서 요즈음의 세계를 "**글로벌 이동(Global Schift)**"으로 표현하기도 한다[8].

그러나 코카콜라나 맥도널드 햄버거 등과 같은 세계 시장을 상대로 움직이는 기업도 있지만 각국에는 국내시장을 상대로 움직이는 기업이 아직 더 많다. 왜냐하면 소비자의 기호와 특성이 많은 부분에서 국내적 특성을 유지하는 문화적인 부분이 더 많이 요구되기 때문이다. 예를 들면, 서구의 치즈나 일본과 한국의 된장이나 김치 등이 점점 국제화되어 가고 있지만 미묘한 맛을 요구하는 부분이 있기 때문이다.

이처럼 생산의 국제화(Globalization of Production)가 이루어지는 것은 **시장의 국제화**(Globalization of Markets)가

7) T. Levitt, "The Globalization of Market," *Harvard Business Review* May-June 1983, pp. 92-102.

8) P. Dicken, *Global Shift*, Guilgord Press, 1992.

성립되었기 때문이다. 다시 말하면 Global Communication Network를 통하여 CNN, MTV 등의 미디어가 세계 정보화를 창조하였고, 헐리우드 필름을 통하여 文化가 유입되었기 때문이다. 미국文化의 침입으로 표현되는 코카콜라와 맥도널드는 전 세계에 진입되었으며 그 나라의 개방도를 평가하기도 한다. 북한의 김정일 위원장과 김대중 대통령의 정상회담 뒤에 코카콜라와 펩시콜라가 처음으로 반입되었다고 하며, 북한의 개방화를 평가하기도 하였다.

2) 왜 글로벌화인가?

(1) 전통적인 비교우위 요인

아담스미스가 제창한 국제적인 전문화의 개념을 기초로 하여 국가 간의 생산요소부존비율과 그 가격에 차가 존재하기 때문에 비교우위가 나타났고 그 결과로서 상품이 국제적으로 이동한다고 생각하는 것이 전통적인 무역론이다. 전통적인 **국제자본 이동론**에서는 상품과 마찬가지로 이윤을 구하기 위해 자본이 국가 간을 출입한다고 생각하여 왔다. 그러나 경영자원으로서 자본과 노동을 대상으로 하는 전통적인 이론에 의해 오늘날의 글로벌화에의 행동의 일면은 설명할 수 있다고 하더라도 현실의 기업의 행동은 이 테두리를 훨씬 뛰어 넘고 있다고 하겠다.

(2) 기업성장에의 요인

기술, 노하우, 전략의 입안이나 경영 관리력, 기업가 정신 등 소위 소프트적인 경영력의 우위성이 직접투자라는 자본의 이동을 가져다주는 커다란 원천이 되고 있는 것이 현실이다. 자본, 노동, 소프트적인 경영력 등의 경영자원이 패키지로서 이동하는 것이 현재의 직접투자이다. 이러한 현실에서 기업은 본래 성장을 지향하면서 최적의 행동을 추구하는 주체라고 생각하기도 한다. 국내보다는 해외에서 사업의 기회가 커진다면 필연적으로 경영자원을 해외에 이전한다. 기업의 다국적화를 진화론적으로 취급하는 견해가 로빈슨(R.D Robinson)에 의해 등장하였다.9)

2 국제경영의 정의

국제경영학에서 논의되고 있는 국제경영은 그 역사와 일련성과 환경 변화성 때문에 개념을 확고하게 논하기엔 어려움이 많다. 또한 학자들의 연구목적과 연구방법, 시대에 따라 그 정의도 다를 수 있다.10)

9) R. Robinson, International Business Management, Dryden press, 1978.

10) 보통 International Business를 지칭할 때는 세 가지의 뜻을 가지고 있다. 먼저 급격한 환경의 변화로 야기되는 복잡성·다양성·단절성·불확실성·위험성 등으로 특징되는 세계 및 지역시장과 진출국으로부터 영향을 상호 주고 받으며 기업이 수행하는 국제경영활동인 '국제경영(international business)', 두 번째로 일정한 목적을 실현하기 위해 전략·전술 등을 개발하여 실제로 국제경영활동을 수행하는 '국제기업(international business)', 세 번째로 경영학의 일부로서 국제경영과 국제기업 및 국제경영환경 등 관련관제를 연구하는 학문분야로서의 '국제경영학(고유명사 사용할 때

그러나 일반적으로 국제경영은 규정기준에 따라 두 가지 견해로 나눌 수 있다. 첫 번째 견해는 국제경영이란 국경을 넘는 사업활동을 경영교육의 학문적 연구의 대상으로 하는 분야로서, 여기에서 국경을 넘는 사업 활동의 대상에는 재화, 서비스, 자본, 인력, 기술이전, 그리고 인력관리 등이 모두 포함된다.[11] 이와 같이 국경선을 기준으로 하는 로보크(S. Robock), 시몬즈(K. Simmons)와 츠비크(J. Zwick)의 견해이며, 두 번째 견해는 국제경영이란 한 나라, 한 영토, 또는 한 식민지 이상의 사람 또는 기관에 영향을 미치는 공사(公私)의 경영활동을 대상으로 하는 연구 및 실무의 한 분야이다.[12] 이와 같이 활동지역의 수를 기준으로 하는 로빈스(R. Robinson)의 견해가 있다.

이처럼 두 견해는 국경과 활동지역의 수를 기준으로 하고 있다는 점에서 상이하나, 2개 국 이상에서 일어나는 경영활동의 현상으로 보고 있다는 점에서는 공통점을 갖고 있다. 따라서 국제경영이란 2개 국 이상에서 이루어지는 **경영관리활동**(management)과 2개 국 이상에서 관련되는 **경영활동**(business)으로 정의할 수 있다.[13]

....

International Business)'이 있다.

11) S. Robock, K. Simmonds, & J. Zwick, International Business and Multinational Enterprises (Richard D. Irwin, Inc., 1972). p. 3. "International Business as a field of management training and scholarly research deals primarily with business activities that cross national boundaries, whether they be movements of goods, services, capital, or personnel; transfer of technology; or even the supervision of employees."

12) R. Robinson, International Business Management(Hindsale, N.Y. : Dryden Press, 1978), p.17. ["International Business as a field of study and practice encompasses that public and private business activity affecting the persons or institutions of more than one national state, territory, or colony."]

이상에서 국제경영에 대한 논의를 하였지만 국제경영학에 대해서는 확정적으로 정의내리기가 곤란하다. 그 이유는 국제경영학의 연구방법이 확립되지 못하는 이유도 있지만, 국제경영이 내포하고 있는 포괄적인 성격 때문이다. 즉 경영활동에서 특정 기능(생산관리, 마케팅, 재무 등)을 대상으로 연구가 이루어질 수 있으나, 국제경영학은 대상에 있어 이들 특정 기능을 망라한 기업의 국제적 경영활동을 포괄적으로 다루어야 한다.

연구방법에 있어서도 학자들의 연구목적과 분석대상에 있어 제각기 다른 연구방법을 사용하고 있기도 하다. 그러므로 국제경영학에 대한 학문적 성격을 논하기보다는 이 학문이 포함하고 있는 범위를 그림으로 예시하여 이해하도록 하자.

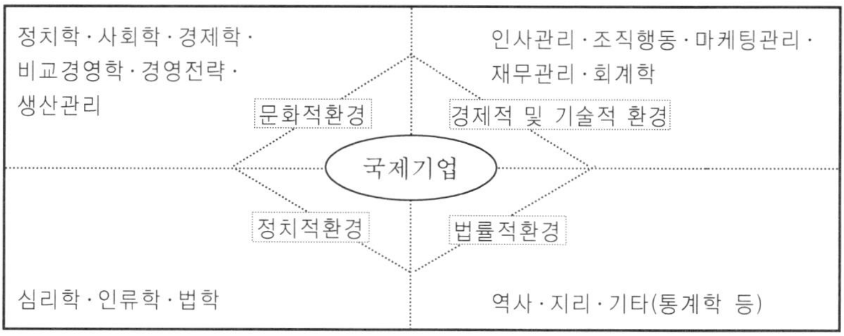

그림 1-1 국제경영학의 인접학문

상기 그림에서 보면 국내 기업경영 그 자체도 경영 환경적인 면에서 비슷하다고 할 수 있으나 비교경영학이라든지, 심리학, 인류학,

13) R. L. Daft, Management, Dryden Press, 1991, p. 603.

역사, 지리 등의 면에서 보면 국제경영의 활동에 있어 매우 중요한 요인으로 작용하는 것이 현실이다. 다만, 이것이 국제경영에서만 적용된다고는 말할 수 없지만, 그 중요도에 있어 기존의 경영일반보다는 보다 구체적이고 체계화하여야만 하는 환경적 요인의 속성이라고 할 수 있을 것이다. 이상은 국제경영에 대한 이해를 돕고자 설명하였다. 그렇다면 국제기업에 대해서, 즉 행동의 주체인 국제기업에 대해 어떻게 정의를 하고 있는지 알아볼 필요가 있다.

< 제 2 절 > 국제기업의 개념

1 국제경영과 국제기업의 정의

국제경영이란 2개 국 이상에서 이루어지는 경영관리활동, 또는 2개 국 이상에서 관련되는 경영활동으로 정의하였다. 국제기업이란 2개 국 이상의 나라에서 사업을 하는 기업을 말한다. 기업적 측면에서 보면 국내기업이란 본질적으로 단지 하나의 국민경제의 틀 내에서 비즈니스 활동을 영위하는 기업을 가리킨다. 이런 종류의 기업의 비즈니스 활동은 원칙으로 정치적, 법률적,

경제적, 사회적, 문화적으로 통일된 환경구조를 지향하는 것이 된다. 국제기업은 단지 그 기업의 제품뿐만 아니고 자본이나 기술 기타 모든 경영적 자원이 외국에서 이루어지므로 기업의 비즈니스 활동은 다른 환경구조에서 이루어지며 기업의 의사결정 역시 서로 다른 환경구조 속에서 이루어지는 것이 일반적이다.

국제기업의 개념정의에 대해서는 아직 통일적인 견해에 도달하지 못하고 있는 실정이다. 국제기업이라는 표현 이외에 흔히 **다국적 기업**(multinational enterprise), 초 국가, **초 국제기업**(supernational or transnational enterprise), **세계기업**(global enterprise) 등의 표현이 사용되고 있는데, 어느 것이든 비슷하게 사용되고 있다. 일반적으로 국제기업은 국가의 경계를 넘어서 다른 나라에서 생산하고 마케팅 활동을 하며 지구화기업 또는 초국가기업으로 인식되고 있다.[14)]

이 중에서 다국적 기업이라는 말이 가장 보편화되고 있다. 다국적 기업이라는 말은 제2차 세계대전 이후에 학계, 경제학, 저널리즘 세계 등을 막론하고 각국에서 널리 사용되어 오고 있으며, 오늘날의 경제현상을 논함에 있어서는 무시할 수 없는 것으로 되고 있다. 그 후 이와 비슷한 용어들이 많이 사용되어 규모의 형태와 경영활동의 형태에 따라 다국적 기업, 국제기업, 초국적기업 등으로 용어를 확대하여 부르기도 한다.

다국적 기업이란 용어가 비교적 보편적으로 사용되었으며 그 내용에 대해서도 어느 정도 통일적인 견해와 학문적 체계가 이루어진 것은 1960년을 전후한 시기라고 할 수 있다. 다국적 기업이

....

14) D. Hellriegel, J. W. Slocum, Management, 1992, pp. 108-110.

란 용어의 어원을 보면 처음에는 **세계기업**(world enterprise)이라고 불렀으며 이는 세계기업의 창조(creating a world enterprise)라는 논문이 하버드 비즈니스 리뷰에 발표된 1959년 말이라고 하겠다.[15] 클리와 디시피오는 이 논문에서 미국의 대기업이 세계적 규모에서 경영활동을 전개하기 위해서는 어떠한 경영이념 하에서 행동하여야 할 것인가를 다룰 때 국적을 초월하는 대기업을 세계기업이라 명명한 것이다. 한편, 다국적 기업이란 용어는 1960년에 릴리엔달(D. E. Lilienthal)이 다국적 기업의 경영(Management of Multinational Corporation)에서 처음 사용했으며 1964년에 키처(Kircher)는 **초국적기업**(transnational enterprise)이란 용어를 사용하기도 하였다. 포터는 1986년에 세계시장을 하나의 시스템으로 보고 글로벌기업(Global Corporation)으로 정의하기도 하였다.[16]

그런데 국제경영활동을 수행하는 경영주체로서 국제기업을 정의하는 데는 학자들 간에 별 차이가 없지만, 이에 대한 명칭과 평가기준이 다양하게 병존해 있다. 예컨대 루트(F. Root)와 버논(R. Vernon)은 다 같이 **다국적 기업**으로 표현하고 있지만, 루트는 보다 추상적인 표현으로 다국적 기업을 정의하는 데 비해 버논은 구체적인 평가기준을 설정하여 다국적 기업을 정의하고 있다.

이상과 같은 혼란 속에서 국제기업(다국적 기업)을 정의하기란 여간 곤혹스러운 일이 아니므로 이를 [표 1-2]로 정리하여 살펴보도록 하자.

....

15) G. H. Clee and A. discipio, Creating a World Enterprise, Harvard Business Review. Nov-Dec, 1959.

16) M. Porter, Competitive in Global Industries, Harvard Business School, 1986.

표 1-2 다국적 기업의 정의

학 자	명 칭	본 질	관점
G. H. Clee & A. di Scipio	world enterprise	· 다국적 기업에 대한 최초의 이론적 정의(1959년) · 마케팅 · 연구개발 · 생산활동이 국경을 초월하여 이루어짐 [경영이념이 국제적]	형태
H. V. Purlmuter	multinational corporation	· 경영자의 태도를 본국중심적(ethnocentric), 현지국중심적(polycentric), 지구중심적(geocentric)으로 나누고 · 다국적 기업은 지구중심적 경영을 하는 기업	
M. Porter	global corporation	세계시장을 하나의 시스템으로 보아 각국의 경영전략을 유기적으로 조정	
R. Robinson	supernational corporation	세계적인 관점에서 자원배분	
G. Ball	cosmo corporation	초국적 주체에 의해 관리되는 기업	구조
D. E. Lilienthal	multinational corporation	· 다국적 기업이란 용어를 처음 사용(1960년) · 1개 국 이상에서 해외생산활동 · 경영자가 세계적 차원에서 시장개발 · 연구 · 생산에 대한 의사결정을 내림 [경영활동이 일어나는 국가의 수 ≥ 2]	
J. N. Behrman	multinational enterprise	· 기업이 국경에 의해서 분리되어 다수 국가의 통치하에서 활동하면서도 내부적으로는 통제된 기업, 즉 다양성속의 통일성(unity in diversity)을 강조 [기업소유권자의 국적 ≥ 2]	

표 1-2 계속 1

학 자	명 칭	본 질	관점
R. Vernon	multinational enterprise	· 다수국의 해외 자회사와 본사간의 기업집단(cluster of coporation)으로 이 들 기업집단은 인적·재무적 자원을 공동으로 사용하고 동일한 전략에 의해서 운영됨 [대기업 + 6개 국 이상에 제조업투자]	구조
J. Fayerweather	multinational firm	· 2개 국가 이상의 외국에서 직접 경영활동을 하는 모든 기업	
R. D. Robinson & Pierre Goetschin	multinational firm or corporation	· 다국적 기업을 National → International → Transnational → Multinational → Supernational과 같은 발전하는 단계로 보았다. · 소유·경영의 다국적화와 시장·자산의 국적적 분산	
D. P. Kircher	transnational enterprise	최고경영층의 국적 수 ≥ 2	
S. E. Rolfe	international firm or corporation	매출액, 투자, 생산, 고용 등의 해외부분 비용이 25%	성과
J. K. Bruck and F. A. Lee	multinational corporation	해외부분의 매출액, 이익, 자산, 종업원 수는 일정비율	
Neil Hood & Stephen Young	multinational enterprise	· 1개 국 이상의 수익자산을 소유·통제·관리하며, · 해외직접투자를 통해 해외생산활동을 하는 기업	구조와 형태
UN	multinational corporation	· 2개 국 이상에서 생산 또는 서비스활동 · 소유와 경영의 다국적화 및 최고경영자의 국경을 초월한 의사결정	

표 1-2 계속 2

학 자	명 칭	본 질	관점
F. Root	multinational enterprise	여러 나라의 생산중심 활동 + 국경선을 초월하여 직접 통제	다각적 관점
Yair Aharoni	multinational corporation	· 다국적 기업의 정의를 위한 접근법을 다음과 같이 3가지로 분류 ① 구조적 기준(structual criterion): 해외대상국가의 수, 소유권, 최고경영자의 국적, 조직구조 ② 성과측도 (performance yardstick) : 매출액, 이익, 자산, 종업원의 수 ③ 행태적 특성 (behavioral characteristics) : 경영자의 국제적 사고여부	종합적

자료 : Yair Aharoni, "On the Defination of a Multinational Coporation", *Quartely Review of Economics and Business*, Autumn 1971, pp.27-37: 방호열, 국제경영학, 법문사, 1990, p.50.

주 : G. H. Clee & A. di Scipio,[17] D. E. Lilienthal,[18] D. P. Kircher,[19] S. E. Rolfe,[20] J. Fayerweather,[21] UN,[22] J. N. Behrman,[23] J. K. Bruck and F. A. Lee,[24] Yair Aharoni,[25] R. D. Robinson,[26] Neil M. Jocoby,[27] H. V. Purlmuter,[28] W. A. Dymsza,[29] Endel J. Kolde,[30] R. Vernon.[31]

17) G. H. Clee & A. di Scipio, "Creating a World Enterprise", Harvard Business Review, Nov~Dec, 1959.

18) D. E. Lilienthal, "Management of Multinational Coporation", in Melvin Anshen and G. L. Bach(ed), *Management and Coporation*, 1960, p. 119.

19) D. P. Kircher, "Now the Transnational Enterprise", *Harvard Businese Review*, Mar~Apr., 1964.

20) S. E. Rolfe, "The International Coporation", ICC, 1969, p. 10.

21) J. Fayerweather, International Business Management: a Conceptual Approach, New York McGraw, 1969, p. 13.

22) Department of Economic and Social Affairs, United Nations, New York,

상기에서 보면 다국적 기업에 대한 정의가 크게 구조, 성과, 형태, 다각적 관점이라는 네 분류로 나누어지는데, 국제기업에 대한

....

1973, pp. 4~5.

23) J. N. Behrman, Some Patterns in the Rise of the Multinational Enterprise, *Chapel Hill: The University of North Carolina Graduate School of Business Research Paper 18*, 1969, pp. 58~60.

24) J. K. Bruck and F. A. Lee, "Foreign Content of U.S. Coporation Activies", Financial Analysis Journal, Sep~Oct, 1966 and "Foreign Investments Capital Control, and Balance of Payment", *The Bulletin, New York University Institute of Finance*, Apr, 1968, Appendix Table 1.

25) Yair Aharoni, "On the Defination of a Multinational Coporation", Quartely Review of Economics and Business, Autumn 1971, pp. 27~37.

26) R. D. Robinson, "Joint Venture of Transnational Business", *International Management Review*, Vol. 1, No. 1, 1964.

27) Neil M. Jocoby, *The Center Magazine*, Vol. III, No. 1, Center for Study of Democratic Industries, Santa Barbara, Calf., May 1970.
: A multinational corporation owns and manages businesses in two or more countries. It is an agency of direst, as opposed to portfolio, investment in foreign countries, holding and managing the underlying physical assets rather than securities based upon those assets.

28) H. V. Prelmuter, "The Tortuous Solution of Multinational Coporations", Columbia Journal of World Business, Jan~Feb 1969, pp. 11~14.

29) W. A. Dymsza, Multinational Business Strategy, McGraw-Hill, New York, 1972, pp.4~5. [In our treatment, we distinguish between the international firm in general and the multinational company in particular. The "international company" is a generic term that comprises with various degrees of world orientation in their business; on the other hand, the "multinational firm" is one type of international company.]

30) Endel J. Kolde, International Business Enterprise, Second Edition, Prentice-Hall, Inc., Englewood, New Jersey, 1973, pp.134~136. (모형을 사용해서 분석) [The basic notion in any defination of multinational enterprises is that of a number of affiliated business establishments which funtion simultaneously in different countries.]

31) R. Vernon, Sovereignty at Bay(New York, 1971), p. 4.

개념 정리에서 다국적 기업의 정의는 그리 일반화하기는 쉽지 않다는 것을 알 수 있다. 그러면 우리는 어떤 측면을 보아야 하는가? 국제기업에 있어 그 정의보다는 이들의 행동적인 측면을 설명함으로 이해를 도울 수 있을 것이다.

2 국제기업과 세계시장과 분업

이러한 다국적 기업이 증가하면서 요구되는 해외시장의 관계는 새로운 분업관계로 설명되기도 한다. 예를 들면, 오늘날의 새로운 **분업관계**는 세계경제에 있어서 핵심적인 지역실체로서 존재하고 있다(Ohmae, 1995).[32] 따라서 새로운 지역의 연대가 필요하게 등장하였고 지역간의 분업관계도 새롭게 등장하였다.

첫째, 지역적인 연대로 인하여 국가 간에 국경을 넘는 협력과 개발이 등장한다. 일례로, EU와 같은 새로운 지역실체에서는 인적 및 투자의 자유로운 흐름이 발생함으로 인해서 특정지역을 성장 기둥으로 거듭나게 만들었다.

둘째, 새롭게 등장한 성장 지역에 대한 관심이 세계적 관심사로 등장하였다. 일례로, 이탈리아의 Third Italy, 독일의 Baden-Wurttemberg, 홍콩과 한국, 대만, 싱가폴, 그리고 멕시코 등이 이에 해당된다.

32) Ohmae K. (1995), *The end of the Nation State. The Rise of Regional Economies*, HaperCollins, London.

이러한 맥락에서 보면, 지금의 세계는 새로운 시장과 새로운 산업지역들이 글로벌하게 등장하고 있다는 점에서 다국적 기업들에게는 새로운 기회를 제공하고 있다. 더구나 다국적 기업들에게는 새로운 경쟁위치와 네트워크의 개발, 그리고 **가치체인**을 연결할 수 있는 새로운 지역 및 지역경계를 초월할 수 있는 정책들이 만들어지고 있기도 하다. 그 이유는 상호간의 관계성을 조정하는 정도에 의해서 생산비용의 절감, 유통과 **로지스틱스**(logistics) 채널의 조정, 핵심과 관련적 생산 간을 구분하면서 전략적인 **아웃소싱**(outsourcing)이 가능하기 때문이다. 또한 새로운 지역과 국가의 등장은 서구 다국적 기업에게 경쟁자로서 대두되어서 기업의 국제화 과정이 복잡하게 형성되었는데, 시장의 지리적 규모에 따라서 기능적 및 역할적으로 개발하는 과정이 달라지고 있다는 점이다.

따라서 기업의 국제화 이론은 다음의 관점에서 새롭게 접근해야 한다. 첫째, 아시아국가, 동유럽국가, BRICs(브라질, 러시아, 인도, 중국) 국가들의 등장으로 인한 지역 분할적 측면[표 1-3 참조], 둘째, 비즈니스 행동과 국제화에 영향을 주는 ICT (Information and Communication Technology)의 역할 측면, 셋째, 기업의 성공과 실패에 영향을 주는 문화적 측면, 넷째, 다국적 기업과 중소기업의 아웃소싱과 비즈니스 네트워크 측면(국가마다, 기업마다 다른 논리적 네트워크) 등이다.

3 브릭스국가의 등장

급격한 경제성장을 거듭하고 있는 브라질·러시아·인도·중국 등의 신흥경제 4국을 일컫는 말이다. 브릭스(BRICs)라는 용어는 2003년 미국의 신용평가회사 골드먼삭스 보고서에서 처음 등장했다. 이들 4개국은 1990년대 말부터 신흥경제국으로 주목받기 시작했으며, 경제성장 속도와 성장 가능성이 커 하나의 경제권으로 묶었다. 브릭스 4국은 영토가 넓고 자원과 노동력이 풍부하여 경제대국으로 성장할 수 있는 요인을 갖추고 있다. 이들 4개국은 세계면적의 30%가 되는 영토에, 총인구는 2002년 기준으로 세계인구의 43%를 차지하는 막대한 내수시장에, 노동력 역시 풍부하다.

표 1-3 브릭스의 등장과 세계 경제규모 순위

2004년		2005년	
순 위	국 가 명	순 위	국 가 명
1	미국	1	미국
2	일본	2	일본
3	독일	3	독일
4	영국	4	영국
5	프랑스	5	프랑스
6	이탈리아	6	중국*
7	중국*	7	이탈리아
8	캐나다	8	캐나다
9	스페인	9	스페인
10	인도*	10	인도*
11	한국	11	브라질*
12	멕시코	12	한국
14	브라질*	13	멕시코
16	리시아*	14	러시아*

자료 : *는 브릭스 국가, 통계청·한국은행·IMF (2006년)

특히 1990년대 이래 해마다 7~10%에 달하는 초고속 성장을 거듭하는 중국, 풍부한 IT 인프라를 바탕으로 IT 강국으로 떠오른 인도 등 이들 네 나라의 경제는 한결같이 상승국면이었다.

<제 3 절> 국제기업과 국제경영

기업의 국제화는 야마사끼와 다께다(山崎清, 竹田志郎)에 의하면 수출에 의해서 이루어진다고 한다.[33] 그러나 수출의 경우와 직접투자의 경우는 국제화의 정도가 결정적으로 다르며, 후자의 경우는 전자에 비하여 현저히 그 국제화의 과정이 깊다고 한다. 생산회사가 수출을 상사에 의뢰할 때는 물론 자사가 해외에서 현지판매회사를 갖는 경우라도 기본적 생산활동은 국내에 있고, 경영전략이나 조직 역시 국내 중심적이다.

한편, 해외에 대한 직접투자가 전재되는 경우에는 기업은 경영자원의 배분을 국제적 관점에서 최적화하고, 그 국제적인 활용으로부터 이익을 올려 성장을 꾀한다. 이러한 경우의 국내적 관점은 국제화에 따라서 점차 주도성을 잃고 국제적 관점에 의해 바뀌어진다. 따라서 국내활동은 세계적 활동의 일환에 지나지 않게 되는 것이다.

그러면 국제화 과정에 대해 살펴볼 필요가 있게 된다. 이를 크게 일반적인 과정에서 언급되는 것과 신흥공업국의 과정으로 나

33) 山崎清. 竹田志郎 *, 「テキストブック 國際經營」, 有斐閣ブックス, 昭和 57年, pp. 20~22를 참고할 것.

누어 볼 수 있다.

먼저 로빈슨(R. D. Robbinson)은 기업의 해외활동 및 세계적 자원배분 정도, 소유국가, 기업경영관리의 특성 등을 기준으로 기업의 국제화 과정을 구분하고 각 단계별 국제기업의 명칭을 다르게 부여하고 있다. 즉 기업은 국가기업(nation firm) → 국제기업(international firm) → 다국적 기업(multinational firm) → 초국적기업(transnational firm) → 초국가기업(supernational firm)의 과정으로 발전되면서 국제화를 이루어 나간다는 것이다[표 1-4 참조].

표 1-4 로빈슨의 기업국제화 과정

단계명칭	해외사업내용	해외사업의 비교	소유	기업경영관리의 주체
국가기업	상품수출 및 기술제휴	국내산업의 일환	본사국	본사국 모기업
국제기업	상품수출 및 현지생산판매	상호의존성과 독립성이 공존함	본사국	본사국 모기업
다국적기업	상품수출 및 현지생산판매	국내·해외 동등함	다수국	본사국 모기업
초국적기업	상품수출 및 현지생산판매	국내·해외 일체화	다수국	다수국
초국가기업	상품수출 및 현지생산판매	국내·해외 일체화	국제기구	국제기구

자료 : R. D. Robinson, Beyond the Multinational Corporation, *Inpublished Manuscript*, 1973, p. 27.

한편, 팅(W. Ting)은 **제품개발전략**을 중심으로 신흥공업국 기업의 국제화 과정을 **모방기**, **계량기**, **선도기**의 세 단계로 구분하였다[표 1-5 참조]. 신흥공업국의 기업은 선진국 제품을 모방하여 이를 신흥공업국 여건에 적합하도록 개량하여 경쟁우위를 얻고 이를 기반으로 새로운 시장을 개척해 나간다. 이러한 과정에서 신흥공업국 기업의 국제화가 이루어지는데, 기업의 국제화가 진전될수록 마케팅 기능과 연구개발의 기능이 중요한 역할을 하게 된다.

표 1-5 팅의 신흥공업국 기업의 국제화 경로

의사결정 요소	모방기	계량기	선도기
마 케 팅	저	중	고
디장인·설계	고	고	고
생 산	고	고	저
구 매	고	중	저
생산자 관리	고	고	저

자료 : W. Ting, "The Producting Development Process in NIC Multinationals", *Columbia Journal of World Business*, Spring 1982, pp.76-81.

위에서 보듯이 기업의 국제화는 일반적으로는 국내의 활동이 국제활동의 기반으로 포함되고 있다.

이와 같은 조건을 갖출 수 있는 기업은 거의가 다국적 기업이라고 부를 수 있다. 다국적 기업이든 비 다국적 기업이든, 기업의 국제화가 진전되면 기업은 순수한 의미에서도 국내경영에서 크게 또는 적게 국제경영의 분야에 들어가지 않을 수 없다. 이러한 의미에서는 국내경영과 국제경영 간의 유사성과 공통성이 있는 것은 사실이다. 상이한 점은 외부적인 요인의 상이성과 사회 문화적 환경의 차이라 하겠다.

그러면 기업국제화의 공통적 결정요인은 무엇인가? 하는 점이 대두된다. 기업국제화에 공통적 결정요인에 대한 학자들의 견해로 대신하기로 한다[표 1-6 참조].

표 1-6 기업국제화의 공통적 결정요인

연구자	결정요인	특징
그라이너 (Greiner, 1972)	기업조직의 연륜과 능력	
데이비슨과 해리건 (Davidson & Harrigan, 1977)	- 제품의 특성 - 시장의 특성 - 시장진출 순서 - 시장진출시기	
요한슨과 발네 (Johanson & Warren, 1978)	- 기존시장에 대한 위협 - 시장기회 - 기업내부 능력 및 경험 - 성장의지	
카뷔스길과 네빈 (Cavusgil & Nevin, 1981)	- 수출과 기업특유의 비교우위에 관한 네 가지 변수간의 상호작용	통계적 기법을 사용하여 실증적으로 검증
보르첼 (Wortzel, 1981)	- 기업의 제품에 대한 경험 - 제품의 마케팅 필요조건 - 제품의 유통구조 무역장벽	신흥공업국의 국제화 단계 결정요인을 실증적으로 연구
브라얀 프레져외 (1999)	- 지리적 특성 - 자본적 특성 - 기술적 특성	세계를 위한 경쟁
힐 (1997)	- 환경적 특성 - 기업적 특성 - 해외직접투자요인	
오마에겐이치 (2005)	- 인터넷, IT - 기술적 특성 - 가치적 특성	글로벌 무대

자료: 어윤대 외, 국제경영, p. 193. Lowell BR Yan, Jane, Fraser, Jeremy oppenrliem, WilHerm Rall, Race for the world, 1999, Harvard Business School Press, Charles. W. Hill, International Business, 1997, IRwin/McGraw-Hill, Kenich Ohmae, The nest Global Stage, Wharton School Publishing 2005.

1970년대에는 제품과 시장을 중심으로 국제화한 조직의 능력에 대해 논했고 1980년대에는 수출과 기업 특유의 비교우위와 신흥공업국의 국제화 결정요인에 대해 주장하였다. 1990년대에는 세계를 위한 글로벌 경쟁의 입장으로 지리적 특성, 자본적 특성, 기술적 특성이 강조되었다. 2000년대에는 정보화 시대로 진입되며 인터넷 등 정보기술과 가치, 기술력 특성이 강조되고 있다.

그러나 기업의 국제화는 당해 기업이 위치해 있는 환경과 개별 기업의 능력과 경험에 따라 달라지며, 산업별 또는 국가별로 차이가 있기 때문에 '**최적결정요인**'은 있을 수가 없다는 것이 일반적이다.

하지만 국제경영의 가장 큰 장점은 현지국의 경제성장의 기여와 역할을 빼놓을 수 없으며 **기술이전의 담당자, 변혁의 대리인**으로 불리고 있는 것도 이러한 측면이 있기 때문이다. 2개 국 이상에서 이루어지는 경영활동, 2개 국 이상에서 관련되는 경영활동을 국제경영으로 정의하였는데 역시 국제기업, 또는 다국적 기업과 깊이 관련되고 있으며 국제경영이 미국에서 일찍이 학문의 한 분야로서 발전되어진 것은 다국적 기업의 눈부신 성장과 방대한 경험의 축적에 의해서라 할 수 있다.

또한 국제기업관리의 유형에 대해서 펄뮤터(H. V. Perlmutter) 교수는 국제기업에 있어 본사의 子會社에 대한 태도를 중심으로 **에스노센트릭**(Ethnocrntric), **폴리센트릭**(Polycentric), **리지언센트릭**(Regioncentric), **지오센트릭**(Geocentric)으로 구분하였다[34)]

---

34) H. V. Perlmutter, op. cit., pp. 9~18

첫 번째로, 에스노센트릭 기업유형이란 自民族中心의 기업유형을 말하며 무슨 일이든 본사를 중심으로 한 기업을 의미한다. 이는 내셔널리즘(Nationalism)을 경영의 기본으로 하는 경영체제로서 본사에 의해 모든 의사결정이 이루어지는 기업을 말한다. 두 번째로, 폴리센트릭 기업유형이란 多國中心의 기업유형을 말하며 의사결정에 있어서 권한, 자회사 통제의 방법, 임원구성 등 모든 조직과 경영면에서 자회사중심의 형태를 말한다. 세 번째로, 리지언센트릭 기업유형이란 국제적인 면에서 각 지역중심의 기업유형을 말하며, 국제경영의 대상시장을 일부 또는 각국 시장을 개별적으로 세분화하여 전략적 목표로 삼고 각각의 시장에 최적의 제품, 생산, 판매, 조직, 재무, 인사, R&D, 일반적 관리시스템을 창출하는 국제경영체제를 의미한다. 네 번째로, **지오센트릭** 기업유형이란 지구 중심적 기업유형을 말한다고 볼 수 있는데, 특정국가에 구애받지 않고 본사와 상호의존관계에 있는 해외 자회사가 유기적으로 결부되어 전 세계적으로 사업 활동의 영역으로 하여, 좁은 내셔널리즘의 입장을 넘어서 임원을 적재적소에 배치하는 형태를 말한다. 이 형태의 기업의 경우 각 나라의 법과 정치가 허용하는 범위에서 기업 활동을 하게 된다. 이상의 내용을 [표 1-7]를 통해 정리하면 다음과 같다.

표 1-7 EPRG 프로필하에서의 기업의 태도

기업의 태도	본국중심적 (ethnocentric)	해외시장 중심적 (polycentric)	지역시장 중심적 (regiocentric)	세계시장 중심적 (geocentric)
목 표	수익성(생존)	공적수용(합법성)	수익성 및 공적수용	(생존 및 합법성)
통제 - 목표설정의 방향	상 → 하	상 → 하	지역과 자회사 간의 상호타협	기업의 모든 수준에서 협상
- 커뮤니케이션	계층적(본사에서 많은 명령 하달)	거의 없음	지역내에서 수직적 및 수평적 커뮤니케이션	지역내에서 수직적 및 커무니케이션
- 자원의 분배	투자기회를 본사에서 결정	거의 없음	본부로부터의 지침아래 지역은 자율배분	범세계적 계획, 배분
전 략	범세계적 통합전략	국별반응전략	지역적통합 및 국별반응전략	범세계적 통합 및 국별 반응전략
구 조	계층적인 제품사업부	자치적인 국가단위를 가진 계층적인 지역사업부	메트릭스를 통한 결합된 제품 및 제역조직	네트워크 조직
문 화	본국	현지국	지역	범세겨적

자료 : B. Chakravarthy and H. Perlmutter, "Strategic Planning for a Global Business", Golumbia Journal of World Business(Summer 1985), pp. 3-10.

[표 1-7]에서 보듯이 국제화가 진행될수록 기업경영자의 태도나 의사결정과정이 챠크라바티(B. Chakravarthy)와 펄뮤터(H. Perlmutter)가 말하는 소위 **EPRG 프로필**에 따라 본국시장중심, 해외시장중심, 지역시장중심, 세계시장중심으로 점차 변화해 가야 한다는 것을 암시하고 있다.

이상과 같이 국제기업과 국제경영의 관계에 대해 설명을 하였는데, 구체적으로 국제기업이 취하는 국제화 유형에 대해 설명이 필요하리라 생각된다. 그러므로 이를 설명하도록 한다.

< 제 4 절 >
기업의 국제화

1 기업의 국제화유형

기업의 국제화는 우선 수출, 해외지사 그리고 해외 경영의 순으로 발전하는데 해외 시장진출은 수출방식에 의한 해외진출과 **계약방식에 의한 해외진출**과 직접투자 방식에 의한 해외진출로 구분한다. 수출, 계약, 직접투자의 세 가지 관계에 대해서 그 특징을 살펴보도록 한다. 우선 이를 표로 나타내면 [표 1-8]과 같다. 특히 글로벌화가 심화되면서 라이센싱, 프렌차이징 등 계약방식과 직접투자와 관련된 조인트벤처가 관심을 끌고 있다.

표 1-8 기업의 국제화 유형

수출방식에 의한 해외진출	· 간접수출(Indirect Exporting) · 자사대리점/유통업자를 통한 수출(Direct Agency/Distributer Exporting) · 자사지점/자회사를 통한 수출 · 간접수출(Indirect Exporting) · 자사대리점/유통업자를 통한 수출(Direct Branch/Subsidiary Exporting)
계약방식에 의한 해외진출	· 라이센싱(Licensing) · 프랜차이징(Franchising) · 관리계약(Management Contract) · 건설/턴키계약(Construction/Turnkey Contract) · 계약생산(Contract Manufacture) · 공동생산계약(Co-Production Manufacture)
직접투자방식에 의한 분류	· 단독투자(신설)(Sole Venture : New Establishment) · 단독투자(취득)(Sole Venture : Acquisition) · 합작투자(신설/취득)(Joint Venture : New Establishment/ Acquisition)

국제기업의 활동과 자본의 관계 즉 기업생산요소로서 자본의 비율을 나타내면 다음 [그림 1-2]와 같다. 수출 · 라이센싱 프랜차이징 등 자본급부로 나타낸 것은 특이할만하다고 하겠다.

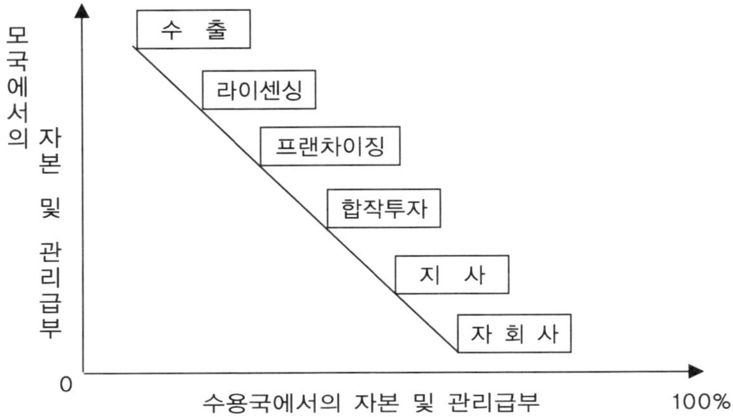

출저: Meissner, H.G. / St. Gerber, "Die Auslandsinvestitionen als Entscheidungsproblem", in BFUP, Nr.3(1980), p.224.

그림 1-2 기업의 국제적 활동과 당사국의 기업생산요소

1) 수출방식에 의한 해외진출

수출방식에 의한 해외진출은 기업이 국내에서 생산된 제품을 현지국에 수출한다는 점에서 계약방식이나 해외직접투자방식에 의한 해외 진출과 근본적으로 다르다. 수출방식에 의한 해외진출에는 간접수출과 직접수출이 있다.

먼저, **간접수출**(Indirect Exporting)은 기업이 제품을 국내에 있는 중간수출업자(국내판매조직, 수출관리상사, 협력기구 등)를 통해 해외 수출하는 경우로서, 제품을 생산한 기업은 제품을 중간수출업자에게 판매하는 것으로 모든 수출업무를 마치게 된다. 따라서 제품을 생산한 기업은 수출선이나 수출마케팅 전략에 대한 통제권을 갖지 못한다. 간접수출은 주로 후진경

제권에서 수출경험이 없거나 수출전문인력을 이용할 수 없는 경우 또는 수출규모가 아주 작은 경우 등에 많이 이용된다.

그리고 **직접수출**(Direct Exporting)은 제품을 생산한 기업이 다른 중간수출업자를 거치지 않고 직접 해외에 있는 고객에게 제품을 수출하는 경우를 말한다. 직접수출의 경우, 제품을 생산한 기업은 시장조사, 고객접촉, 가격결정, 물적 유통, 수출서류 작성 등과 같은 제반 수출마케팅을 직접 계획하고 수행하게 된다. 직접수출은 간접수출보다 기업 내에서의 활동이 훨씬 더 발전된 단계로서 시장 개입의 범위도 훨씬 더 확대되어 국제화의 개입도 증가된다.

제품을 생산하여 수출하고 있는 기업들은 필요에 따라 대규모 시장에는 직접수출방식을 이용하고 소규모 시장에는 간접수출방식을 이용하는 등 직접수출과 간접수출을 상호 보완적으로 활용할 수 있다.

다음으로, **계약방식에 의한 해외진출**은 기업이 자사가 보유하고 있는 기술이나 지식을 일정한 대가를 받고 외국기업에게 이전하기로 하는 장기계약을 체결하여 해외시장에 진출하는 방식이다. 계약방식은 단순히 상품만이 아닌 기술이나 지식을 이전하는 수단이라는 점에서 수출방식과 다르다. 계약방식에는 라이센싱, 프랜차이징, 관리계약, 턴키 프로젝트, 컨소시엄, 계약생산 등이 있다. 이에 대해 설명하면,

첫째, **라이센싱**(Licensing) **라이센서**(Licensor)가 라이센시(Licensee)간에 라이센서가 보유하고 있는 특허(Patern)나

노하우(Know-how), **등록상표**(Trademark) 또는 기술공정(Technical Process) 등의 상업적 자산을 일정한 로열티(Royalty)나 수수료(Fee)를 받고 라이센시에게 제공하기로 하는 라이센싱 계약을 체결하여 해외시장에 진출하는 국제경영방식이다. 라이센싱은 라이센서의 입장에서는 적은 위험과 지용(智勇)으로 해외시장에 쉽게 침투할 수 있다는 장점이 있고 라이센시의 입자에서는 유명제품의 브랜드를 활용할 수 있다는 장점이 있다.

둘째, **프랜차이징**(Franchising)은 **프랜차이저**(Franchisor)가 소유권이 독립된 프랜차이지(Franchisee)로부터 일정한 수수료를 받고 상표 등에 대한 사용권을 허가해 주고 기업의 운영까지를 계속적으로 지원해 주는 국제경영방식으로서 라이센싱의 한 형태라고 할 수 있다. **프랜차이저**와 프랜차이지는 양 기업이 서로 독립성을 유지하면서 최종 소비자에게 이르는 재화 및 서비스의 일부를 각기 생산한다는 점에서 수직적 통합과 유사하다. 프랜차이징은 즉석식품, 자동차임대업, 건설, 음료, 모텔, 주유소 등과 산업에서 많이 이용되고 있다.[35)]

셋째, **관리계약**(Management Contract)이란 합작투자의 한 형태로서 양 파트너 중 한 파트너는 운영시설을 소유하고 다른 파트너는 경영을 담당하는 형태의 국제경영방식이다. 이

35) Donard A. Ball and Wendell, H McCullouch, Jr. International Business, IRWIN, 1990, p. 60.

때 경영을 담당하는 파트너는 '관리적 노하우'를 제고하는 대가로 합작업체의 일부 소유권이나 로열티 또는 관리대가를 수수한다. 관리계약은 현지정부가 자국이 몰수한 해외투자 자산을 자기 나라 사람이 관리할 수 있는 능력을 갖출 때까지 일정 기간 동안 운영해 주도록 위탁하는 경우나 공장설비를 판매한 기업이 그 사업체를 위탁하여 경영하는 경우, 그리고 더 이상 기존 시설의 운영이 불가능하여 사업을 다른 분야로 전환하기 위해 그 시설을 해외기업에게 위탁하여 경영해야 하는 경우 등에 이용된다.

넷째, **턴키 프로젝트**(Turnkey Project)는 일명 플랜트수출(Plant Export)이라고 하는데, 이 방식은 기업이 외국으로부터 공장이나 기타 산업시스템을 발주 받아 이를 설계·건설한 다음, 그 초기까지를 담당한 후 프로젝트를 완공하여 해외발주자가 당해 프로젝트를 독자적으로 운영할 수 있도록 경영관리나 근로자 훈련 등과 같은 서비스를 추가로 제공하는 **턴키 플러스**(Turnkey Plus)방식도 있다. 턴키 프로젝트에서는 엔지니어링기술과 노동 및 경영관리기법이 해외발주자에게 복합적으로 이전되는 것이 일반적이다. 턴키 프로젝트의 공급업체는 완성된 시설을 제공하고 그 대가로 기계설비 대금과 공장설계, 공정 노하우, 현지인 훈련 등에 대해 일정한 대가(Fee)를 받는다.

다섯째, **계약생산**(Contract Manufacture)은 기업의 자사가 직접 제품을 생산하여 해외에 수출하기보다는 생산능력을 가진 현지기업을 선정하여 그 기업으로 하여금 자사가 요구하는 제품을 생산하여 공급하도록 하는 계약을 체결하고, 이 계약 하에서 생산된 제품에 대한 마케팅은 자기 기업이 책임을 지는 경우이다. 계약생산은 통상 자기 기업이 직접 그 제품을 생산할 여력이 없거나 현지의 값싼 노동력이나 원자재를 이용하고자 하는 경우 그리고 현지생산과정에서 발생할지도 모르는 소유권문제 등에 따른 충돌을 피하고자 하는 경우에 활용된다. **주문자상표 부착방식에 의한 수출**(Original Equipment Manufacturing : OEM)도 일종의 **계약생산**이라고 할 수 있다.

마지막으로, 직접투자방식에 의한 해외진출은 기업이 제품을 해외 현지에서 직접 생산하여 마케팅하기 위해 생산시설을 설립하기 위한 자본을 현지에 투자하는 경우를 말한다. 현지에서의 제품생산은 모든 부품을 본국에서 수입하여 현지에서 단순히 조립·가공만 하는 방식으로부터 제품 전체를 완전히 현지국의 생산요소를 사용하여 생산하는 방식에 이르기까지 다양한 방식이 있다. 이를 살펴보면,

첫째, 단독투자(Sole Venture)는 기업의 의결권 주 95% 이상을 자사가 소유하는 형태로 해외에 진출하는 경우로서, 이렇게 설립된 기업을 완전 소유 자회사(Wholly Owned Subsidiary)라고 한다. 단독투자는 예전에 존재하지 않던 기업을 새롭게 설립하여 진출하는 신설(Greenfield)방식이나 기존에 현지에서 가동되고 있는 기업을 매수하거나 그 기업

과 합병하여 진출하는 매수·합병(Merger & Acquisition : M&A)방식을 이용할 수도 있다.

둘째, **합작투자(Joint Venture)**는 2개 이상의 기업, 개인 또는 정부기관이 특정 기업체의 운영에 공동으로 참여하는 국제경영방식으로서 전체 참여자가 공동으로 소유권을 갖는다는 특징을 가지고 있다. 공동소유의 대상은 주식자본, 채무, 무형고정자산(특허권, 외장권, 상표권, 영업권), 경영 노하우, 기술 노하우, 유형고정자산(기계, 설비, 토지) 등 아주 다양하다.[36]

합작투자는 합작에 참여하는 기업들이 소유권과 경영을 분담하며 자본 및 기술 등 상대방 기업이 소유하고 있는 강점을 서로 이용하고 위험을 분담할 수 있다는 장점이 있다.[37] 자세한 것은 '3. 국제화와 소유 정책' 단락에서 언급하기로 한다.

이상과 같이 국제기업의 국제화 유형은 상기와 같이 정리될 수 있을 것이다. 우리는 여기서 한 가지 이해해야 할 것은 이 유형의 종류에 의미를 두는 것이 아니라 그 '관리'에 의미를 두어야 한다는 것을 명심해야 할 것이다.

이러한 점에서 국제기업과 국제경영의 관리에 던져 주는 의미는 급변한 환경 속에서 더욱 절실하다고 할 수 있을 것

36) E. J. Kolde, International Business Enterprise, 2nd. de. (Englewood Cliffs, New Jersey: Prentice-Hall, 1973). p. 192.

37) J. Hladik, International Joint Ventures(Lexington, Mass: Lexington Books, 1985).

이다. 특히 1990년대에 들어와서 국제기업의 경영환경은 급변하고 있는데 EC통합, NAFTA탄생 등 세계경제의 지역주의 현상이 두드러지면서 보호무역주의 풍조가 확산일로에 있다. 이러한 지역주의의 증가는 그 만큼 해외시장진출이 어려워지고 있다는 것을 의미하며, 2000년대에 들어오면서 소련을 비롯한 동구권 국가들과 중국, 베트남 등 사회주의 국가들이 개혁과 개방이라는 큰 물결을 일으키고 있어 WTO 체제와 함께 세계경제의 큰 변수로 등장하고 있다.

따라서 이러한 세계적인 경제 질서의 재편과 함께 국적을 초월한 **무국적(Stateless)**기업의 시대가 펼쳐지고 있다. 최근 급증하고 있는 해외직접투자, 세계적인 매수·합병, 외국기업과의 전략적 제휴 등을 통해 명확하게 국적을 구분할 수 없는 글로벌기업들이 등장하고 있다. 즉 무국적기업들은 국적기업(다국적 기업)들로부터 변모된 것이다. 국적기업(다국적 기업)들은 해외활동을 하나의 부가적인 영업으로서 취급했고 명령체제와 국적은 분명하였다.

한편, 짧아진 라이프사이클과 소비자욕구의 다양한 증가로 인해 기업들은 매수·합병과 전략적 제휴 등을 통하여 외국기업과 협력하면서 해외에서 새로운 기술, 자본 및 노하우를 위한 돌파구를 찾게 되었다. 이러한 기업의 무국적화의 이점들을 살펴보면, 첫째, 무역장벽의 회피, 둘째, 정치문제의 회피, 셋째, 규제조치에 대한 우회, 넷째, 노동자에 대한 교섭력 증대, 다섯째, 수요변화에 대처, 여섯째, 기술혁신 능력의 향상을 들 수 있다.

소위 무국적기업과 본국과의 연대를 살펴볼 때 두국적화의 추세는 어느 정도 한계가 있다는 사실을 인정하지 않을 수 없으며 무국적화가 진전된다고 하더라도 본국과 연계되지 않은 기업이란 생각할 수 없다고 하였다. 끝으로, 미래예측이 전혀 불가능한 현 상황에서 이익이 있는 곳이라면 어디든지 쫓아가는 현지화를 통한 기업의 무국적화는 증가될 것이지만 본국의 역할을 전혀 배제한 기업 활동이란 불가능하다고 보아야 한다.

2 국제화 발전단계

해외진출형태는 일련의 발전 단계를 취한다는 생각이 일반적이다. 이른바 발전 단계설(스테이지 · 모델)이다.

발전 단계설은 많은 연구자에 의해 다른 단계가 만들어지고 있지만 Dunning(1993)의 분류에 따라 대개 아래의 패턴으로 국제화가 진행된다는 생각이 일반적일 것이다.[38)]

38) John H. Dunning, Multinational Enterprise and the Global Economy Addison-Wesley Publishing Company 1993. pp.183~208

제 1 단계 : 간접 수출 **제 2 단계** : 직접수출(해외에서의 자사 판로 개척, 현지 판매 자회사 설립) **제 3 단계** : 현지생산(부품의 현지 조립, 생산) **제 4 단계** : 현지생산(신제품 현지생산) **제 5 단계** : 지역 · 글로벌적 통합

제 1 단계 간접 수출은 위에서 본 것처럼, 국내 수출 대행 업자(상사 등)에게 의존한 도메스틱 단계이다. 자사 제품의 물건은 해외에 유통되지만 관리는 모두 국내에서 완결되는 상태이다. 덧붙여 국내의 수출업자에 대한 의존에서 벗어나는 하나의 과정으로서 외국 수입 청부업자와의 국내에서의 접촉을 들 수 있다. 거래 장소는 국내이더라도 현지의 수입 판매업자와 직접 컨택를 하는 편이 보다 안심이라고 많은 수출업자는 생각한다.

제 2 단계 직접 수출에 도달하면 해외에 자사 판매 자회사를 설립하여 자사 제품을 수입한다. 이것에 의해 간접 수출 단계에서 문제가 되고 있던 현지 시장 · 고객과의 접점이 실현되어 현지 시장 요구에 대한 보다 세세한 대응이 가능해진다.

제 3 단계 부품 현지 조립 · 생산 단계에는 모든 것을 국내에서 조립해 완성품을 현지에 수출하는 것보다도 오히려 부품을 수송하는 편이 싼 경우, 관세도 그 편이 낮은 경우, 또한 보다 저비용으로 노동력을 활용할 수 있는 경우와 같은 이유로 도달한다.

제4단계 신제품 현지생산 단계는 해외생산의 본격적 단계이다. 현지국에서의 관세 장벽을 준비하거나 현지 부품 조달율의 요구 수준을 높이거나 다양한 규제에 당황하는 경우가 있다. 그러한 정치적 상황에 대한 대응으로서 현지 생산이 가속된다. 위에서 보았던 대로 현지 생산에는 직접투자(완전 소유 자회사, 혹은 합작), 라이센싱, 계약 제조와 같은 형태가 있다.

제5단계 지역 · 글로벌적 통합에서는 해외 현지에서 단지 생산만을 실시하는 것이 아니라 보다 고부가 가치적인 활동을 국경을 초월해서 실시하게 된다. 연구 개발(특히 기초 연구)과 같은 매우 국내 지향이 강한 기능도, 일부 해외에 이전하여 해외 겨냥 제품 개발을 본국과 현지에서 상호의존관계 아래에서 실시한다.

또한 단지 본국과 현지국과 같은 1대 1관계가 아닌 해외시장이 지역(초국가로서의) 내지 글로벌적인 단위로 파악할 수 있어 하나의 현지국내에서의 연구 개발, 생산, 마케팅과 같은 많은 활동이 다른 해외 제국으로의 활동과 연동하는 방향으로 향한다. 이러한 흐름이 제5단계이다.

3 국제화와 소유 정책

해외 직접 투자에 따른 해외 진출에서의 중요결정 사항으로서 아래의 사항이 있다. 첫 번째 축은 앞 단락에서 설명한 것처럼 완전 소유 혹은 합작과 같은 선택이다.

완전 소유의 장점은 전략이나 오퍼레이션 내지 중요한 경영 자원에 대해 완전한 컨트롤이 되는 점이다. 사내의 문제 정도, 빠른 의사결정이 가능하다. 해외 거점은 조직 내부이므로 지식, 노하우의 이전도 보다 하기 쉽다. 또한 능력, 자원이 사내에 축적되어 보관 유지하기 쉽다. 또한 이익을 한 개 회사에서 독점할 수 있는 부분이 유리하다.

그 반면 단점으로서는 투자를 독점으로 실시하여 실패 리스크를 혼자 지게 된다. 또한 현지 환경 조건이 급변하여 이미 입지로서는 적합하지 않게 되어도 투자를 회수 할 수 없는 이상 쉽게 철수할 수 없다. 또한 보호주의나라의 경우 특히 정치적 압력, 심한 비난 · 공격 표적이 될 수도 있다.

합작은 완전 소유 자회사와 포트폴리오 투자의 중간에 설치한다. 주식 보유 비율 95% 이상의 것이 완전 소유 자회사, 5% 미만의 것을 포트폴리오 투자, 그 중간(즉 5% 이상 95% 미만의 것)을 합작으로 하는 것에 의한 구분이 일반적이지만, 20%, 80%를 카트오프 비율로 하는 것도 많다.

또한 합작의 출자 비율에 따라 50% 이상의 것을 과반수 소유(majority ownership), 50%의 것을 공동 소유(co-ownership), 그리고 50% 미만의 것을 소수 소유(minority ownership)라고 구분한다.

또한 합작의 형태로서 자국 기업과 해외 현지국 기업과의 사이에 결성되는 전통형 합작 외에 자국 기업과 제3국 기업간에 구성하는 합작이나, 자국 기업이 현지 자국 기업과 구성하는 합작도 있다. 합작의 장점은 현지의 기존 기업으로부터 각종 경영 자원을 입수할 가능성이 있는 점을 들 수 있다. 그것들을 자기 자신이 부담하려면 훨씬 긴 시간이 걸린다. 자사의 전략 도메인의 새로운 보강, 신 비즈니스 도메인에 관한 참가를 꾀한 도메인 확장 전략, 혹은 미개척의 도메인을 시야에 넣은 도메인의 탐색 전략과 같은 목적을 위해서도 매수는 유효하고 민첩한 시책이다.

또한 경영자원으로서는 현지기업이 갖는 대외적 네트워크도 입수할 수 있다. 현지국 시장에 대한 접근, 바이어, 공급자와의 관계 등이다. 특히 참여 장애가 높은 나라의 경우 유통망에 관한 액세스는 대략 불가능한 경우가 많다. 자주 플랫폼형 매수라고 불리는 것은, 피 매수 기업의 대외적 네트워크를 이용하여 현지 시장으로 들어가는 경우가 있기 때문이다.

그 반면 단점도 많다. 그 최대의 경우는 현지국에서의 정치적 · 심리적 반발이다. 또한 현지국의 컨트리 리스크에도 주의가 필요하다. 중국 등의 경우 특히 지적 소유권의 보관 유지에 유의할 필요가 있다. 이탈리아의 어느 안경 메이커에서 발생한 중극의 스쥬(蘇州)에서의 지적 소유권을 둘러싼 트러블은 전형적일 것이다. 중국 기업과의 선글라스의 제조에 관한 합작에서 중국 측이 이탈리아 기업으로부터 노하우를 흡수 후 돌연, 자사 브랜드로 비슷한 제품을 단독으로 제조 판매를 단행했다. 그 이탈리아 기업은 합작 상대의 지적 소유권 침해라고 중국 측에 맹렬히 항의했지만 중국 측에는 전혀 통하지 않았다. 그 뜻을 중국 정부에 항의했지만 역시 완전히 받아들여지지 않았다. 이와 같이 처음의 달콤한 견적도 뒤집는 코스트가 발생할 수도 있는 리스크를 떠맡게 된다.

4 글로벌 시대의 해외 직접투자와 M&A

한국기업이 해외 기업 인수합병(M&A)을 적극적으로 활용하지 못하면서 해외 진출과 성장속도가 느려지고 있다는 지적이 최근 잇따라 제기되고 있다. 반면 중국과 인도는 해외 M&A를 적극적으로 활용해 성장하는 전략을 펴고 있다. 중국 TLC사(社)는 2003년 프랑스의 가전업체인 톰슨사와 합작사를 설립해 TV를 생산하고 있다. TLC의 지분은 67%로 실질적인 경영권을 가지고 있다. 중국해양석유공사는 2004년 인도네시아의 렙솔사를 5억8000만 달러에 인수하기도 했다.

세계 순위 50위이었던 인도의 철강업체 타타스틸은 올해 영국 코러스그룹을 인수해 단번에 세계 5위의 철강업체로 도약하였다. 한국과 마찬가지로 해외 M&A 전략이 없다고 평가받던 일본마저 바뀌고 있다. 2004년과 2005년 일본의 M&A 형 투자비중은 전체 해외 직접투자에서 64.1%로 높아진 반면 해외에 생산기지를 짓는 등의 그린필드(Green Field)형 투자는 8.3%로 줄었다.

전 세계의 해외 M&A 금액은 2003년 이후 급증해 올해 상반기(1~6월)에는 지난해 같은 기간보다 50% 증가한 1조6650억 달러에 이른다. OK에 따르면 해외 직접투자액에서 차지하는 한국 기업의 해외 M&A 비율은 2001년~2005년 평균 9.9%로 세계평균인 27.0%에 크게 못 미친다. 이 기간 한국기업의 해외 M&A 투자금액 평균은 3억5900만 달러에 그쳤다[표 1-9 참조].

표 1-9 각 국의 해외 직접투자액과 M&A 비중(2001–2005년)

세계 평균	27%
영국	52.6%
미국	25.6%
독일	21.6%
일본	15.6%
중국	13.5%
한국	9.9%

자료 : 산업연구원

해외 M&A를 적극적으로 추진하는 나라는 중국, 해외 M&A는 선진국이나 쓰는 전략이라는 발상을 과감하게 깬 중국의 2005년 해외 M&A 투자금액은 65억 달러에 이른다.

중국은 세계 1위의 외화보유액(1조3000억 달러)을 바탕으로 2000년대 초부터 공식적으로 '쩌우추취(사외국기업 M&A)' 정책을 천명하면서 자국 기업들의 해외 기업 M&A를 장려하고 있다.[39]

39) 자료: 2007년 7월 27일 금요일 <동아일보>

국제화의 의미-관련용어에 대한 개념 정의

국제화와 더불어 같이 자주 등장하는 용어들 또한 많은데, 세계화, 현지화, 개방화 등이 그 대표적인 예이다. 이들 용어는 국제화와 일맥상통하는 개념을 가지고 있는 것이 사실이지만 혼란을 주기도 하고 때로는 비슷한 뜻으로 사용되기도 하므로 이들 용어에 대해 그 개념들을 정리할 필요가 있다.

가 국제화

국제화(Internationalization)란 국경의 개념이 점차 의미를 잃고 국가 간의 상호의존과 거래, 교류가 심화되는 과정과 관련된 제반 현상이라고 할 수 있는데 보통 세계화, 개방화, 자율화 등의 개념까지 포괄적으로 수용할 수 있는 광범위한 개념으로 해석될 수 있다. 그 이유는 세계화는 개별 국가 개념 자체의 약화와 관련된 것이라고 볼 때 국제화 진전 단계상 종착지점쯤으로 볼 수 있으며, 개방화와 자율화는 국제화의 중요 측면들인 시장 및 문화, 의식의 개방과 경제활동에 대한 규제완화 등을 강조한 개념으로 이해할 수 있다.

국제화에 대해서는 두 가지 차원 즉 하나는 전반적인 변화의 흐름이나 추세와 관련된 것이고 또 하나는 기업, 정부, 개인 등 개별 주체의 입장에서 파악할 수 있는 변화 과정으로서의 국제화다. 국제화 및 이와 관련된 용어들이 사회의 각 분야에 모두 해당되는 것이지만 역시 가장 밀접한 관련이 있는 것은 경제 분야라고 할 수 있다. 이 점에서 상기 두 차원은 기업의 활동에 영향을 주는 배경요인으로서의 국제화와 기업자체의 국제화라고 할 수 있을 것이다.

나 세계화

세계화(globalization)는 국가 간의 경계나 장벽이 약화된다는 국제화의 개념을 넘어 국가 간의 차별성이 엷어져 개별 국가의 개념이 약해지는 것을 의미하는 것으로 국가 간의 차이보다는 인류공통의 보편 타당한 가치가 중시되고 세계가 단일의 공동체로 확산된다는 것이다.

하버드 대학의 레빗트(Theodore Levitt) 교수는 1983년도 'Harvard Business Review'에 발표된 **'시장의 세계화**(The Globalization of Markets)'라는 논문을 통해 세계시장의 동질화 현상을 역설한 바 있다.[40] 기술발전에 따른 통신, 여행, 수송 수단의 발달이 국가 혹은 지역단위의 특성이나 소비자의 선호도 차이를 감소시켜 균질화 추세를 가져오고 있다는 것이다. 이러한 주장을 액면 그대로 받아들여 모든 영역에 적용하기에는 무리가 있지만 하나의 중요한 흐름임에는 틀림없다.

40) Theodore Levitt, "The Globalization of Market", *Harvard Business Review*, May-June, 1983, pp. 92-102. [이러한 세계화 추세와 그 개념을 기업의 국제경영전략에 연결시킨다면 그것은 '세계화 전략'이 된다. 세계화 전략 혹은 경영전략의 세계화라는 것은 세계시장을 독립된 다수의 국가시장으로 보지 않고 하나의 단일시장으로 인식하여 조달(sourcing) 및 조립(assembling)활동을 포함한 생산 활동과 마케팅 활동 등을 전 세계적 관점에서 전개해 나가는 것을 의미한다.]

2 국제기업과 국가이익

흔히 우리는 현대나 삼성 등 우리나라 기업이 국민경제에 공헌하는 것에 대해서 긍정적으로 평가하는 반면 C, K, E, J 등 외국계 기업이 국내에서 기업 활동을 할 경우에는 부정적인 견해를 보이기도 한다. 이것은 세계화가 진전됨에 따라 기업 활동의 국가적 경계, 특히 자본과 기술의 이동에 대해 국민경제에 반한다는 입장 때문에 더욱 그러한 것이며, 기업은 영리라는 목적이 수단을 정당화하는 면이 많은 관계로 이러한 견해는 당연한 것이다. 그러나 점차 국가적 경제의 경계가 자국에 국한되지 않는 이상 부정적인 견해에 대해서는 무조건적으로 자국 우선주의의 입장을 고수해서는 안 될 것이다. 물론 국제기업에 대해 긍정적으로 평가하는 것은 아니며, 다만 국제기업이 한 국가의 경제적 이익 또는 크게 세계경제에 대해 어떤 영향을 가지고 있느냐 하는 점이 시사하는 점이라고 할 수 있다.

그렇다면 국제기업은 국민경제나 세계경제를 위해서 어떠한 존재인가? 이의 해결을 위해서는 '세계 경제시스템 자체'를 효율적으로 보느냐, 아니면, 종속관계로 나타내느냐, 그리고 각기 민족국가가 국가이익을 극대화하는 자기 중심적 논리로 보느냐에 따라 그 답을 달리할 수 있다.41) 그러므로 국제기업과 국가이익의 관계에 대한 문제점과 그 영향을 보기 전에 이론적인 토대로 그 견해에 대해 비교를 하면서 본문을 열기로 한다.

< 제 1 절 >
국제기업에 대한 시각

1 종합적인 시각

국제기업이 국민경제나 세계경제와의 관계에 대한 입장은 크게 **자유주의**, **종속이론**, **보호주의**로 나누어 볼 수 있다.

첫째, **'자유주의'** 견해에 대해 살펴보면, 세계경제를 지배하는 경제사상 중에 자유주의(liberalism)는 국가 간의 거래가 극대화됨으로 인해 국민경제에 이득이 되고 세계경제의 효율에 긍정적 영향이 있다는 견해로 **'자유무역'**과 **'외환거래의 자유화'**라는 구체적인 정책으로 표현되고 있다. 사실상 두 차례의 세계대전은 유럽보다는 미국의 경제력이 상대적으로 강화되는 결과를 낳고, 이 과정에서 미국은 자유무역이 자국과 세계경제에 이득이 된다고 보아 자유주의 사상은 세계경제질서를 주도하게 되었다.

자유주의 견해에 따르면 국제기업은 세계경제의 효율을 증진시키는 기관으로 보이는데, 제품의 가격이 균일화되어 있지 못하여 국제기업은 세계적인 조직과 정보망을 이용하여 이러한 시장의

---

41) 이 세 가지 아이디어는 Robert Gilpin, "Three Models of the Future", in C. F. Bergsten and L. B. Krause(eds), World Politics and International Economics, The Brookings Institution, 1975, pp. 37-62를 참조.

불완전성으로 인한 가격 차이를 이용하여 자원을 싼 곳에서 비싼 곳으로 이동시키게 됨으로, 세계시장은 국제기업의 활동을 통해서 더 효율적인 자원배분이 가능하다는 것이다.[42]

국제기업을 효율적인 자원배분에 대해 절대적이라고 믿는 일부 **극단주의적 견해자**는 1960년대 말 국제기업의 전성기 때, 경제적 성공이 지배적인 관심사가 되어 정치 조직인 **'민족국가'**의 기능을 진부화 시킬 것이라고 말하기도 했다.[43] 물론 이러한 견해는 1970년 말 유가인상, 자원민족주의, 보호무역주의로 인해 그 힘이 약해졌으나, 설득력을 가지고 있다고 할 수 있다.

둘째, 종속이론에 대해 살펴보면, 세계경제를 선진국이 후진국을 착취하는 불공평한 시스템으로 보고, 현재 선진국이 잘 살게 된 것은 불공정한 무역 거래를 통해서 부가 후진국에서 선진국으로 이동했기 때문이라고 말하는 것이다.[44] **종속이론**의 주창자는 세계

....

42) A국이 B국에 비해서 자본이 싸다면(금리가 낮다면) 국제기업은 A국에서 자본을 조달해서 B국으로 이를 이동시키게 되며, 그 결과 A국과 B국의 자본비용은 접근하게 되고, 따라서 더 효율적인 자원배분이 이루어진다는 것이다.

43) Raymond Vernon, Sovereignty at Bay, New York: Basic Books, 1971. 이러한 견해를 "궁지에 몰린 주권(Sovereignty at Bay)"모형이라고 부른다.

44) 구체적으로 선진국은 후진국으로부터 원자재를 수입하고 대신 공산품만을 수출하는데, 이 양 상품 간의 교역조건이 역사적으로 후진국에 불리하게 되어 왔다는 주장이다. 그 결과 후진국의 자원이 선진국에 의해서 부당하게 착취되었다고 보는 것이다. 1960년대 중반부터 중남미국가를 중심으로 해서 강력하게 대두된 이 견해는 제 3세계의 호응을 얻었으며, 그 결과 1974년에는 UN총회에서 '신국제경제질서(New International Economic Order)'를 선언하게까지 되었다. 신국제경제질서란 주권의 존중과 공평한 경제거래를 주장하는 제 3세계의 선진국에 대한 요구이며, 이는 경제질서인 선진국 중심의 자유주의에 대한 대안적 제안이다.

경제 자체를 **중심부**(metropolis, 선진국)가 **주변부**(periphery, 후진국)를 착취하는 수직적 시스템으로 보며, 국제기업은 이 착취과정에서 선진국의 이익을 대변하는 도구로 본다.45) 이 견해에 따르면 국제기업의 활동이 민족국가에 불리하기 때문에 국제기업을 엄격히 규제해야 한다는 입장이지만, 한 나라가 국제기업을 규제한다고 하더라도 기업은 신축적으로 대응하기 때문에 별효과가 없을 것이다. 그러므로 여러 나라가 공동으로 국제기업을 규제할 필요가 있다는 것이다.46)

종속이론은 **'네오 막스주의**(neo-maxism)'라고도 하며,47) 기본적으로 자본주의가 주도하는 세계경제를 불평등한 관계로 보고 있다. 그러나 사회주의 체제가 내부적인 모순과 비효율로 무너진 지금 자본주의에 대한 대안은 나오지 않고 있기 때문에 종속이론도 어느 정도 퇴색했다고 보는 것이 옳을 것이다. 이것은 중남미 국가가 **'세계적 자본주의'**에 동참하고 있는 것을 보면 알 수 있는 것이다.

45) Stephen Hymer, "The Multinational Corporation and the Law of Uneven Development", in Jagdish Bhagwai(ed.), *Economics and World Order-From the 1970's to the 1990's*, New York: The MacMillan Co., 1972, pp. 113-140. 국제기업은 중심부에 본부를 두고 있으며, 본부국가와 본부사람들의 이익을 위해서 일한다고 보고 있다. 따라서 국제기업 주도하의 경제체제에서는 뉴욕이나 런던 같은 중심부에서 연구개발과 금융을 포함하는 모든 핵심적 기능과 전략적 결정이 이루어지며, 주변 국가에서는 생산활동이나 원료조달과 같은 '하급' 기능만이 수행된다는 주장이다.

46) UN에 설치된 다국적 기업센터(Center on Transnational Corporations)는 이러한 점을 염두에 두고 조직되었으나 아직은 정보수집과 연구조사 등으로 그 활동이 제한적이다.

47) 염홍철, 다시읽는 종속이론, 영풍문고, 2006년을 참고할 것.

셋째, **보호주의**에 대해 보면, 상기 두 견해의 공통점은 서로 반대적인 입장이기는 하나 상호의존적인 경제관계를 말하고 있지만,[48] 보호주의는 세계경제는 국가이익에 의해서 좌우된다고 보는 입장이며, 세계경제에 있어 국제기업의 역할에 대해 크게 관심을 가지고 있지 않다. 또한 미국에 의해서 주도되었던 자유주의적인 경제 질서는 어느 정도 한계에 와 있으며, 이제 세계경제는 여러 경제권으로 나뉘어져 블록화해 갈 것으로 보고 있다. 이러한 다원체제 내에서는 각국 또는 경제블록이 자국의 국내외적인 목표(완전고용, 물가안정, 성장, 안보 등) 달성을 위해서 적극적으로 시장에 개입하여서 국익을 극대화해야 한다는 입장이다. 이런 점에서 18세기의 무역수지흑자를 통해서 금의 유입을 극대화하려던 국익제일주의와 유사하며, 이를 '**신중상주의**(neo-mercantilism)'라고도 부른다.[49]

48) 자유주의와 종속이론은 공정한 거래이든 착취이든 간에 국가 간의 상호의존성을 중시하고 있다.

49) 보호주의 또는 신중상주의가 보는 세계경제는 첫째, 비관적으로는 세계경제가 국가별 경쟁이 치열해지면서 주요 경제권 간의 경제적 마찰이 점차 심화되어 세계경제는 1930년대와 같은 무질서 상태로 돌아갈 것이라고 보는 것과, 둘째, 낙관적으로는 세계경제가 블록화 되어 가겠지만, 경제권 간에는 협상과 양보를 통해서 어느 정도 질서 있는 경제시스템이 구축되어 갈 것이라는 두 가지의 견해가 있다.

표 2-1 국제기업에 대한 시각

견 해	긍 정 적	부 정 적
자유주의	세계경제를 지배하는 경제사상 중에 자유주의(liberalism)는 국가 간의 거래가 극대화됨으로 인해 국민경제에 이득이 되고 세계경제의 효율에 긍정적 영향이 있다는 견해로 '자유무역'과 '외환거래의 자유화'라는 구체적인 정책으로 표현되고 있다.	
종속이론		세계경제 자체를 중심부(metropolis, 선진국)가 주변부(periphery, 후진국)를 착취하는 수직적 시스템으로 보며, 국제기업은 이 착취과정에서 선진국의 이익을 대변하는 도구로 본다.
보호주의	다원체제 내에서는 각국 또는 경제블록이 자국의 국내외적인 목표(완전고용, 물가안정, 성장, 안보 등) 달성을 위해서 적극적으로 시장에 개입하여서 국익을 극대화해야 한다는 입장. 즉 상기 두 견해의 반대적인 입장과는 다름.	

이상에서 나타난 세 가지 견해에 대해서는 어느 것이 옳고 그른가에 대해서 판단하기는 쉽지 않다. 다만 몇 가지 문제점을 언급함으로 해서 그 부적절한 부분을 통해 그 추세를 이해하는 것이 중요하다 할 것이다.

먼저, 자유주의는 국제기업에 대해 너무 긍정적으로 보고 있는데, 하이머(Stephen Hymer)가 지적했듯이 개발도상국의 세 가지 문제를 해결할 수 없는 것이 존재한다.

첫째, 개도국의 중·상류층에 맞는 활동을 하기 때문에 빈곤문제나 소득분배문제에 기여하지 못한다.

둘째, 국제기업은 개도국의 국제수지 및 외채문제를 해결하지 못한다.

셋째, 국제기업은 개도국의 공업화와 도시화에 따른 교육과 훈련의 필요를 충족시켜 줄 수 없다. 결국 국제기업은 자유무역과 자유로운 외환거래하의 개방된 경제시스템 안에서 그 능력을 최대한 발휘할 수 있는 조직이며, 이런 면에서 민족국가는 국제기업의 활동 범위를 결정하는 데 있어 여전히 중요한 역할을 한다고 보아야 할 것이다.

다음으로 **종속이론**도 현실적인 거리가 존재한다. 첫째, 세계경제를 선진국과 개도국으로 이원화해서 보고 있으며, 선진국 간에 이해가 일치한다고 가정하고 있다. 둘째, 종속이론은 개도국을 선진국의 경제력에 의해서 좌우되는 무기력한 존재로 보고 있다는 것이다. 이는 제 3세계의 단결과 경제력이 성장하는 것, 그리고 경제가 다원화해 가는 것을 보면 상당한 현실적 거리가 있다고 할 수 있다.

이런 관점에서 종속이론은 글로벌화가 점진되고 있는 현재에는 국제기업의 부정적인 측면만을 강조한다고 평가할 수 있다.

마지막으로 **보호주의**도 현실적인 거리감이 있는데, 교통과 정보통신이 발달하여 세계가 좁아지고 세계시장이 동질화되고 있는 추세를 감안할 때 **자국의 이익**만을 무한정 추구할 수는 없다는 것이다.

이렇게 볼 때, 크게 자유주의와 보호주의의 주도에 대해 앞으로의 추세가 주목된다고 하겠으나, 현실적으로는 세계경제가 미국과 기타 경제세력 간의 경쟁, 자유주의와 보호주의 대립, 개도국의 생존을 위한 투쟁을 위한 투쟁 등 몇 가지 현상이 함께 공존한다고 할 것이다.

2 국제기업의 역할에 대한 분류

랄(S. Lall)은 국제기업(다국적 기업)에 대한 학설을 긍정적 · 부정적 입장으로 나타내고 있다.[50] 긍정적 입장으로는 첫째, 자본주의 기업체제의 도덕적·실천적 장점을 암묵적으로 신뢰하는 데 기반한 '**경영학적 접근**(business school approach)'[51] 둘째, 국제기업

50) Lall, S., *Developing countries in the International Economy: Selected Papers* (London, The Macmillan Press, 1981), pp. 51-57.

51) 이 분야의 연구는 국유화에 어떻게 대항할 것인가에 대한 순수한 조직적인 분석으로부터, 조세부담을 극소화하기 위해 금융수단을 어떻게 잘 활용할 것인가에 관한 연구(Robbins, S. M. and Stobaugh, R. B., *Money in the Multinational Enterprise*, New York, Basic Books, 1973), 그리고 어떻게 가장 이익적인 소유권 전략을 수립할 것인가 하는 연구 등에 이르기까지 다양하다.

(다국적 기업)의 과점적·수탈적 그리고 집중적 성격에 관심을 가지고 있는 학자들의 접근방법인데, 이들은 기본적으로 외국투자가 바람직하다는 점은 확신하고 있으나 외국투자에 대한 통제와 공적규제를 권고하는 '**신 전통주의적 접근**(neo-traditional approach)'52)이 있다.

이렇게 국제기업에 대한 긍정적인 접근들은 국제자본주의의 장점을 강조하고 있는데 이에 반해 부정적 입장으로는 첫째, 국가소유에 의한 개발의 장점을 강조하며 투자기업이나 자본수출국보다는 피투자국인 개발도상국의 입장에서 보다 적합한 요소, 특히 기술을 최대한 끌어내는 동시에 외국투자의 비용과 규모를 극소화시켜야 한다는 점을 강조하고 있다. 그리고 동시에 국내생산업자들이 바람직한 형태의 성장 및 분배를 책임지고 유지할 수 있는 능력이 있다고 가정하는 '**민족주의적 접근**(nationalist

52) 이 접근방법은 외국인 투자가와 피투자국 간에 이익이 일치하지 않을 수 있다는 가능성을 솔직히 인정하고 있으며, 이러한 이익의 불일치를 조정하는 수단으로는 다국적 기업에 대처하는 국제적 2정치기구의 설립[Goldberg, P. M. and Kindelberger, C. P., "Towards a Gatt for Investment: A Proposal for Supervision of International Corporation", *Law and Policy in International Business*, Summer 1970, pp. 295-325.]이나 각종 국가적 조치의 실시로부터[Behrmasn, J. N., *National Interests and Multinational Enterprise: Tensions Among the Northatlantic Countries*, Englewood Cliffs, New Jersey, Prentice-Hall, 1970] '다국적 기업의 거대성'을 공격하여 경쟁을 회복하기 위한 급전적 정책전환[Bannock, G., The Juggernauts: *The Age of Big Corporations*, Weidenfeld and Nicolson, 1971]에 이르기까지 다양하다. 대체로 이 학파의 지지자들은 다국적 기업을 국민국가보다 훨씬 강하고 영속적인 존재로 간주하고 있으며 다국적 기업이 국민국가를 따라가기 보다는 국민국가가 다국적 기업을 따라 잡아가는 진화과정 중인 존재로 보고 있다.

approach)'[53], 둘째, 자본주의적 제도 및 방법들이 개발도상국에 침투함으로써 생겨나는 사회적·정치적·경제적 영향을 분석하고, 개발도상국들은 본래적으로 가지고 있는 종속 상태 때문에 결코 진정한 개발을 이루지 못할 것이라고 결론짓는 '종속이론적 접근(dependence school approach)'이 있다.

이렇게 볼 때 국제기업의 역할을 어떻게 보느냐를 놓고 학자들 사이에는 많은 의견이 나타나고 있는데, 세계후생증대 및 기술혁신의 주도자이자 전파자라는 신고전학파의 '최선적' 견해에서 시작하여 제 3세계 착취의 수단이라는 마르크시스트의 **'최고악'**적 견해에 이르기까지 극단적으로 나타나고 있다. 이를 비판의 강도에 따라 다음과 같이 나눌 수 있다. 다만 상기의 '경영학적 접근'은 '신고전학파'의 자유방임적 견해와 일맥상통한다고 할 수 있다.

이상과 같이 국제기업에 대한 학자들의 시각을 살펴보았다. 그러나 중요한 것은 국제기업에 대한 현지국의 시각은 어떠한 것인가? 하는 문제점을 가지고 있다. 이를 살펴보면, 크게 자유주의와 국민주의 시각으로 나눌 수 있다.

53) 이의 결과는 외국투자에 대한 엄격한 규제, 케이스 바이 케이스에 다른 협상, 보다 유리한 거래를 위한 거래선 확대, 개발도상국 간의 정보교환 등을 강조하는 정책을 권고하고 있다. 이러한 접근을 지지하는 학자는 스트리튼(Streeten, P. P., "*The Multinational Enterprises abd the Theory of Development Policy*", World Development, Oct. 1972, pp. 1-4.), 스트리튼과 랄(Streeten, P. P., and Lall, S., *Summary of Methods and Findings of Study of Private Foreign Manufacturing Investment in six Developing Countries*, UNCTAD, May 1973) 및 바이트 소스(Vaitsos, C. V., *Transfer of Resources and Preservation of Monopoly Rents(mimeo)*, Harvard Development Advisory Service, 1970) 등을 들 수 있다.

자유주의는 외국자본의 진출이나 현지에서의 활동에 대해 현지국 정부가 가능하면 통제와 개입의 폭을 줄이고자 하는 것을 말하며, 국민주의는 그 반대의 경우를 가리킨다. 즉 자유주의적 시각을 가진 현지국은 자유방임주의 정책을 실시하는 반면, 국민주의적 경향이 강한 현지국은 현지기업을 보호 한다던가 국민적 후생을 극대화시키기 위해 **개입 주의적 정책**을 선호한다. 이를 [그림 2-1]을 통해 보면 다음과 같다.

	자유주의	국민주의
투자 및 경영활동의 자유화 ·최초 투자 시 ·자회사의 활동	자유방임(laissez-faire)정책 자본이동의 자유화 시장경제원리에 일임	개입정책 진입저지·제한정책 정부의 개입
이론적 배경	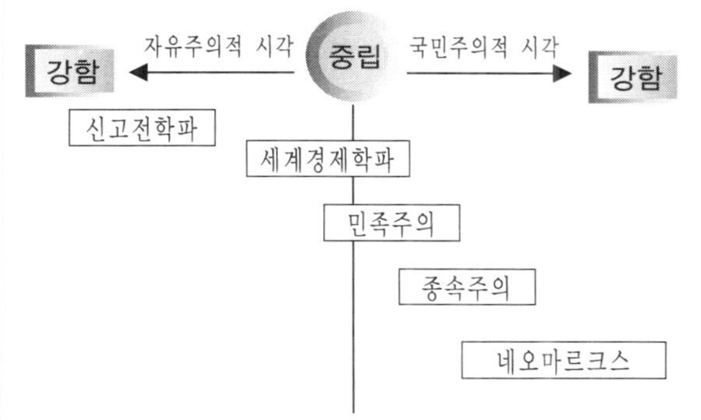	
대표적인 국가	미국, 벨기에, 독일, 네덜란드, 덴마크	일본, 프랑스, 한국

자료 : 안세영, 다국적 기업 경제학, 박영사, 1993, p. 306.

그림 2-1 국제기업에 대한 현지국의 시각

자유주의는 각 시대에 있어서 세계경제를 주도하던 영국, 미국 같은 나라에 의해 주창되었으며, 국민주의 뒤 늦게 산업혁명기에 들어간 독일 같은 후발 자본주의국가에서 배태되어 제 2차 대전 후 전후복구나 산업화 문제에 직면했던 프랑스, 일본, 한국 같은 나라에서 뿌리를 내려 국제기업에 대한 시각이 단적으로 하나의 주의에만 접근한다고는 할 수 없다. 시장경제의 원리 속에서 그리고 **정부개입**의 일면적인 타당성을 가진다고 할 수 있다.

< 제 2 절 > 국제기업이 개도국에 미치는 영향

국제기업이 국민경제에 미치는 긍정적·부정적 영향에 대한 연구에서 특히 **'직접투자의 순효과'**에 대해서는 가시화되고 있는 것이 뚜렷하지 않다.

그 이유는 첫째, 직접투자의 효과는 다양한 형태로 나타난다는 점에서 보면, 우선 경제적인 효과만 하더라도 생산(부가가치), 고용, 국제수지 등의 직접적인 효과와 경쟁에 미치는 효과, 산업 연관효과, 외부경제 등 간접적인 효과로 나눌 수 있으며, 또한 비경제적인 효과는 정치적 의존성, 사회·문화적 영향 등 측정하기 어려운 효과를 포함하고 있다. 따라서 이들 효과 중 일부분만 측정한다고 할 때, 순 효과를 찾아낸다는 것은 무의미할 수가 있다. 둘째, 직접투자의 효과라고 논의되는 부분이 사실은 정부의 정책으로 인해서 발생하는 문제라는 점이다. 예를 들어서, 외국기업에 제공되는 관세보호조치로 인한 국민 경제적 손실을 외국기업이 갖는 부정적인 효과로 평가하는 경우가 있는데, **관세보호의 폐해**는 외국기업이나 국내기업에게 공통적으로 적용되는 것이며, 그러한 폐해의 원인은 정부의 정책에서 연유하기 때문이다.[54)]

이러한 이유로 외국인 투자의 효과에 대한 단정적인 답을 얻기는 어렵다. 따라서 국제기업이 국민경제에 미치는 영향이라기보다는 일반적으로 국제기업이 개도국에 미치는 영향을 파악하는 것이 더욱 의미 있는 일이라고 볼 수 있으므로 이하에서는 이를 살펴보기로 한다.

54) 정구현, 국제경영학, 법문사, 1994, pp. 196~200. 국제기업이 국민경제에 긍정적인 영향을 미치는가의 여부는 다분히 정부의 정책에 의해서 좌우된다. 정부가 시장 메커니즘을 존중해서 국민경제 내에 자유경쟁을 유도하면 국제기업은 긍정적인 영향을 주게 되나, 반대로 경쟁을 제한하고 외국기업에게 시장보호 등의 특혜를 주면 부정적인 영향을 주게 된다. 국내경쟁의 시장메카니즘이 제대로 가동되면 다국적 기업은 경쟁의 추진을 통한 품질향상, 신기술도입, 원가인하 등의 긍정적인 효과를 국민경제에 미치게 된다.

1 생산요소에 미치는 영향 - 자본과 기술의 두 관점

생산요소는 여러 가지가 있겠으나, 중요한 두 가지 '**자본과 기술**'에 대한 관점을 중심으로 설명하고자 한다.[55]

먼저 '자본형성에 미치는 영향'을 살펴보면, 국제기업에 의한 직접투자는 개도국의 경제성장에 필수적인 생산요소인 자본 및 기술(경영능력 포함)을 보충해 줌으로써 개도국 경제에 긍정적인 역할을 수행한다는 것이 일반적인 견해였다. 자본이 개발의 주요 요소로 강조되었던 1960-70년대의 외국인 직접투자는 개도국 경제성장의 제약요인인 저축 갭(gap)과 외환 갭(gap)을 해소시켜 주는 자금의 공급원으로 인식되어 개도국 정부의 절대적 환영을 받았으나 실제로 당시에는 개도국 경제성장에 기여했던 것은 사실이라고 할 수 있다.

그러나 외국인 직접투자가 개도국의 자본형성에 기여한 정도는 기대했던 것보다 높지 않았다는 것이 사례분석 결과 나타났는데, 즉 1960년대에 라틴 미국 지역의 외국인직접투자에 의한 자본 형성률은 4%~5%에 불과했다는 것이다. 이것은 첫째, 일부 개도국의 국내 저축수준이 매우 높았으며, 둘째, 외국원조가 활발하였고, 셋째, 목표성장률을 달성하기 위한 자본의 필요액이 당초 예상보다 적었던 데에 기인한 것이다.[56]

55) 고용에 미치는 영향을 보자면, 국제기업이 진출한 분야는 자본집약적인 분야가 많기 때문에 국제기업의 종업원 수가 차지하는 쉐어는 비교적 낮고 직접적인 고용효과는 그다지 크지 않다고 할 수 있다.

다음으로 '기술이 미치는 영향'에 대해 보면, 데니슨(E. F. Denison)이 1950~1962년간 서구 9개국의 성장요인을 기술향상 및 생산요소의 공급 증대라는 두 가지 요인으로 구분지어 기술향상에 의한 부분이 60~85%임을 밝혀냈다.[57] 그리고 Kim과 Lau(1994)는 90년대 초반까지 독일, 프랑스, 일본, 영국, 미국의 경제성장 원인과 동아시아 4마리 용(한국, 대만, 싱가포르, 홍콩)을 분석해 본 결과 4마리 용이 라틴아메리카제국보다 자본축적에 의해 성장하였음을 주장하였다.[58] 그리고 선진국의 국제기업의 역할은 **'기술이전'**에 있어 매우 중요한 부분으로 이해할 수 있다. 그러나 투자수입국에 보다 중요한 것은 기술이전 그 자체가 아니라 기술이전으로 인한 경제적 이익이기 때문에 이전기술의 적합도 및 기술이전의 비용이 문제가 된다. 이전 **기술의 적합도**란 이전기술이 투자수입국의 요소 부존여건에 적합한 정도를 말하는 것으로 이에 관한 사례분석의 연구들이 내린 결론은[59] 이전기술의 적합도는 산

56) P. Streeten, "The Theory of Development Policy", in J. H. Dunning(ed.), *Economic Analysis and the Multinational Enterprise*, 1974, pp. 252~279.

57) E. F. Dension, *Why Grouth Rates Differ*, 1967.

58) Jong-Il, Kim and Lawrence J. Lau, The Sources of Economic Growth of the East Asian Newly Industrialized Countries, *Journal of the Japanese and International Economies*, Vol. 8, 1994, pp. 235~271.

59) 메이슨(R. H. Mason)은 필리핀과 멕시코를 대상국으로 하여 각국에서 활동하고 있는 미국계 국제기업의 노동자 1인당 자본장비율을 비교한 결과 양자간에 별다른 차이점이 없다는 결론을 도출함으로써 국제기업의 적응능력을 높이 평가하였다. 이에 비해 뢰버(G. H. Reuber)는 78개 국제기업을 대상으로 한 조사에서 약 30%의 기업만이 개도국에 진출한 국가별·산업별 특수성을 고려하였다는 사실을 밝혀냈다. 이처럼 사례분석의 결과가 상이한 것은 분석방법의 차이에 의한 것이기도 하겠지만 외국인 기업의 기술적용형태가

업 및 나라별로 상황이 매우 다르다는 점과 이에 따라 투자수입국은 자체의 요소 부존도에 맞는 기술을 도입하기 위한 여건을 마련할 책임이 있다는 점을 확인할 수 있다.

2 국내산업에 미치는 영향

국제기업이 개도국에 진출함으로 국내산업에 미치는 영향은 크게 '국내산업과의 경쟁심화'와 '국제기업의 독점적 지위 확보'의 경우를 볼 수 있다.

먼저 전자는 투자 수입국 내 기존 독점기업이 그 지위를 상실하게 되며 자원의 효율적 분배 등을 통한 생산성 증대에 박차를 가하게 된다. 이에 따라 투자 수입국의 경제적 효율성이 증대되는 긍정적 효과를 가질 것으로 기대되나 개도국에 관련된 연구는 찾아보기 힘들고 영국의 제약업에 대한 국제기업의 진출이 상기 추측과 일치되는 결과를 가져왔다는 연구가 있는 정도이다.[60)]

복합적 성격을 띠고 있어 그 실태파악이 매우 어려운 데 기인한 것이다.

60) 이는 개도국에 대한 국제기업의 진출이 대부분의 경우 독과점적 지위를 확보하게 되었다는 가설에 따른 결과인 것으로 보인다. 실제로 바이트소스(C. V. Vaitsos)의 1970년도 칠레의 국제기업에 대한 분석에 따르면, 분석대상기업의 50%가 독점 또는 과점의 위치에 있었으며, 약 30%가 과점시장에서 선도적 역할을 담당하고 있음이 나타났다[C. V. Vaitsos, "The Process of Commercialization of Technology in the Andean Pact: (1971) in H. Radice(ed.), *International Firms and Modern Imperialism* (1975)].

즉 개도국에 진출한 국제기업은 대부분 **기업집중도**가 높은 산업부분에서 독과점적 지위를 누리고 있다고 하겠다.[61] 한국, 대만, 싱가포르 등의 Asia Nics의 성공은 외자도입으로 보고 있는 견해가 있고 중국을 보더라도 부정적인 면만 있는 것은 아니라고 하겠다.

3 정치·경제적 주권에 미치는 영향

외국인 직접투자의 비중이 높으면 높을수록 한 나라의 독립적인 정책수행에는 많은 제약이 따르게 된다. 이는 국제기업이 범세계적 차원에서 이윤의 극대화를 추구하는 반면, 공업화를 지향하는 투자 수입국 정부는 자국의 **경제적 이익의 극대화** 또는 **사회의 동질성 유지**에 정책의 최우선 목표를 두고 있어 양자 간의 갈등은 근본적으로 해결하기 어려운 문제라 할 수 있다.[62]

이 부분의 연구에서는 초기단계에 머물러 있다고 할 수 있으며, 국제기업이 정치적·경제적 주권에 영향을 미치는 영향을 분석할 기준도 명확히 정해져 있지 않다. 다만 국제기업의 모회사로부터 이양된 권한이 자회사에 크면 클수록 투자 수입국의 정책에 적절하게 대처할 수 있기 때문에 투자 수입국과의 마찰이 발생할 가능성이 작아진다는 관점에서 몇 가지 연구가 시도되고 있다. 특히

61) 국제기업이 독과점적 지위를 확보하게 될 경우 경쟁으로 인한 긍정적 효과보다는 국내자원분배의 왜곡을 초래하게 될 수도 있다.

62) 한국수출입은행, 수은조사월보, 1983. 12, pp. 11~16.

이 장의 중심이 될 이 부분에 대해서는 제 4절에서 다시 논의하기로 한다.

< 제 3 절 >
국제기업문제의 제기

상기에서 국제기업을 바라보는 시각과 투자 수입국에 대한 그 영향을 살펴보았는데, 과연 어떠한 문제점이 있기에 논란이 많은 것인가? 이것은 특히 경영자원의 이전 과정과 수입국 사회의 상호작용에 의해 마찰이 일어나는 경우가 많으며, 마찰의 주원인은 국가이익과 기업이익의 대립이라 할 수 있다.

1 국제기업과 수입국 간의 문제

국제기업의 투자에 따른 문제는 다음과 같이 분류될 수 있다.

첫째, 정치적 압박 및 경제적 혼란이 있을 수 있다. 국제기업은 하나의 사업체에 지나지 않지만 그 배후에는 거대한 경제력을 가지고 있는 국가가 버티고 있다. 그 국가가 국제기업의 이윤극대화를 위하여 현지국에 정치적·경제적 압박을 가한다면 현지국은 정치적 압박과 경제적 혼란을 가지게 된다.

둘째, 국내산업의 위축이 있을 수 있다. 국제기업은 경영조직, 생산시설, 판매망, 자본, 기술, 교섭력, 모국의 뒷받침 등 기업 활동에 많은 우위를 가지고 있다. 이러한 조건을 갖추고 있지 못하는 현지국의 기업은 경쟁력에 있어 위축되지 않을 수 없다.

셋째, 공해에 의한 **자연환경의 파괴**가 있을 수 있다. 물론 모든 기업이 공해에 있어 안전한 위치는 아니지만, 선진국에서는 자연환경을 보호하기 위해 공해집단을 규제하려고 강력한 조치를 취하기 때문에 공해기업의 해외진출은 촉진되고 있어 현지국은 공해를 수입할 우려가 있다.

넷째, 부존자원의 고갈문제이다. 재생산이 거의 불가능한 석유, 광물, 그리고 단기적인 관점에서 임산자원의 고갈이 문제로 대두된다. **자원전쟁**이 격화되는 현실에서 국내자원을 보전하려는 자원내셔널리즘이 일고 있는 것이 바로 그 이유이다.

다섯째, 외국의존도의 심화가 발생한다. 국제기업은 생산활동에 필요한 자본이나 기술을 주로 기업본부가 있는 모국에서 가져오기 때문에 현지국의 경제는 그 모국에 얽매일 우려성이 없지 않다. 현지국의 **외국의존도**는 그 나라의 경제 불안정 상태, 정치적 이념, 국제기업의 비중에 따라 다를 것이다. 외국의존도가 심화되면 자국경제의 자주적 성장이 저해된다.[표 2-2 참조]

그러나 지금까지 논한 것은 부정적인 것만 열거한 것이지 싱가포르, 대만, 한국 등 ASIA NICS를 보면 국제기업의 투자를 이용한 전략의 성공으로 보고 있다는 점을 간과해서는 안 된다.

표 2-2 국제기업과 수입국 간의 문제

문 제	피투자국에서 본 의미
정치적 압박 및 경제적 혼란	국제기업은 배후에는 거대한 경제력을 가지고 있는 국가가 버티고 있어 그 국가가 국제기업의 이윤극대화를 위하여 현지국에 정치적 · 경제적 압박을 가하여 현지국은 정치적 압박과 경제적 혼란을 가지게 됨.
국내산업의 위축	국제기업은 경영조직, 생산시설, 판매망, 자본, 기술, 교섭력, 모국의 뒷받침 등 기업활동에 많은 우위를 가지고 있어 현지국의 기업은 경쟁력에 있어 위축.
공해에 의한 자연환경 파괴	선진국에서는 자연환경을 보호하기 위해 공해집단을 규제하려고 강력한 조치를 취하기 때문에 공해기업의 해외진출은 촉진되고 있어 현지국은 공해를 수입할 우려.
부존자원의 고갈	재생산이 거의 불가능한 석유, 광물, 그리고 단기적인 관점에서 임산자원의 고갈.
외국의존도의 심화	국제기업은 생산활동에 필요한 자본이나 기술을 주로 기업본부가 있는 모국에서 가져오기 때문에 현지국의 경제는 그 모국에 얽매일 우려성.

이상에서 국제기업과 수입국 간의 문제를 보았는데 국제기업본국과 수입 본국 간의 문제도 존재한다. 예를 들면 국제기업과 수입국 정부 간의 분쟁에 본국이 개입하는 경우의 주권의 갈등이나 본국법의 역외적용을 위해 모기업이 자회사의 일정 행동을 강요할

것으로써 국제기업에 귀책사유가 되는 문제뿐만 아니라, 모국 또는 수입국에 귀속되는 문제까지도 포괄하는 즉 국제기업이 직·간접적으로 관련되어 있는 모든 문제를 포함하는 개념으로 보아야 할 것이다.

2 국제기업의 규제논의

1) 국제기업 규제논의의 정치·경제적 배경

(1) 선·후진국간의 대립

국제적 기관에서의 다국적 기업 규제논의는 각 기관의 구성주체와 설립이념의 특성에 따라 규제의 배경, 목적, 내용과 방법 등이 상이하다. UN에서의 규제논의 역시 타 기관과는 다른 배경의 일면을 갖는다. 지난 10여 년간 UN 및 UN 관계기관(특히 UNCTAD)에서의 경제문제에 관한 논의는 종종 남북대립, 즉 북미, 유럽, 일본 등 선진공업제국과 개도국의 대립이라는 양상을 나타내 오고 있다. 즉 남북 간의 경제문제에 관하여 개도국 측은 그 동안 간과하여 왔던 불평등한 현상(선진국 판단으로)의 개선을 촉구하고 선진국 중심의 국제경제질서의 개편을 요구하면서 북 측의 성의 있는 해결을 강력히 요청하였고, 이에 대하여 선진국 측은 점진적이고 온건한(선진국 판단으로) 대응방법을 모색해 오고 있다. 물론 개도국 요구의 일부가 실현될 경우도 없지는 않았으나, 북측에 대한 남측의 비난은 날로 첨예화해 가고 그 요구는 보다 적극적인 것으로 되어 가고 있는 것이 최근의 현상이라 하겠다. 다국적 기업을 둘러싼 UN에서의 규제 논의도 이와 같은 남북문제의 일반적 배경을 고려하고 이해할 필요가 있다.

(2) 다국적 기업의 행동규제

다국적 기업에 대한 비판은 UN의 일부 지침이나 지역적인 규제책만이 존재하고 있는데, UN은 초기에 "다국적 기업은 국경을 초월하여 거대한 세력을 장악하고 있음에도 불구하고 정부와는 달리 그 정책과 행동에 대해 책임을 지지 않는다. 그 뿐만이 아니라 다국적 기업은 순수 국내기업과는 달리 공공이익과의 조화를 최대한으로 확보하려는 어떤 권력기관의 지배나 규제도 받지 않는다. 따라서 다국적 기업의 권력행사를 지도하고 국제사회에 대한 책임을 그 활동 속에 포함시킬 수 있는 제도와 방안을 강구할 수 있느냐 하는 것이 문제가 된다"[63]라고 하였다.

다국적 기업의 행동을 규제한다는 관점에서의 논의는 1960년대 말부터 77그룹을 중심으로 전개되었다. 즉 1968년 제 2회 UNCTAD 총회에서는 선진국 민간 기업이 채용되는 **제한적 상관행**(restrictive business practices)[64]에 대한 검토를

63) UN, Department of Economic Social Affairs, *Multinational Corporations in World Development*, New York, United Nations, 1973, pp. 2~3.

결의하였으며, 다국적 기업 문제가 포괄적으로 하나의 중심적인 논의 대상으로 취급된 것은 1972년 7월 ECOSOC가 '개발과정과 국제관계에 대한 다국적 기업의 영향(The Impact of MNC on the Development Process and on International relations)'이라는 결의를 채택한 것이 최초라고 할 수 있다.

그런데 이러한 결의가 채택된 것은 다국적 기업 문제와 남북문제의 해결을 기원하는 선진국 측의 경제적인 문제의식도 중요한 이유였지만, 보다 직접적인 계기는 다국적 기업에 대한 정치적인 문제의식이었다. 즉 동 결의는 1970년 7월에 칠레에서 사회주의 정권인 아옌데 정권이 수립될 당시, 미국의 대표적 다국적 기업의 하나인 IT&T(International Telephone & Telegraph Corp.)사가 좌파의 아옌데 후보의 당선을 저지시킬 목적으로 대통령 선거에 개입했다는 사실이 1972년에 밝혀지면서 이에 분격한 칠레가 다국적 기업문제를 UN에서 다룰 것을 강력히 요구하여서 이루어진 것이었다.

이런 정치적인 문제 외에도 다국적 기업의 **'비윤리적인 문제'**에 대해서도 그 심각성을 인식할 수 있다.[65] 특히 판매 금지 의약품의 판매, 유독성 농약 판매, 분유 판매 사건, 담배 판매, 무기 판매[66] 등의 사례에서 나타나고 있는데, 판매금지 의

---

64) 카르텔 등 경쟁제한 행위, 사업제한, 수출규제, 시장유통 및 배분에 관한 협정, 기술이전 계약상의 제한조건, 임의적인 이전 가격 조작, 독점적 관행 등을 지칭한다.

65) 姜太求, 다국적 기업경영론, 무역경영사, 1994, pp. 241~246.

66) 아시아 국가들은 최근 3년 동안 전 세계 무기 수입의 35%를 차지하고 있다 [William, S. W., "Arming the Third World: The Role of the Multinational

약품의 사례로는 인도 등 제 3세계 국가에서의 규제 미비를 악용하여 비윤리적인 약품을 판매한 **시바가이기**(Ciba-Geigy) 등 **다국적 제약회사**를 들 수 있고, 한국의 사례로서는 Hoechst, Boehringer, Ingelheim 등을 들 수 있다.

특히 시바가이기를 포함한 다국적 기제약회사는 중증 신경병인 스몬스병을 유발하는 약품인 **멕사포름**(Mexaform)과 **엔테르비오포름**(Enterovioform) 등을 생산·판매하여 물의를 일으킨 바 있다. 이들 기업이 판매하는 약품에는 **스몬스병**을 유발하는 **클리오퀴놀**(Clioquinol)이 함유되어 있는데, 일본에서는 이 약품을 복용한 후 수천 명이 스몬스병에 걸렸고 수백 명이 사망하여 이른바 스몬스 스캔들이 1976년 6월 8일자 일본신문에 보도되기도 하였다.

또한 유독성 농약 중 **DDT**(Dichlorodiphenyltrichloroethane)는 1972년 이후 미국에서는 농작물 경작지역에서의 사용을 완전히 금지되어 있고 그 사용도 엄격한 제한을 받고 있다. 그럼에도 불구하고 미국의 생산기업 Monsanto Chemical Corporation은 많은 후진국의 외국수입업자에게 이 DDT를 여전히 판매하고 있다. 그리고 이러한 농약산업은 개발도상국에서 급속히 증대되어 가고 있다.

다음으로 **네슬레**(Nestle)의 분유판매 사례를 들 수 있는데, 네슬레의 분유가 아프리카 국가에 판매되기 시작하였을

Corporation", in Dixon, C. J., Drakakis-Smith, D., and Watts, H. D(eds), *Multinational Corporations and the Third World*, London & Sidney, Croom Helm, 1986, pp. 66~90.].

때 유아 사망률이 높아지기 시작하였다. 물론 분유와 유아 사망률의 인과관계에 대해서는 각각의 견해가 달랐지만, 종전까지 모유를 먹이는 어머니들이 분유를 사용함으로 인해 설사를 일으키는 박테리아 및 불결한 식수공급과 함께 유아들에게 공급되어 결정적으로 해로운 두 가지 결과를 가져오게 했다는 것이다. 즉 유아들은 모유 속의 '**항체성분**'을 섭취할 수 없었으며, 분유를 아끼고자 하는 어머니들이 많은 양의 물을 섞음으로 인해 유아에게 해로운 결과를 가져왔다는 것이다. 당시 자메이카는 상업적 유아용 우유 제품을 회수할 것을 건의하기도 했는데, 네슬레는 오히려 의사들에게 무료 견본을 제공하고, 우유간호원(간호원 복장을 하고 어머니들에게 우유를 권하는 판매원)을 고용하는가 하면, 병원을 퇴원하는 산모들에게 퇴원기념으로 선물을 제공하는 등 대중매체 광고를 계속하였다.[67]

그리고 담배판매 즉 담배가 건강에 유해하다는 입장에서 보건관계자들과 소비자단체들은 **필립 모리스**(Phollip Morris)를 비롯한 담배제조회사 기업들이 지난 20년간 세계 담배소비량을 75%나 증대시켜 놓았다고 비난하고 있으며, 개발도상국의 잎담배 생산을 수익성이 높은 것으로 만듦으로써 담배 생산을 늘려왔다고 비난하고 있다.[68]

67) 1979년 범교회단체(ICRR)와 유아제품항의운동연합(INFACT)은 공동으로 제 3 세계에 대한 최대의 유아제품공급회사인 네슬레사를 상대로 전 세계적인 불매운동을 펼쳤다. 이 불매운동은 6년 반 동안 지속되었고 여기에는 교회, 가톨릭단체, 의사, 간호사, 교사 및 기타 전문직을 대표하는 70개 이상의 미국 단체들이 참여했다.

2000년대 전후에도 다국적기업의 비윤리는 여전히 나타나고 있다.[69] 지난 1998년 나이키는 파키스탄과 캄보디아에서 아동을 고용·생산하여 세계적 문제를 일으켰고 나이키는 이로 인해 영업이익의 37%가 급락하였다. 2001년 말 크리스마스를 겨냥하여 출시된 소니사의 play station이 네덜란드 세관으로부터 수입 불가 판정을 받았다. 그 원인은 play station 부품 중 모니터와 시스템 본체를 연결하는 전선피복에서 중금속인 카드뮴(Cd)이 허용기준인 100ppm을 초과하여 검출되었기 때문이었다. 이로 인해 소니는 수입금지 조치 및 부품교체, 기회손실 등으로 약 2000억 원의 피해를 입었다.

더구나 최근 중국에서는 수많은 다국적 기업의 환경법규 위반 혐의로 조사를 받기도 하였다.[70] 중국에 진출한 마쓰시타(松下)와 네슬레, 펩시콜라, 3M 등 33개의 거대 다국적 기업들이 환경법규 위반 혐의로 일제 조사를 받았다. 뿐만 아니라 리스트에는 세계 500대 기업이 상당수 포함되었으며 일례로, 500대 기업 랭킹 47위인 상하이(上海) 마쓰시타는 오염처리 시설 미비로 기준치를 초과해 폐수를 방류했으며 175위의 미국계 펩시콜라(지린성(吉林) 장춘(長春))도 폐수 오염물이 기준치를 초과한 것으로 드러났다. 500대 기업 중 53위인 네슬레(상하이)는 환경보호를 위한 검증절차 없이

68) Lowe, J., *The Secret Empire*: How 25 Multinationals Rule the World, Homewood, Ill., Business One Irwin, 1992, pp. 137~151.

69) 이하는 임지애(환경운동연합 기업사회책임팀 국장), "다국적 기업에 대한 환경분야 국제규약," 인권과 평화를 위한 국제민주연대 발표문을 요약 정리.

70) 헤럴드경제. 2006년 11월 7일.

공장을 가동했으며 심지어 3M은 환경영향 평가 심사를 밟지 않고 생산에 들어간 것으로 밝혀졌다. 나라별로는 일본(11개)과 미국(8개)계 기업에 이어 스위스, 독일(시멘스)계 기업들이 주류를 이루고 있고 업종별로는 식품·전자·화공·기계제조 등 주요 산업이 망라되어 있다. 이들 기업들의 생산 거점은 상하이 저장(浙江), 푸젠(福建), 광둥(廣東), 쓰촨(四川) 등 중국 전역에 산재해 있다.

이상에서 보면, 다국적 기업 활동의 정치적 측면과 국제관계에의 영향은 경제적 측면과 함께 비윤리적인 문제까지 규제에 대한 중요한 단서를 가지고 있다고 할 수 있다. 그러나 국제기업에 대한 피투자국의 문제는 그 해결에 있어 여간 복잡하고 곤란한 것이 아니다. 다음에서는 과연 국제기업과 피투자국의 관계에 있어 그 문제점을 나타내기로 한다.

<제 4 절> 국제기업과 국가이익

1 국제기업과 투자국의 국가이익

1973년 제 1차 석유파동 당시 미국정부는 미국 다국적 기업인 대규모 석유회사들이 기업 이익만을 생각한 나머지 석유수출국기구(OPEC : Organization of Petroleum Exporting Countries)의 압력에 굴복하여 미국의 국가이익에 반하는 행동을 취한 적이 있다. 이것은 주요 에너지 공급원으로서 자국기업이 국가의 안보와 주권에 직접적 영향을 미친다는 것을 인식하고 국가이익에 반하는 점에 대해서는 국가주권을 강력히 행사하기로 시사한 바 있다.

이 점에 있어 다국적 기업과 본국 간의 관계를 살펴보는 것은 중요하므로 다음을 보기로 한다.

1) 국제기업의 본국정부 규제회피

일반적으로 다국적 기업과 국가주권 간의 충돌은 보통 다국적 기업과 개발도상국 간의 문제로만 이해하려는 경향이 있으나, 다국적 기업은 선진 자본주의 국가주권과의 관계에 있어서도 충돌을 빚는 예가 허다하다.

실제로 어떤 국가의 경우에도 자국경제의 주요 부문이 다국적 기업과 같은 외국자본에 의해 과다하게 소유되는 경우 전통적인 경제 정책수단인 통화정책, 재정정책, **반 트러스트 정책**, 임금 및 소득정책의 성격과 유효성이 변질되게 되는데, 오늘날과 같은 다국적 기업의 대규모성과 영향력은 미국에서조차도 경제정책 수립의 유연성을 감소시킬 정도에 이르고 있다.[71]

대표적 선진국인 미국정부의 경우에도 지속적인 국제수지 적자에 직면하는 경우 자국의 다국적 기업으로 하여금 해외투자를 억제하도록 권고하기도 하고, 때로는 법적조치를 강구하여 이를 강력히 제재하는 경우마저 없지 않았다. 그러나 미국 기업이라고 해서 이들이 이러한 미국정부의 정책에 일치하게 행동하고 있는 것은 아니다. 미국 다국적 기업은 이러한 미국정부의 정책과는 아무런 상관없이 자사의 목표에 따라 필요한 경우 해외로부터 이익송금을 억제하기도 하고 또 현지금융시장을 통해 자금을 조달하는 방법으로 투자활동을 계속하였다.

정부의 정책결정에 중대한 영향을 미치고 있는 이러한 다국적 기업들의 영향력이 커진 결과, 점차 미국의 연방정부조차도 이러한 다국적 기업을 충분히 통제하기 어려운 상황에 이르고 있다.

71) Hymer, S., "The Efficiency(contradiction) of Multinational Corporations", American Economic Review, Vol. LX, No. 2, May 1970, p. 447.

2) 독점금지법

미국의 독점금지법은 외국기업이 미국 기업과 계약관계를 맺거나 미국시장에서 영업활동을 수행하는 경우 그 영향을 받게 되어 있다. 또 외국인이라고 할지라도 미국 내에 자산을 보유하고 있거나 사업활동을 하고 있는 경우, 또는 회사 직원이 상주하는 경우에는 미국법의 관할권하에 들게 된다.[72] 또 미국 다국적 기업의 해외생산활동이 미국경제와 어떤 관련을 가지고 있는 한, 동 법은 해외에 주재하고 있는 미국 다국적 기업에도 적용된다.[73]

한편 유럽 국가들도 **로마협약**(Treaty of Rome)에 독점금지를 명시하고 있으며, 여기에는 가격 및 거래조건의 담합생산 및 투자제한, 시장 및 공급원 분할, 상이한 조건제시에 의한 경쟁제한 등이 포함된다.

그러나 다국적 기업들은 규제를 회피할 수 있는 능력이 있을 뿐 아니라, 더 이상 독점금지 조치에 대한 효력을 통제할 수 없는 상태가 현실이다. 또한 일본의 경우 합병과 관련한 엄격한 독점금지법을 가지고 있기는 하지만 거의 실행되지 않고 있다.

....

72) Robonson, R. D., International Business Management, 2nd ed., Hinsdale, III, The Dryden Press, 1978, pp. 554-555.

73) 독점금지법에 위반되는 경우는 기업 간의 계약이나, 기업담합 등을 통해 자유로운 무역이 방해를 받는 경우, 모든 독점 및 독점을 시도하는 경우, 기업합병이나 매수가 해당기업의 경쟁력을 크게 저하하거나 독점체제를 형성하는 경우, 가격을 담합하는 경우 그리고 덤핑 등 불공정 경쟁 관행이 정착되는 경우 등이 있다.

3) 대적통상법 (COCOM)[74)]

미국 다국적 기업 해외 자회사의 행동은 그 소재국 법률의 관할하에 놓이게 되지만 동시에 그것은 미국 기업의 자회사인 만큼 미국법률에 의해서도 규제를 받게 된다. 즉 이러한 모순은 몇몇 국가를 적성국으로 지정해야 이들 국가와의 거래에 대적 통상법을 적용한 미국의 경우에 잘 나타나고 있다. 즉 한때 미국은 어떤 특정국에 소재하고 있는 미국 다국적 기업의 해외 자회사가 그 소재국의 정책에 따라 적성국인 구소련 또는 중공에 제품을 수출하는 경우 이것이 대적 통상업의 적용대상이 되었다.

이러한 문제와 관련하여 **킨들버거**(C. P. Kindleberger)는 어떤 기업이 해외에 외국법하에서 조직된 경우, 그들을 통하여 미국이 자국의 대외 안전보장 정책, 군사정책 그리고 경제정책까지를 수행하려고 하는 것은 회의적이라고 주장한다. 이 견해로는 미국국무성이 미국 IBM에 대해 프랑스 군대에 컴퓨터를 판매하는 것을 저지하는 것은 합법적이지만, 프랑스 IBM에 대한 컴퓨터 판매를 저지하는 것은 합법적이지 못하다라고 지적하고 있다.[75)]

미국은 이러한 맥락 하에서 오래 동안 베트남이나 북한, 쿠바 등에 대한 무역제한을 계속해 왔다.

74) Coordinating Committee for Export to Communist Areas.

75) Kindleberger, C. P., American Business Abroad: Six Lectures on Direct Investment, New Haven and London, Yale University Press, 1969, p. 44.

(1) 대공산권수출조정위원회(對共産圈輸出調整委員會, Coordinating Committee for Export Control to Communist Area)

전략물자의 대공산권 수출규제에 관한 자유주의제국 정부간의 비공식 협의기관으로 약칭 **코콤**(COCOM)으로 불리고 1949년 미국의 주도하에 결성되었다. 북대서양조약기구(NATO) 가맹국 중 아이슬란드를 제외한 15개국과 일본이 함께 조직했으며 89년 오스트레일리아가 새로 가입하였다. 본부가 파리에 있었기 때문에 파리위원회라고도 하였다. 당초 400여 개 품목에 대해 수출을 통제했으나 공산권의 기술향상으로 규제가 무의미해진 품목은 제외하고 군사목적으로 전용 가능한 반도체 및 통신장비 등을 새로 추가하여 150여 개 품목에 대해 수출을 통제하였다. 1951년에는 **대중국수출조정위원회**(친콤, CHINCOM)를 발족시켜 대 공산권뿐만 아니라 중국에 대해서도 수출품목을 통제하였다. 냉전체제의 종식으로 91년에는 반도체, 감응장치 및 레이더 등 10개 부문 핵심리스트를 제외하고는 모든 품목의 수출을 허용하였으나 유명무실해진 코콤은 94년 3월 자진해체하였다. 이를 대신해 세계평화에 위협이 되는 나라에 무기·기술 수출금지를 목적으로 96년 4월 **바세나르협정**(통친 신코콤)이 성립되었다.

(2) 바세나르 협정(Wassenaar Arrangement)

냉정시대 대공산권수출통제위원회(통칭 코콤)를 대신해 무기관련 수출을 국제적으로 관리하는 협정. 코콤은 구미 16

개국과 일본이 공산권 국가를 대상으로 맺은 군사기술·전략물자 수출 규제협정이었는데 1994년 3월에 폐지되었다. 바세나르 협정(통칭 신코콤)은 코콤과 달리 러시아 연방·우크라이나 및 구동구권과 개발도상국까지 참가하는 국제적 수출관리체제로, 1996년 7월 빈에서 열린 설립총회에는 33개국이 참가하여 협정을 체결하였고 같은 해 11월 1일 발효되었다. 규제대상은 무기 및 군사적으로 전용 가능한 기술로 총 110여 품목이다. 가맹국이 비가맹국에 대한 대상품목 수출을 허가한 경우 자발적으로 사무국에 통보하도록 되어 있으나, 수출에 대한 찬성과 반대의 판단은 각국에 맡겨져 있다. 이 협약은 법적 구속력이 없으며 벌칙도 없다. 규제대상국에 대해서는 명문화되어 있지 않지만, 미국이 테러지원국으로 지명한 이란·이라크·리비아·북한이 사실상 상정되어 있다. 한국도 회원국으로 가입하였다.

(3) 지적소유권

다국적기업과 국가이익 간에 발생하는 딜레마 중의 하나가 지적재산권에 관한 것이다. 다국적기업은 새로운 기술의 개발과 적용뿐만 아니라 기술의 국제적 이전과 보급의 중요한 수단으로써 기술개발과정에 관한 관리가 중요하다. 더구나 국가의 산업이나 경제에의 파급효과도 크기 때문에 국가적인 차원에서 민감하게 반응한다. 일례로 기술개발능력이 뛰어난 선진국이 자국산업을 보호하기 위해 개발기술에 관한 일정기간의 독점을 통해 투자한 연구개발비용 회수 및 수

익을 다국적기업이 내부화할 수 있도록 국제적인 법체제를 강화하는 경우가 그것이다.[76)]

이러한 지적재산권은 우루과이라운드에서 처음으로 국제협약에 포함되었고 앞으로도 계속해서 선진국과 개발도상국 간의 기술의 공공재적 성격에 관한 논쟁이 이어질 것이다. 개발도상국은 다국적기업의 개발기술 이용에 대한 개방을 요구하겠지만, 신기술을 보유하여 자국경제 및 산업을 보호하려는 선진국은 이를 간과하지 않기 때문이다. 다시 말하면 다국적기업은 피투자국의 입장에서 볼 때 기술 획득 또는 기술흡수의 근원이며, 이를 통해 국제경쟁체재에 뛰어들 수 있는 중요한 수단이라는 점이다. 외국의 자회사는 모회사의 기술과 연구개발시설, 그리고 네트워크를 활용하여 기술력 향상이 발생할 가능성도 높다는 측면이다.

또한 기술이전을 원하는 피투자국과 이윤극대화를 원하는 다국적기업 간에 지적재산권에 관한 딜레마가 존재하고 있다. 특정한 범주의 생산품이 지적재산권의 보호에서 제외되어 있거나 관련 입법이 존재하지 않으며, 투자이익을 환수하기에 너무 짧은 특허 기간이 부여될 경우를 말한다. 따라서 피 투자국에게 지적재산권에 관한 보호를 강화시키기 위해, 그리고 기술이전을 촉진하는 TRIPs협약의 효율성과 지속적인 발전을 위해, 개발도상국의 지지를 얻어내는 것이 중요해지고 있다.

76) 김민서, 연세대학교 대학원 박사제출논문, 다국적기업의 국적과 관할권에 대한 국제법적연구, 1999.

2 국제기업과 피투자국의 이익

1) 국제기업과 피투자국의 주권

다국적 기업과 피투자국 주권 간의 충돌은 후진국보다는 선진국에서 먼저 발생하였다. 1950~60년대 미국자본의 대대적인 유럽진출은 미국자본에 대한 유럽선진국의 두려움을 자아낸 바 있으며, 동시에 개발도상국에 대한 선진국기업의 대거 진출도 개발도상국의 주권에 중대한 도전이 되고 있다. 특히 프랑스의 심카자동차와 크라이슬라와의 관계, GE와 프랑스의 마싱불회사와의 문제 등은 다국적 기업과 피투자국의 문제로 등장하였다.

피투자국은 주권국가로서 자국과 관련된 주요 사안에 대해 자주권을 행사하고, 외부의 통제를 제한하거나 또는 이를 단호히 거부할 권리를 가지고 있다. 또 피투자국은 자국의 총생산 증대, 국제수지 개선, 실업 감소, 인플레이션 축소, 수출증대 등의 목표를 달성하기 위해 필요한 주권을 행사할 권리를 가지고 있다. 그런데 피투자국 내에 진출한 외국기업들은 현지기업보다 훨씬 용이하게 현지정부의 통제를 회피하면서 영업활동을 수행하고 있는가 하면, 현지 관계당국의 세금징수 시 이전 가격이나 로열티의 본국송금 등을 이용하여 현지이익을 축소시켜 과세를 줄이는 등 현지국 정부의 각종 정책시행에 정면으로 도전하는 경우가 허다하다.

그러므로 국제기업에 대한 피투자국의 우려는 당연하다고 할 수 있다. 이를 크게 나누어 보면, 경제적 종속, 기술적 종속, 공업부문의 종속, 문화적 종속, 그리고 정치·사회적인 영향으로 나누어 볼 수 있다. 이를 사례를 통해서 파악하기로 한다[표 2-3 참조].

표 2-3 국제기업에 대한 피투자국의 우려

<table>
<tr><th></th><th>문 제 점</th><th>결 과</th><th>국가 및
국민의 관심</th></tr>
<tr><td rowspan="2">경제적
종속</td><td>선진국의 경우
A. 1970년대 중반 선진국인 미국과 유럽국가들은 석유달러를 가지고 서방세계의 에너지, 부동산시장을 장악하려 한다는 아랍으로부터의 도전 위협에 긴장해 있었다.
B. 미국의 크라이슬러사는 프랑스 제3위의 자동차회사인 심카사의 주식 63.8%를 매입하여 동 회사를 인수하였다. 이미 프랑스는 전자계산기 제조업체인 마싱·블사가 GE의 자회사가 되었고, 여기에다 GM프랑스와 레밍톤랑드사의 대량 해고 사건 등으로 관계가 좋지 않았다.</td><td>A. 미국인들은 사업과 부동산에 대한 외국투자를 제한하는 법률에 찬성하는 경향을 낳음.[a]
B. EEC 결성 이후 미국 기업의 투자에 호의적이던 프랑스 정부가 드골류의 내셔널리즘으로 선회하는 결과를 초래.</td><td rowspan="2">다국적 기업이 자국 경제를 지배해 버릴 것을 염려하여 외국인 투자기업을 받아들이는 경우 합작투자를 선호하는 경향이 높아져 감, 그리고 다국적 기업에 대한 규제에 관심을 가짐.</td></tr>
<tr><td>개발도상국의 경우
페루의 화학산업의 67%, 멕시코의 의약품 산업의 80%, 브라질의 자동차 산업의 100%, 아르헨티나의 비전기 기계산업의 82%가 외국인 소유기업에 의해 지배.[b]</td><td>–</td></tr>
</table>

표 2-3 계속

	문 제 점	결 과	국가 및 국민의 관심
기술적 종속	한국, 대만, 홍콩, 인도 등은 기술능력을 보유하고 있는 다국적 기업과의 관계를 통하여 기술 능력을 향상시켰으나, 시간이 지날수록 기술종속화가 이루어졌다.[c]	자국의 생산부분이 개발되기 이전에 다국적 기업을 통하여 기술이나 기술적 지원을 받게 되어 과학 및 기술하부구조의 창출에 곤람함 겪음.	다국적 기업에 의한 기술이전을 촉진시키기 위한 여러 가지 제한 조치를 취하기도 함.
문화적 종속	선진국에서 개발도상국으로 문화적 영향이 일방적으로 미치고 있어 무분별한 문화의 유입이 일어나고 있다. 이의 매개 역할을 하는 것이 다국적 기업이긴 하지만 대부분 국가들이 신제품, 새로운 패션, 새로운 생활습관을 원하고 있기 때문이기도 하다.	식민지 시대의 언어사용 또는 교육제도 등 외국 문화 제도를 그대로 답습하는 경우가 있음.	–
정치·사회적 영향	다국적 기업은 법률적인 측면에서 미국의 독점금지법, 대적통상법 및 수출통제법 등의 모국정책을 피투자국 내의 해외 자회사에게까지 그대로 연장 적용함으로써 법의 영토 외 적용문제와 치외법권적 문제를 야기.[d]	–	–

주 1 : a)[77], b)[78], c)[79], d)[80]

주 2 : 공업부분의 종속은 경제에서 차지하는 비중이 크기 때문에 따로 분리할 수 있으나 이는 경제적 및 기술적 종속으로 이어진다는 점을 감안할 때 기술적 종속의 경우와 유사하다고 할 수 있다.

77) Martin and Tolchin, S., *Buying into America : How Foreign Moey is Changing the Face of Our Nation*, New York, Timess Books, 1988.

78) Stopford, J. M. and Dunning, J. H., *Multinationals: Company Performance and Global Trends*, London, Macmillan Publishers, 1983, pp. 26~27.

79) Behrman, J. N. and Grosse, R. E., International Business and Governments : Issues and Institutions, South Carolina, University of South Carolina Press, 1990, ch.3.

80) Behrman, J. N., 전게서, pp. 88~127.

이상과 같이 피투자국에서 우려할 만한 사항은 경제·정치·문화에 걸쳐 다양하다고 할 수 있다. 그러나 이런 우려 속에서도 국제기업의 활동에 대한 국가이익의 직접성은 국가경제발전에 중요하므로 국제기업에 대한 각국정부의 지원책과 피투자국으로서의 규제정책을 보기로 한다.

< 제 5 절 >
국제기업의 해외진출에 대한 본국 정부의 지원과 규제

1 본국정부 국제기업의 해외진출 장려책

국가에 따라 정도의 차이는 있지만 선·후진국을 막론하고 자국기업의 해외진출에 지원책을 수립하고 있다.[81] 이러한 지원책은 결국 자국기업의 이익이 자국의 이익과 직결된다는 일반적인 생각에서 연유한 것이다. 국가들이 이용하고 있는 해외진출 장려책을 살펴보면 다음과 같다.

81) United Nations Centre on Transnational Corporation, *Foreign Direct Investment, Debt and Home Country Policies*, New York, UNCTC, 1990, UNCTC Current Studies Series A No. 20.

첫째, **'해외투자 위험보험'**으로 대부분의 국가들은 위험으로부터 자국기업을 보호하기 위해 여러 가지 보험제도를 활용하고 있다. 해외투자보험제도는 국가에 따라 그 내용이 약간씩 상이하지만 대표적인 것으로는 재산수용, 전쟁, 송금불능 등의 불가항력적인 비상위험에 대한 손실 보상제도가 있다. 재산수용은 외국정부 등에 의해 재산이 몰수 또는 수용된 경우, 전쟁위험은 전쟁, 혁명, 내란 폭동 등으로 인해 해외투자기업의 손해를 당한 경우, 그리고 송금불능위험은 투자원금 등을 본국으로 송금할 수 없는 경우 등을 의미한다.

다국적 기업은 위와 같은 위험에 직면하는 경우 해외투자보험제도를 이용하여 자기 기업이 부담해야 할 위험을 공공기관에 전가시킬 수 있다. 미국을 비롯한 대부분의 국가들은 저개발국에 대한 자국기업의 해외투자를 보호하기 위해서 갖가지 보험제도 및 보증 제도를 실시하고 있다.[82)]

둘째, **'투자보장협정'**으로 많은 국가들은 해외투자 위험보험 외에도 피투자국과의 투자보장협정을 맺어 투자기업을 보호하고 있다. 투자보장협정은 내국민 대우 및 최혜국 대우의 보장, 국유화 및

82) Business International Corporation, *International Risk Management*, New York, BIC, 1983. 일례로 미국의 투자보험 및 보증제도는 1948년 유럽부흥계획의 일환으로 유럽에 대한 투자를 촉진하기 위해 시작되어 현재 OPIC (Overseas Private Investment Corporation)가 이 업무를 관장하고 있다. [Wilson, D. T., *International Business Transactions*, (St. Paul, Minn., West Publishing Co., 1981)] 내용은 첫째, 인가된 투자의 이익 또는 원리금의 불태화에 대한 보증, 둘째, 현지정부의 재산몰수나 재산수용에 따른 손실 보증, 셋째, 전쟁 또는 혁명에 기인한 손실 보증 등이 있다.

수용금지, 전쟁, 폭동 등 긴급사태로 인한 손실의 보전, 자유로운 투자원금 및 과실의 송금보장, 투자분쟁 발생시의 해결절차 등을 그 내용으로 한다.

셋째, **'자금지급'**에 대한 사항으로, 일반적으로 국가들은 해외투자기업에 대해 특별자금 또는 특수은행을 이용하여 자금을 지원하고 있다.[83] 또한 산업설비, 선박, 기계류 등 자본재의 중장기 연불수출을 촉진하기 위하여 그 수출에 소요되는 자금도 지원해 주고 있다.[84]

넷째, '세제지원'에 대해서 말하면, 이중과세방지 협정은 국제적으로 이중과세를 방지함으로써 해외투자기업의 조세부담을 경감시켜 주기 위한 것이다. 국가에 따라서는 이 이중과세방지 협약을 통해 세율을 낮게 적용하거나 세액공제 및 특별 감세 등의 혜택을 제공하기도 한다.

세제지원제도 중 가장 일반적인 것으로 **과세유예**와 세금 공제제도가 있다. 과세유예제도는 해외소득이 본국에 송금된 후에 과세하는 제도이며, 과세공제 제도는 외국정부가 해외투자사업에 대해 세금을 부과하여 이를 납부한 경우 국내에서 동액의 세금을 공제해 주는 제도이다.[85]

83) OECD, Investing in Drveloping Countries, 5th ed. Paris, OECD, 1983.

84) 우리나라의 경우 첨단기술 개발 및 습득사업, 비교우위상실 산업의 해외 이전, 주요 자원의 안정적 확보사업, 수출시장 확보사업, 외국과의 경제협력 증진에 직접 기여하는 사업 등에 대해 자금을 지원해 주고 있으며 플랜트수출 등에 필요한 자금도 지원해 주고 있다.

85) 우리나라의 경우 해외투자보험제도, 투자보장협정, 자금지원, 세제지원 등 각종 지원정책을 제공하고 있다.

다섯째, '**정치적 대리 역할**'로 투자국 정부는 피투자국 정부의 외국인 투자 제한 정책을 완화시키기 위해 정치적인 영향력을 행사하기도 한다. 예를 들어, 미국이 일본으로 하여금 직접투자에 대한 엄격한 제한정책을 완화하도록 직접 압력을 가하기도 하였고, 또 OECD를 통해서 압력을 가하기도 하였다. 또한 미국의회는 완전한 보상이 없이 미국자산을 국유화하는 정부에 대해 준 자동적인 제재를 가할 수 있도록 입법화함으로써 미국의 해외지원 중지, **일반특혜관세제도**(GSP: Generalized System of Preference)에 의한 수입 불인정, 국제적 기관으로부터의 차관 반대 등의 형태를 가질 수 있다.

최근의 사례를 보면, 미국에서 소해면모양뇌증(광우명·BSE)에 감염된 소가 발견된 이래 미국 소고기 수입을 전면 금지해온 일본에 대해, 미 상원의원 9명이 일본이 소고기 수입을 재개하지 않으면 미 통상대표부(USTR)가 일본에 보복조처를 취하도록 요구하는 결의안을 의회에 제출했다.[86] 결의안은 채택되더라도 구속력은 없으나 정부에 상당한 압력 요인이 되었으며, 당시 일본과 같은 입장에 있는 한국도 한 동안 고심한 적이 있다. 결의안에는 미국 소비자와 목장주들은 미국 소고기가 안전하다는 것을 잘 알고 있다며 과학적인 근거도 없는 수입금지는 불공정무역장벽이라고 주장하였다.

86) 한겨레신문. 2005년 3월 18일

2 국제기업의 해외진출에 대한 규제정책

대부분의 국가들은 국제수지상의 이유 때문에 자국자본의 수출을 통제하는 정책을 쓰고 있는데, 자본수출 통제는 일차적으로 자국의 국제수지 적자를 축소시키는 데 그 목적이 있다. 또 국가에 따라서는 일본, 한국 등과 같이 국가의 특수한 목적을 달성하기 위해 해외투자를 통제하고 필요에 따라서는 해외 직접투자를 봉쇄하는 경우도 있다.

자본수출 통제는 비록 연구결과들이 서로 상반된 견해를 보이고 있지만 해외투자자가 **투자국의 직장상실**, 외환소득 감소, **경쟁력의 약화**를 초래한다는 데에 그 근거를 두고 있다.[87)]

과거 미국 정부는 미국 기업의 이익을 보호해야 할 의무가 있다고 생각했으나 1970년대 초부터는 미국의 정책이 점차 바뀌기 시작하였다. 미국의 이러한 변화는 다음의 사례에서 찾아볼 수 있다.

1969년 페루정부는 미국 기업인 International Petroleum Company의 자산과 시설을 수용한 바 있는데, 이 다국적 기업의 주식은 Standard Oil of New Jersey(현재의 Exxon)가 소유하고 있었다. 또 1971년에는 칠레의 마르크스주의 정부가 주요 미국광산기업의 현지 자회사를 수용한 바 있다.

그러나 미국은 위 두 사건의 경우 라틴 미국과의 외교정책 및

87) OECD, *International Investment and Multinational Enterprises: Investment Incentives and Disincentives: Effects on International Direct Investment*, Paris, OECD, 1989.

정치적 관계를 들어 강경책을 철회하였고 법률에 의한 보복조치도 취하지 않았다.88)

< 제 6 절 >
국제기업에 대한 피투자국의 정책

1 국제기업에 대한 장려책

선진국 및 개발도상국은 외국인 투자 유입에 따른 경제적 효과를 향유하기 위하여 외국인 투자를 적극적으로 유입하기 위한 각종 유인책을 제공하고 있다. 물론 유인책이 나라마다 다르기는 하지만 일반적으로 다음과 같다.

첫째, **'세재상의 유인책'**으로 세금감면, 세금유예, 특정기간 동안의 법인세 및 원천과세 면제 등을 들 수 있다. 이것은 외국인 투자를 유인하려는 국자들이 가장 많이 사용하고 있다.89)

---

88) 전게서, p. 297.

89) Bereau of Economic Analysis, U. S. *Direct Investment Aboard*, Washington, D. C., U. S. Department of Commerce, Dec, 1985.

둘째, **'관세상의 유인책'**으로 외국인 투자기업의 사업 활동과 관련하여 피투자국에 수입되는 장비, 부품, 원료 등에 대해서 관세를 부과하지 않거나 낮은 관세율을 적용하여 혜택을 제공하는 경우를 들 수 있다. 또 고관세 부과 및 수입통제 등을 통해 수입을 줄이거나 제거하여 외국인 투자기업에게 혜택을 제공하기도 한다.

셋째, **'보조금 지급'**으로 외국인 투자를 유인하기 위해 피투자국의 정부기관이 장·단기 자금을 지원해 주거나 특별히 낮은 이자율로 자금을 대여하는 경우도 있다. 또 **공장건설 보조금**, 종업원 훈련 보조금 등을 지급하기도 한다. 제정상의 유인책은 피 투자국이 활용할 수 있는 용인한 정책수단이며, 투자유치 경쟁에 필수불가결하기 때문에 계속적으로 활용되고 있다.

이상의 유인책 외에도 많은 국가들은 외국인 투자를 유치하기 위하여 과실송금보장, 투자자본에 대한 환수보장, 기타 정부의 각종 지원정책 등을 제공하고 있기도 하다.

2 국제기업에 대한 제한정책

1) 진입통제

피투자국은 신청된 외국인 투자 프로젝트를 지국의 기준에 따라 심사하게 된다. 외국인 직접투자에 대한 이와 같은 진입절차상의 규제는 진출기업에게 추가비용을 부담시킴으로써 투자진출에 대한 장애 요인이 되고 있다.

선·후진국을 막론하고 대부분의 국가들은 특정 산업 부문에 대한 외국인 투자를 강력히 제한하고 있다. 선진국인 OECD 국가의 경우에도 특정 산업에 대한 외국인 투자를 강력히 제한하고 있는데, 핀란드의 어업이나 스웨덴의 전매 및 광산업, 이태리의 광산업, 그리고 아일랜드의 소맥제분업 등이 그 예에 속한다. 또 대부분의 개발도상국에서는 특정 천연자원산업에 대한 외국인투자를 강력히 제한하고 있다. 그 외에 대부분의 국가들이 방송, 수송, 전매, 전력, 전자, 은행, 보험과 같이 민감한 서비스산업분야에 대한 외국인투자도 강력히 제한하고 있다. 또 피투자국들은 선·후진국을 막론하고 다국적 기업이 이러한 분야의 기업을 매수하지 않는가에 항상 주의를 기울이고 있다. 또 정부가 이러한 산업을 독점적으로 운영하는 경우도 있고, 때로는 외자 도입법 상 외국인 투자가 완전히 금지되어 있는 경우도 있다.[90]

2) 소유권 제한

피투자국은 외국인투자기업의 영향력을 줄이고 국내기업의 성장을 촉진시키기 위해 외국인 투자기업의 소유권을 제한하는 정책을 이용하고 있다. 외국인 소유제한은 1970년 후반 일부

90) Walters, K. D. and Monsen. R. J., "State-Owned Business Aboard: New Competitive Threat", *Harvard Business Review*, March-April 1979, pp. 160~170.

개발도상국이 채택했던 최대 지분 제한, 1980년대 초 중국, 인도, 멕시코 및 몇몇 개발도상국의 소유권 규제를 들 수 있고, OECD 국가 중에서는 호주, 일본, 포르투갈, 스페인 등이 외국인 투자에 대한 규제를 강화한 바 있다. 그러나 1980년대 후반에 이르러서는 멕시코와 같은 국가가 US$ 1억 이하의 기업에 대해서도 외국인 투자기업의 완전소유를 인정하는가 하면 그 외에 호주, 인도, 인도네시아, 일본, 말레이시아, 뉴질랜드, 유고 등도 외국인 투자기업에 대한 소유제한을 완화하였다.

선진국들은 대부분 사업면허 및 국적제한 등과 같은 간접적인 방법으로 외국인투자를 제한하고 있는 데 반해 대부분의 개발도상국들은 보다 직접적인 방법으로 외국인 투자를 규제하고 있다. 최근 들어 개발도상국들은 외국인 직접투자에 대한 자유화를 추진하여 투자 부분에 대한 제한을 완화하거나 또는 특정 제한부문에 대한 외국인 소유비율을 증대시키는 경우가 많다.

3) 천연자원 유출 통제

역사적으로 다국적 기업이 개발도상국의 천연자원을 오랜 동안 독점적으로 지배해 왔음은 주지의 사실이다. 특히 선진제국기업들이 자원 확보를 위해 독점 형식으로 개발도상국에 진출한 예를 쉽게 찾아볼 수 있다. 1970년대 전반 이전까지의 7대 국제석유자본들이[91] 세계석유를 완전히 지배한 바

91) Standard Oil of New Jersey(현재의 Exxon), Royal/Dutch Shell, Mobil, British Petroleum, Texaco, Standard of California, Gulf Oil 7개사.

있고, 미국의 **아나콘다**와 **케네코트**가 칠레의 銅을, 벨기에 기업 유니온 니미엘이 자이레의 銅을, 그리고 남아프리카와 미국 기업이 잠비아의 銅을 완전히 지배하는 한편, 전체 자본주의 국가가 동광석의 70%를 장악하기도 하였다.

특히 몇몇 1차 산품이 전체무역의 대부분을 차지하는 일부 개발도상국의 경우, 그 예로 잠비아의 銅(91%), 자이레의 銅 및 코발트(52%), 에콰도르의 원유 및 바나나(65%) 등의 1차 산품에 대한 다국적 기업의 지배는 결국 이들 국가의 경제적 종속을 의미하는 것이다.

2000년대의 사례를 들자면, 나이지리아의 경우 총 6개의 원유 수출용 터미널과 1개의 천연가스 터미널을 보유하고 있다.[92] 이 중 원유 2개의 터미널은 쉘(Shell)이 또 다른 2개의 터미널은 쉐브론 텍사코(Chevron Texaco), 그리고 엑슨 모빌(Exxon Mobil), 아집(Agip)이 운영사업자로 되어 있다. 천연가스 터미널은 NLNG(Nigeria Liquefied Natural Gas Limited)가 운영한다. 나이지리아 원유수출의 약 61%가 북미(40%)와 서유럽(21%), 아시아(20%)에 집중되어 있으며, 단일국가로는 미국(37%), 프랑스(4.5%), 독일(2.3%)이 그 뒤를 잇고 있다.

92) 김기상(2006), "나이지리아의 에너지 산업현황과 우리나라의 진출방안." 수은해외경제. 2006년 3월.

4) 이행요구(performance requirement)

이행요구는 피투자국 정부가 투자기업에게 이행할 것을 요구하는 사항을 의미하는데, 이는 대부분 **현지부품 조달비율**(local content), 최소 수출이행 요구, 현지화 요구 등의 형태를 띤다. 로칼 콘텐츠는 최종재에 일정 수준의 현지부품을 반드시 사용할 것을 요구하는 것이며, **최소 수출이행 요구**는 현지에서 생산된 제품의 최소 수출비율 및 현지시장 판매한도를 의미한다.

또 피투자국은 총 고용 중 일정 수준은 반드시 현지인을 고용하도록 하는 의무고용비율을 이용하기도 한다. 이 외에도 이행요구에는 기술이전, 외환, 수입제한, 생산규모 등도 포함한다.93)

한편 선진국에 의해서도 이행요구가 있는데, 요구하는 **이행요구**로는 입찰절차, **수출요구**, 현지부품사용 요구 등이 있다.94)

5) 재산수용(expropriation)

피투자국의 외국인투자기업에 대한 재산수용은 기업의 해외진출을 저해하는 가장 치명적인 장애요인이 되고 있다. **재산수용**(expropriation)은 **재산몰수**(Confiscation) 보다 훨씬 넓은

93) United Nations Centre on Transnational Corporation, New Issue in the Urguay Round of Multilateral Trade Negotiations, New York, UNCTC, 1990.

94) Suilleabhain, M. O., "Investment Incentives and Performance Requirements", in Walter, I. and Murray, T., *Handbook of International Business*, New York, John Wiley & Sons, pp. 15.3~15.27.

의미로, 보상의 유무에 관계없이 국가가 특정기업의 소유권을 강제로 징수하여 처분하는 행위를 의미한다.

역사적으로 외국자본에 대한 재산수용은 1968년 페루가 미국계기업 International Petroleum Company를 수용한 것을 비롯하여, 1969년 볼리비아의 Gulf Oil과 U. S. Steel 수용, 1969년 리비아의 Occidental Petroleum 유전 수용, 1971년 칠레의 미국 동광산 수용, 1979년 베네수엘라의 미국 철강 및 석유산업의 수용, 그리고 사우디아라비아의 아람코(Aramco) 수용 등을 들 수 있다.

한편, 재산수용은 국유화에 포함되기도 하는데 국유화의 예로서 1960년 쿠바의 카스트로가 내·외국인 소유에 관계없이 모든 재산을 국유화한 예, 1979년 Shah 퇴각 이후 이란이 기업과 산업을 국유화한 예, 그리고 프랑스 미테랑 대통령이 대통령으로 당선된 1981년 이후 몇몇 기업과 개인은행을 국유화한 예 등을 들 수 있다.

제 2차 세계대전 이후 **재산수용** 및 **국유화**가 급격히 증대한 바 있는데, 코브린(S. J. Kobrin)에 의하면 1960~1979년간 559건의 외국기업이 현지국 정부에 의해 인수(takeover)된 것으로 분석되고 있다.[95]

1990년대 이후 재산수용 및 국유화가 줄어들고 있는데 그 이유는 재산수용 및 국유화는 피투자국이 외국인기업을 최

95) Kobrin, S. J., Expropriation as an Attempt to Control Foreign Firms in LDCs: Trends from 1960 to 1979, International Studies Quarterly, 1984(28), pp. 329~348.

종적으로 통제하고자 하는 경우 이용되는 가장 극단적인 정책의 하나이기 때문이다. 외국기업에 대한 통제수단으로써의 재산수용은 1980년대 중반을 기점으로 하여 점차 줄어들고 있다.

이상에서 외국인투자에 대한 최근의 제한 정책을 살펴보았으나 전반적으로 외국인 직접투자에 대한 자유화는 크게 진전되어 가고 있다고 할 수 있다. 그 중에서도 신흥공업국가들의 정책은 규제보다는 자유화의 방향으로 변화되어 가고 있는 데 반해 선진국들의 정책은 신흥공업국가들에 비해 규제비중이 점차 높아지고 있다.

3 전략경영, 경영전략의 구조와 체계

<제 1 절> 전략의 등장

1 전략의 기원

최근에는 세계적으로 이름을 떨치고 있는 다국적 기업은 물론, 중소영세기업에서조차도 '전략'이라는 용어를 사용하고 있다.

어떤 경우에는 기업의 생존을 좌우하는 사항에 대하여, 혹은 기업의 가까운 미래를 좌우하는 사항과 대조적으로 일상적인 사항에서도 자주 이용된다. 기업에서의 경영전략, 기업전략, 제품 · 서비스전략, 생산전략, 마케팅전략, 재무전략 등이 전형적인 예이다. 요즈음은 기업 이외에도 정부, 공공단체에서도 전략목표, 전략계획 등 경영계획과의 연관된 것에서도 등장한다. 그리고 한층 중요한 개념으로서 전략경영이라는 개념도 등장한다. 이는 관리적 의사결정, 업무적 의사결정과의 대비에서 전략적 의사결정과 같이 의사결정의 타입을 나타내기도 한다.

최근 모기업의 사장이 인터뷰에서 '이 제품은 전략제품이다'라는 표현을 사용할 정도로 일반화되었고, 평창의 동계올림픽 2번째의 유치 실패에서도 전략적 실패 등의 언어가 등장하는 것을 보면 전략의 보편화를 실감할 수 있다.

이 '전략'이라는 strategy의 어원은 기원전의 그리스로 거슬러 올라간다. 자유 · 자치를 이상으로 한 시민의 공동체로서의 폴리스 사회는, 또한 경쟁 시대이기도 했다. 페르시아 전쟁은 다른 사회 체제를 가진 오리엔트의 전제국가 페르시아와의 싸움이었다. 또한 카르타고와의 싸움 등 다른 민족이나 국가를 정복하여 노예를 손에 넣기 위해서 싸웠다. 자신들의 나라의 경제적인 번영을 위해서는 노예는 생산수단으로서 없어서는 안 될 것이었다.

금속제의 갑옷, 새의 볏과 같은 장식이 달린 투구, 그리고 긴 창으로 무장한 밀집체계를 구성한 그리스 중장보병의 그림은 친숙하다. 오늘날의 마라톤의 원류가 된 페르시아와의 마라톤 전쟁을 승리로 이끌어 낸 것도 이 보병시민군이었다.

이 시민군은 정연한 조직을 가지고 있었다. 이 군대의 지휘, 또한 이 전쟁을 어떠한 방법으로 치를 것인가라는 책략을 의미하는 그리스어가 스트라테기아(strategia)다. 역사가이며 군사학의 원조라고 불리는 크세노폰(기원전 434년 경~354년 경)이 처음으로 사용한 단어라고 한다. 즉, 전략은 strategos(장군)이 사용해야 하는 기술(art) 또는 과학(science)을 의미한다.

지금은 영어로 strategy, 독일어로 Strategie, 프랑스어로 strategie 라고 불린다.

장군을 어떻게 움직일 것인가라는 방법론을 의미하는 strategy는 그 의미에서의 동양의 전략사상과는 다른 면을 갖는다. 후자의 대표는 거의 같은 시기에 쓰여진 '孫子'이다. '손자'는 작전행동에 대해서도 서술하고 있지만, 나라를 다스리는 군자나 장군이 가져야만 하는 철학이나 각오를 중시한 점이 특색이다. 정치나 외교를 상위에 두고, [싸우지 않고 이긴다]라는 것을 가장 뛰어난 전략으로서 평가했다.

2 전략의 등장

최근 미국을 방문한 중국의 후진타오 국가주석이 미국의 조지 부시 대통령에게 부전이굴(不戰而屈)의 지혜가 담긴 손자병법을 선물하여 화제가 되고 있다. 부전이굴은 백번 싸워 백번 이기는 것이 최선이 아니라 싸우지 않고 적을 굴복시키는 것이 최선이라는 의미이다.

정확하게 이야기하자면

百戰百勝 非善之善者也

백번 싸워 백번이기는 것이 최상이 아니고

不戰而屈之兵 善之善者也

싸우지 않고 적의 군대를 굴복시키는 것이 최상이다

라는 손자병법의 모공편에 나오는 대목이다.

후진타오 국가주석은 부시대통령에게 미국의 이라크 침공을 빗대어서 전쟁을 하지 않고 이기는 것이 대국다운 논리지 않겠는가 하는 간접적인 해석이다.

고금동서를 막론하고 전략을 논할 때 손자병법을 논하고 세계적인 전략가인 나폴레옹까지도 프랑스어로 번역된 손자병법을 읽었다고 할 정도로 유명하다. 중국의 역대황제나 명장들은 손자병법은 물론, 오자, 육도, 삼략 등을 읽고 논하기까지 하였다.

이쯤 되면 손자병법의 중요성을 알게 하며 몇 천 년 전에도 몇 백 년 전에도 전쟁은 있었으며 이를 이기기 위해 노력한 부분을 알 수 있다.

중국은 수많은 국가가 들어서고 통합하고 망하고 새로 등장하다보니 손자병법 이외에 소위 무경칠서(武經七書)라고 하는 병법이 등장하게 되었다. 무경칠서는 손자병법을 포함한 오자병법, 육도, 삼략, 율요자, 사마병법, 이위공병법 등이며 중국에서는 이를 응용한 전쟁이 많았고 현대 중국에서는 모택동도 손자병법을 읽고 국민당과의 사움에서 이겼다고 할 정도이다.

근대에 이르러 서양에서는 프로이센의 클라우제비츠(Cal von Clausewitz)의 걸작 전쟁론(On war, 1832년)이 나오면서부터 전쟁, 정치, 전략에 대해 커다란 영향을 끼치게 되었다. 특히 프로이센이 나폴레옹에게 전쟁에 지면서 프랑스의 위성국으로 전락하면서 겪었던 현역군인의 아픔이자 경험이며 희망을 표현한 작품이라고 하겠다. 이 책은 역설적으로 프랑스대혁명이 성공하여 유럽을 강타한 프랑스의 에너지로부터 무언가를 배우고 싶었던 프로이센에서 인기가 있었고 1870년과 1871년 사이에 프랑스가 프로이센에게 굴욕적인 패배를 당한 후 프랑스에서 많은 독자가 생겼던 것이다. 손자가 다수의 경쟁자가 존재하는 전국시대에서의 상생의 전략이라면 클라우제비츠는 일대일의 전쟁에서 적을 이기고 내가 살아야 하는 전투의 개념이라 하겠다.

3 전쟁과는 다른 기업의 전략

Strategy의 한글 번역은 '전략'이다. 국어사전(민중엣센스)[96]에 의하면 전략은 전쟁의 방략과 군대운용의 방책을 의미한다. 여기에서의 '략'이란, 지혜, 책략을 의미한다. 전쟁방법론으로서의

96) 민중엣센스 국어사전, 이희승감수, 민중서관, 1997년 제7쇄, p.2145.

strateg의 의미로는 타당하지만 그 의미 그대로 '경영'에 반입한 것이 오늘날 볼 수 있는 문제가 생긴 하나의 원인이다.

전쟁이란 본질적으로 다른 기업의 경영의 장에서, 경쟁상대 기업을 쓰러뜨리는 것을 전략의 기본으로 하고, 경쟁상대 기업을 쓰러뜨리는 수단으로서 전략을 평가하는 경우도 자주 행해진다. 또한 '발렌타인 판매 경쟁', '경쟁 상대에 이길 때까지 싸우자' 등, 아무렇지도 않게 사용되는 말도 경영에 전쟁의 의식을 반입한 것이다.

그러나 전쟁과 기업경영은 본질적으로 다르다.

우선 전쟁은 정치나 외교를 대신해 상대를 이쪽편의 의사에 강제적으로 따르게 하는 수단이다. 전쟁의 본질은 제로섬 게임(zero-sum game)이며, 여기서는 새로운 가치나 창조는 생겨나지 않는다.

그러나 기업경영은 각각의 기업이 고객을 포함, 사회에 공헌하여 도움이 되며, 그 결과로서 자신들의 존재의의를 실현하는 것이 목적이다. 경쟁상대를 쓰러뜨리는 것이 목적이 아니다. 어떠한 방법으로 다른 회사보다 뛰어난 자사 독자적인 존재의의를 실현할 수 있는가, 이것이 기업간의 경쟁이다. 이것은 뛰어난 독창적인 활동이며, 경쟁이다.

스포츠에도 두 가지 종류가 있다. 첫 번째 범주는 육상, 수영, 골프와 같이 시간, 기술 등의 우열을 가리는 스포츠이다. 이 범주의 스포츠의 경쟁은 상대를 직접 쓰러뜨리는 것을 목표로 하지 않는다. 본래는 시간, 기술 등 절대 수준의 향상을 지향하는 것이다. 또 다른 하나의 범주의 스포츠는 복싱, 레슬링 등의 격투기, 야구, 럭비 등의 단체 경기이다. 상대를 쓰러뜨림으로써 승패가 정해진다. 그러나 아메리칸 풋볼, 야구 등과 같이 개인 기록 향상이라는 첫 번째 범주 요소도 포함한 것도 있다.

기업의 경영은 스포츠로 예를 들면, 첫 번째 범주에 포함된다. 이 경우 우열을 판단하는 것은 사회이고 고객이다. 주지하는 바와 같이 군사면에서의 전쟁론은 2000년이 넘는 역사를 가지고 있다. 그러나 기업경쟁의 전략론이 본격적으로 등장한 것은 40여 년 전인 1960년대이다. 군사면에서의 전략의 많은 방법론을 기업경영에 적용할 수 있는 것도 사실이다.

중요한 것은, 기업이란 무엇인가, 또한 그 경영은 어떻게 해야 하는 것인가라는 철학과 범위를 재구축하여 경영전략을 올바르게 평가하는 것이다. 경영전략에 대한 새로운 시점을 필요로 한다.

이러한 기본적인 철학과 범위, 또한 경영전략의 위치설정을 고찰하기 전에 우선 1960년대부터 오늘날까지 경영전략의 개념이 어떻게 발전해 왔는지를 되돌아보자. 여기에서부터 경영전략의 새로운 시점이 보일 것이다.

<제 2 절> 경영전략에서 전략경영으로

1 기업전략의 초기시대

기업경영에 전략이라는 단어가 사용된 것은 그다지 오랜 역사를 갖고 있지 않다고 하겠다. 버나드(C. I. Barnard)로서 그의 경영자의 역할[97]이라는 저서에서 조직 속에 의사결정의 메커니즘을 설명하기 위해 목적을 둘러싼 요인중에 전략적 요인의 선택이라는 사고가 나타나 있다. 물론, 전략이라는 일반적인 의미를 명확히 하는데는 공헌했으나 기업전략이라는 사고와는 결부되지 않았다.

그리고 1950년대 미국에서 전략이라는 단어가 사용되었다 하더라도 기업전략에 가까운 내용을 표현한 경우에는 장기계획이라든지 사업계획 내지 기업가적 활동이라는 단어가 일반적으로 사용되었다. 기업전략 자체를 논하지는 않았지만 그것에 비슷한 내용은 다음의 두 가지 계보로 나뉜다.

첫 번째의 경영과정학파는 조직의 관리를 계획, 조직, 지휘, 통제의 4가지 과정으로 나누어 이들의 과정이 사이클로 연결되어 있다는 사고이다. 이들은 조직과 지휘에 대한 연구가 활발히 이루어졌으나 계획에 관한 연구는 1950년대 후반이다. 뉴만과 로간

97) C. I. Barnard, The Functions of the Executive, 1938.

(Newman & Logan)은 경영방침이라는 저서에서 계획과정을 직접적으로 논한 최초의 학자였지만, 판매, 인사, 재무 등의 각 기능에 대한 방침을 논한 것에 지나지 않았다. 이것에 대한 장기경영계획 등으로 이어졌다.

두 번째는 경영사학의 연구였다. 미국의 대기업이 지금까지 어떠한 과정을 거쳐서 성장해왔는가 하는 경영사학의 테마였다고 하겠다. 우선, 전략과 조직 구조간에 명확한 관계가 존재하는 것을 미국 대기업 4사 즉, 듀퐁, GM, 스탠다드 · 오일, 시어즈 · 로벅의 실증연구에서 이끌어낸 것이 A · 챈들러(A. D. Chandler)이다.[98] 기업성장을 위해 전략을 중심과제로서, 사업 혹은 제품라인의 다각화를 평가하여 이 다각화한 사업을 관리하기 위하여 직능부문별 조직에서 근대적인 분권조직으로서의 사업부제조직으로 이행하는 과정을 분명히 했다. 여기에서 생겨난 것이 '조직은 전략에 따른다.' 라는 명제였다. 그러나 그의 관심은 전략보다 전략과 조직구조간의 관계, 또한 기업의 의사결정에 중요한 역할을 완수하는 최고경영자의 기능이었다.

무엇보다도 경영전략의 체계와 그 전략을 개발해 가는 프로세스를 체계적으로 처음 취급한 것은 H. I. 앤소프(H. I. Ansoff)이다.[99] 그는 우선 기업의 활동을 '자원을 상품으로 바꾸어, 그것을 고객에게 판매하는 것에 의해 신뢰를 얻는 과정을 통하여 그 목표를 추구하는 것'으로 정의했다. 물론, 기본적인 자원으로서는 물적자원, 금전적자원, 인적자원이 있다.

98) Alfred D. Chandler. Jr, Strategy and Structure, MIT press, 1962.
99) H. Igor, Ansoft, Corporate Strategy, McGraw-Hill, 1965.

그리고 의사결정의 시점에서 보면 기업경영상의 전체적인 문제는 기업의 목표달성을 최적도로 가능케 하는 방법으로, 자원의 변환 과정의 방향을 잡는 것이다. 이 자원 변환 과정에서 보면 기업에서의 의사결정은 3개의 카테고리로 나눠진다.

1) 전략적 의사결정

기업과 환경의 사이의 조정을 꾀하기 위한 선택, 즉 단적으로 말하자면 제품의 믹스와 제품을 판매하려는 시장을 어떻게 조합하고 어떠한 것을 선택하는가 하는 의사결정이다.

다른 표현으로 하자면, 현재 어떤 사업에 종사하고 있으며 장래에 어떠한 사업에 진출하여 어떻게 다각화해야 할 것인가, 또한 거기에 어떻게 경영자원을 할당하는가에 대한 선택이다. 이 의사결정은 비 반복적인 것이며, 또한 많은 대책안 중에서 하나를 선택하는 것이다. 이것은 기업의 운명을 결정한다. 그러나 불확실성도 크다.

2) 관리적 의사결정

최대의 업적을 가져오는 기업의 능력을 창출하도록 경영자원을 조직화하는 것이다.

그 하나는 권한과 책임, 정보의 흐름 등 조직기구에 관한 의사결정이다. 다른 하나는 경영자원을 어떻게 조달, 개발하고 축적해 가는 것인가 하는 과제와 부딪힌다.

3) 업무적 의사결정

경영자원을 제품·서비스로 바꾸어 가는 과정의 효율을 최대화하기 위한 의사결정이다.

예산에 의한 경영자원의 구체적인 배분, 업무의 일정계획, 업적 평가와 통제 등에 따른 결정이다.

앤소프는 전략의 구성요소로서 다음 네 가지를 들었다.

(1) 제품 · 시장분야

기업의 사업 활동 특성을 제품과 시장에 맞추어 보려는 것이다. 또한 공학 기술 전체를 보아야 하는 것도, 현재만큼 명확하지 않았지만 이미 시사하고 있다.

여기서 중요한 것은 시장에 대해, 고객과 사명(요구)을 명확하게 구별하는 것이다. 사명이란 그 제품에 대한 요구이며, 고객이란 그 제품의 실제 구매자이다.

'사업이란 무엇인가'에 대해 지극히 중요한 콘셉트를 제시한 것으로 현재의 사업을 둘러싼 개념의 기본을 이루고 있다.

(2) 성장 벡터(Vector)

현재의 제품·시장 분야와 관련에서, 어떤 방향으로 성장해 가는지를 나타내는 것이다. 사업을 둘러싼 개념과 함께, 오늘날 성장 전략의 원점을 이루는 것이다.

여기서 [표 3-1]의 세로축은 사명(욕구)이며, 고객이 아닌 것에 유의해야 한다.

표 3-1 성장벡터의 구성요소

욕구 \ 제품	현재	신규
현재	시장침투력	제품개발
신규	시 장 개 발	다 각 화

출처: H. I. Ansoff, Corporate Strategy, McGraw-Hill, 広田寿亮訳, 企業戰略論, 産業能華短期大學, 1969, p. 137.

(3) 경쟁 우위성

제품 · 시장분야와 성장 벡터에 의해 정해진 영지안에서 경쟁상 우위성을 낳는 제품 · 시장의 특성이다. 마이클 포터의 경쟁우위 이론에 앞선 1970년대에 대두한 경쟁전략의 시초를 이루는 것이다.

(4) 시너지

복수의 제품 · 시장분야 사이의 상승효과이다.

그런데, 이익계획을 주체한 1950년대의 장기계획은 60년대 후반부터 전략계획으로 발전했다. 경영전략의 대체안으로 입안되어, 이것을 평가하고 이 안에서 전략을 선택해 가는 의사결정을 체계적으로 하는 룰, 체제가 전략계획이다. 엔소프는 이 전략계획 체제와 이것을 전개한 프로세스를 나타낸 것이다.

2 경영전략에서 전략경영으로 - 1970년대

1970년대에 들어 다각화가 점점 진행되었다. 그러나 경영자원은 한정되어 있다. 다각화 하는 사업에 대해 경영자원, 특히 자금을 어떻게 배분할 것인가, 또한 전체적인 사업구성안에서 각각의 사업에 어떤 역할을 부여할 것인가가 큰 과제가 되었다.

이 과제에 접근하는 수법으로서 개발된 것이, 프로덕트 · 포트폴리오 · 매니지먼트(product portfolio management, PPM)이다. 보스톤 · 컨설팅 · 그룹이나 맥킨제이 등 미국의 컨설팅 회사와 함께 GE사가 개발되어, 일약 각광을 받았다. 그 기초에 있는 것이 대부분의 기업의 분석에서 얻은 경험곡선(experience curve)이다. 어느 제품의 생산의 시작부터 현재까지 누적 생산량이 증가하는 만큼, 단위 당의 생산 코스트가 체감한다고 하는 경험법칙이다. P.P.M의 사고는 경쟁 상대보다 높은 시장점유율을 획득하면 상대보다 낮은 생산 코스트로 생산할 수 있기 때문에 경쟁상 우위에 서는 것과 동시에 높은 이익을 올려 투자를 위한 자금을 손에 넣을 수가 있다고 간주한다.

이 자금을 성장성이 높은 사업에 선택적으로 투입하는 것에 의해, 최적의 사업 구성을 목표로 한다. 즉, 포트폴리오 전략이다.

GE, GM은 물론, 일본의 토시바, 히타치 등과 우리나라의 현대, 삼성 등 다각화 레벨의 높은 기업들이 관심을 갖었었다.

포트폴리오 경영은 그 나름의 성과를 올렸으나 데이터를 분석하기 위해 많은 본사 스텝을 필요로 했다. 또한 현실적인 경영보다도 데이터를 상세히 분석하는 것으로 중점이 옮겨갔다. 전략 개발은 실제 사업 집행에 임하지 않은 본사 스탭에게 이동되면서 경영이 경직화 되는 위험도 있었다. 또한 사업의 금후 성장성을 예측할 수 있는 것 등, 장래의 환경이 어느 정도 예측할 수 있는 것도 전제였다.

이 분석중심의 경영에서는 기업의 혁신을 견인하는 기업가 정신도 생기기 어렵다. 현실 환경은 더욱 다이나믹하며, 불확실성으로 가득하다. 리스크도 큰 한편, 새로운 사업을 만들 기회도 가득하다. 이 과제에 대응하여 전략경영(strategic management)의 개념을 체계화한 것이 전에 서술한 앤소프다.[100]

그는 현재 생산 산업에서의 조직화는 영리를 추구하는 기업, 비영리조직 모두, 그 환경에 상품과 서비스 양쪽 혹은 어느 쪽인가를 제공하는 것을 주요한 임무로 평가했다. 이것을 환경에 공헌하는 조직(environmental serving organization, ESO)이라고 부른다.

ESO의 환경은 강도, 변화의 속도, 복잡성을 더해 난기류가 소용돌이치고 있다. 엔소프는 시장환경을 불확실성 즉, 난기류(turbulence)의 정도에 의해 안정적(stable), 반응적(reactive), 선행적(anticipatory), 탐구적(exploring), 창조적(creative)의 5단계로 구분하여 각각의 환경형태에 적합한 전략스타일을 나타내는 환경난기류모델을 주장하였다. 이러한 경제 환경을 설명하기 위해 복잡계의 이론도 등장하고 있을 정도이다. 복잡계는 처음에는

100) H. I. Ansoft, Strategic Management, The Macmilan press, 1978.

현대의 복잡한 경제현상을 해명하기 위해 사용되던 것이었지만, 현재는 온갖 분야에 적용해 사용할 수 있는 이론으로 쓰이고 있다.[101] 복잡계의 기본을 이루고 있는 것은 원인과 결과의 관계에 대한 종래의 견해가 하나의 원인에 대응하는 하나의 결과라는 단순한 관계의 설정이었다는 것에 대한 비판이다.

복잡계에서는 어느 장소에서 일어난 작은 사건이 그 주변에 있는 다양한 요인에 작용을 하고, 그것이 복합되어 차츰 큰 영향력을 갖게 됨으로써 멀리 떨어진 곳에서 일어난 사건의 원인이 된다고 생각한다. 이것이 복잡계의 기본적 생각이다.

복잡계와 환경의 다양화, 환경의 난기류 등에 의해 환경 변화를 전략 추진력과 조직 능력이 따라 잡지 못하는 경우도 있다. 챈들러가 '조직구조는 전략에 따른다'라고 한 가설은 '전략은 조직구조에 따른다.'라는 사상으로 확대되었다.

경영전략을 책정하여 그것을 실행하기 위해서는 책임자 그룹의 능력, 기업문화(사람의 가치관이나 행동양식)을 포함한 조직능력과 끊임없는 조직학습, 즉 [사람]이 크게 관계되는 것을 분명히 한 것이다.

경영전략만을 추려내도 그 의의는 적다. 그 실행까지 포함하고 생각하지 않으면 안 된다. 환경-전략-조직 능력을 일체화한 적합관계로서 전략 경영을 평가했다.

101) 吉永良正, 복잡계란 무엇인가? 한국경제신문사, 1995.

3 전략 경영의 틀의 확립으로 - 1980년대

1981년 GM사는 기업변혁에 착수했다. 70년대의 포트폴리오 전략에 의해, 많은 사업을 정연하게 평가해 보았지만, 그 효과는 충분하지 않았다. 그 한편으로 본사의 기획 스태프는 200명에 이르러 관료화 되었다. 전략은 물론, 경영 혁신력도 희미해졌다.

우선 기획 스태프를 큰 폭으로 삭감하여, 막대한 데이터를 분석해 책상 위에서 전략을 생각하는 방법을 큰 폭으로 간소화했다. 동시에 사업영역을 세 개의 중핵적인 영역으로 좁혔다.

① 대형가전이나 조명기구와 같이 오늘날 GE의 성장을 지탱해 온 영역
② 반도체, 통신 시스템, ME기기와 같은 새로운 하이테크 영역
③ 금융 서비스 등 GE에 있어서는 새로운 서비스의 영역

이 사업영역 중에서 적극적인 매수와 철퇴를 시행하여 사업구성을 재편화했다. 모든 사업구조의 리스트럭쳐링(restructuring)이다. 6년간에 걸쳐 매수한 사업은 약 350개, 철퇴한 사업은 약 200개에 달한다. 동시에 예산관리 시스템을 바꾸어 기업문화의 활성화를 도모했다. 그 결과, GE는 오늘날에도 높은 성장을 지속하고 있다.

대량의 데이터를 분석하여 시스템적으로 의사결정을 하는 70년대 경영에서는 분석을 중시하여 기획 스탭이 컴퓨터를 사용하여 전략을 만든다. 이를 분석형 어프로치라고 불리는 것이다. 그 결과

로 의사결정은 늦어지고 책정한 전략은 좀처럼 실행되지 않는다. 분석이라는 상아의 탑에 틀어박힌 이러한 방식은 분석 마비 증후군으로 불리게 되었다.

GE의 경영혁신과 거의 비슷한 시기에, 엑설런트 · 컴패니라고 주목받은 기업은 다음과 같은 행동 특성을 가지고 있는 것을 지적한 것은 피터스(T.J. Peters)와 워터 맨(R.H. Waterman, Jr)이다.[102]

1) 행동의 중시 ▷ '해 보자'.
2) 고객에 밀착한다. ▷ 고객에게서 배운다.
3) 자주성과 기업가정신 ▷ 많은 리더와 창의성이 있는 사원이 리스크를 무릅쓴다.
4) [사람]을 통한 생산성 향상 ▷ 모든 사원이 품질 및 생산성 향상의 원천이다.
5) 가치관에 기초를 둔 실천 ▷ 필자의 말에 의하면 경영이념, 장기비전은 전원에 의한 공유이다.
6) 기준에서 멀어지지 않는다 ▷ 어느 정도 숙지하고 있는 사업에 몰두한다.
7) 단순한 조직 · 작은 본사 ▷ 관리계층이 적고, 본사 관리부문이 작다.
8) 엄격함과 느슨함, 양면성을 동시에 갖는다.
▷ 공통의 이념 · 장기비전 아래서의 자주적인 창조이다.

102) T. J. Peters, R. H. Waterman Jr, In Search of Excellence, Harper & Row, 1982.

조직의 소프트적인 면, 즉 기업문화나 '사람'의 요소가 중요한 것을 나타낸 것이다.

80년대에 들어서 다른 하나의 새로운 조류가 탄생했다. 사업 포트폴리오에 의해 전사적(全社)인 관점에서 평가된 '각각의 사업 전략을 실제로 어떻게 구축할 것인가'라는 과제이다. 사업전략(business strategy) 혹은 경쟁전략(competitive)이라 불린다.

산업구조론적인 관점에서 M · E · 포터(M. E. Porter)가 창시하였다.[103] 차별화, 코스트 우위, 특정의 세그먼트(segment)를 특화하여, 차별화나 코스트 우위를 목표로 하는 집중화에 의해 경쟁기업에 대한 우위성을 확립하려는 사고방식이다. 제조, 물류, 마케팅, 기술개발, 인사관리, 전반적인 관리 시스템 등을 일체화한 다종다양한 활동에 의해, 부가가치를 창조하는 것이야말로 경영이라고 생각한다. 종전에는 경쟁 문제는 제품이나 마케팅 등 개개의 문제로서 취급됨에 지나지 않았다. 경영을 가치의 창조로서 보게 되면, 필연적으로 포토폴리오 분석의 의의는 후퇴하게 된다.

이 경쟁 전략의 개념은 오늘날의 전략정보 시스템(strategic information system, SIS)의 구축 틀이 되었다.

다음 과제는 '사업이란 무엇인가', 이것을 실제 전략책정으로 연결시키는 구조이다. 전에 서술한 것처럼 앤소프는 60년대에 사업을 자사가 사회적으로 달성해야만 하는 사명(요구)으로 생각할 것을 제시하고 있다. 이 생각을 구체적으로 진행하려면 틀이 필요하다.

---

103) M. E. Porter, Competitive Strategy, Free Press, 1980.

사업을 고객기능, 고객층, 기술의 3차원으로 생각하여 사업전략으로 연결시킨 것이 D · F · 에이벨(D. F. Abell)이다.[104]

① **고객기능** : 만족시켜야 하는 고객의 요구
② **고 객 층** : 누구의 요구를 만족시키는가라는 고객의 세그먼트
③ **대체기술** : 고객의 요구를 만족시키는 수단

1950, 1960년대 이후의 포트폴리오 전략, 다각화 전략, 경쟁 전략, 국제화 전략 등의 이론과 실천의 진보를 근거로 하여 앤소프는 전략 경영의 개념을 종합적으로 체계화했다.

2차원 성장 벡터는 시장 요구, 제품 · 서비스와 관계되는 기술 및 시장 지역의 3차원 조합으로 발전하고, 다각화와 국제화 포트폴리오 전략을 이에 자리매김하였다. PPM이나 경쟁전략도 이 범위 안에서 체계화했다.

또한 전략 실행을 중시하여, 조직의 의식과 능력을 변혁하는 프로세스를 중시했다. 자사의 목적을 향해 체계적인 범위의 전략, 경영 시스템, 기업 문화를 포함한 조직 능력을 일체화하고, 비로소 환경에 대응하여, 자사를 변혁시킬 수 있다는 종합적인 전략 경영 컨셉이 그 때 보여진다.

104) D. F. Abell, Defining the Business, The Straveing Point of Strategic Planning, Prentice-Hall, 1980.

4 자원기초의 전략, 1990년대 이후

1990년대에 이르면서 기업의 자원(자산, 기술, 능력)을 기초로 기업전략의 개념을 논하게 된다. 자원을 기초로 한 자원기초(자원준거)이론은 '기업이 무엇을 할 것인가'하는 희망적 사항보다는 기업 자신의 자원을 보고 무엇을 할 수 있는가를 결정하기에 이른다. 또한 개별기업이 가치활동을 얼마나 효율적으로 또는 효과적으로 수행하느냐에 따라 경쟁우위를 누리는 정도가 달라질 것이므로, 결과적으로 비슷한 능력의 기업이라고 하더라도 성과가 다를 수 있다는 것을 설명할 수 있다.

즉, 프라할라드(Prahalad)와 게리함멜(Gary Hamel)은 핵심역량(core competence)에 의해 자원을 새롭게 가치창조의 원천으로 보고 기업을 사업의 포트폴리오가 아니고 기업의 핵심역량 포트폴리오로 생각하였다.105)

이런 점에서 볼 때 자원기초(자원준거) 이론은 경쟁우위에 원천이 무엇인가를 설명해주며, 경쟁우위가 창출되고 지속되는 과정을 설명해준다. 다시 말하면, 기업이 보유하는 독특한 내부자원이 경쟁우위의 원천이 되는 이유를 설명하고, 경쟁우위가 지속되는 이유를 설명할 수 있으며, 자원의 특성과 렌트발생을 연결시킴으로써 개별기업이 누리는 초과이익의 근거를 설명할 수 있다.

105) Prahalad, C. K. and G. Hamel, "The core competence of the corporation", Harvard Business Review (May-June 1990), pp. 79~91.

자원기초(자원준거)이론은 이와 같이 기존 모형이 가지고 있던 한계(외부환경 중심적이며 개별기업의 성과 차이를 설명하지 못함)를 보완해 준다는 측면에 또 다른 중요성을 가지고 있다. 즉 자원기초(자원준거)이론의 또 다른 중요성은 경쟁우위를 발생시키는 과정을 이해하게 함으로써, 원하는 경쟁우위나 경쟁우위의 원천이 되는 자원을 개발하고 축적하고 활용하기 위해 이 과정을 어떻게 관리할 것인가에 대해 말해 줄 수 있다는 것이다.

이는 콜리스에 의해 이어지면서 조직의 핵심역량이 더욱 중요하게 자리 잡게 된다.[106] 즉, 시장이라는 단순한 외부환경요인만을 고려해서는 개별기업의 행동과 성과를 만족하게 설명할 수 없을 것이다. 따라서 전략의 목적이 외부환경과 내부환경 간의 적합성을 모색하는데 있다고 한다면, 기존 연구에서 등한시하였던 조직의 내부자원에 대한 연구가 뒷받침되어야 전략이 기업의 업적에 미치는 영향을 완전하게 이해할 수 있을 것이다.

또한 헝거와 휠린은 전략경영을 장기목표와 관리적 의사결정의 통합으로 보고 환경(외부, 내부)을 보고 진화하고 조정하는 것으로 보았다.[107] 그리고 베산코와 드렌오베 등은 경쟁전략을 비용, 수익성, 수요, 가격 등의 경제이론을 통해 시장과 경쟁분석을 하였으며 전략적 포지션을 비용과 가치로 분석하였다.[108] 또한 크루이

....

106) Collis, D. J., "Research note: How valuable are organizational capabilities?", Strategic Management Journal, Vol. 15 (1994), pp. 143~152.

107) David Hunger & Thomas Wheelen, Strategic Management, Addison -Wesley Publishing Company, 1993, p. 7.

108) David Besanko, David Dranove, Marks Shanley, Economics of Strategy, John wiley & Sons, 2000.

버와 피어스 2세는 전략을 지속적 경쟁 우위성을 달성하기 위한 포지셔닝 구축으로 보고 외부환경의 변화와 불확실성, 경쟁우위를 확립하기 위한 내부자원의 활용 등을 분석하였다.109)

이처럼 2000년대에 들어서면서 전략경영은 모든 기업에서 필요로 하게 되었고 시장과 비용 그리고 환경 등 모든 요인이 분석대상이 되고 있다. 세로나(Garth Saloner) 등의 교수는 전략적 경영의 주체는 사업의 책임을 맡는 CEO 인데 그의 전략적 사고의 기초가 되는 사업영역과 자원을 균형 있게 논의하며 외적배경과 내적배경을 중심으로 논의되고 있다.110) 다시 말하면, 자원기초를 중심으로 한 조직능력을 보고 그리고 외적배경과 내적배경을 평가하는 전략적 사고가 필요하다고 하여 콘텍스트(배경)와 자원의 균형에 대한 중요성이 강조되고 있다.

미국의 전략론, 전략경영론의 대략적인 흐름을 [그림 3-1]에서 나타내고 있다.

....

109) Cornelis Kluyver, John A Pearce, Strategy : A view from the TOP, prentice Hall, 2003, p. 5.

110) Garth Saloner, Andrea Shepard, Joel Pedolny, Strategic Management, John wiley & Sons Inc, 2001.

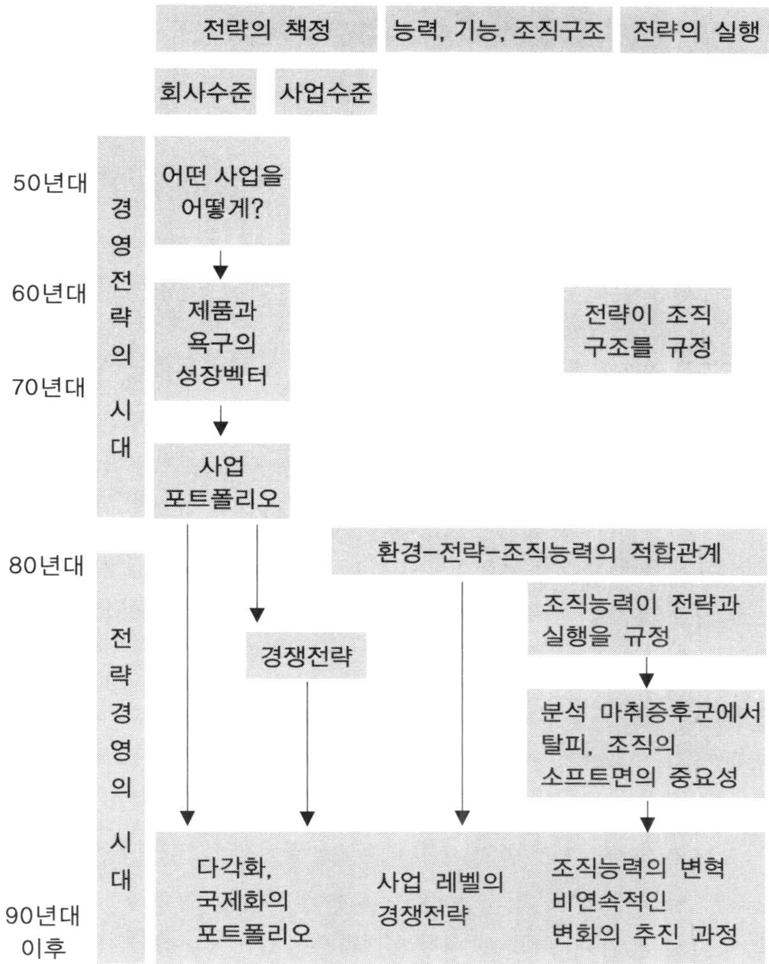

그림 3-1 경영전략에서 전략경영의 발전

<제 3 절> 전략경영의 의의와 구조

1 전략경영의 의의

기업의 본질은 사회에 공헌하는 것이다. 구체적으로는 사원, 주식, 거래처 등의 직접성, 경제적인 이해관계자뿐만 아니라, 지역사회, 일반회사까지 포함한 넓은 뜻의 이해관계자, 이른바 기업의 이해관계자를 위해, 자사 독자적인 가치를 창조하여 사회적 공정을 유지하면서 이것을 제공하는 것이다. 그것은 기업의 존재 의의이다.

이 과정에서는 지구환경을 충분히 배려해야 하는 것은 말할 필요도 없다. 이 가치 창조와 제공을 위한 체계적인 구조, 그것이 전략경영의 첫 번째 의의이다.[111)]

전략경영은 자사를 혁신해 나가는 경영이다. 자사는 무엇을 위해서 존재하는지, 그 기본적인 이념을 전원이 공유하고 조직적으로 창의를 살려 가는 것이 중요하다. 경영전략, 기업문화를 포함한 조직의 능력 그리고 전략을 책정하여 실행하는 경영 시스템이 일체가 되어 환경에 대응한 경영을 하지 않으면 안 된다. 이것이 전략경영의 두 번째 의의이다.[112)]

111) K. Andrew, The Concept of Corporate Strategy, 3rd. ed. Dow-Junes-Irwin, 1987.
112) H. I. Ansoft, The New Corporate Strategy, John-Wiley & Sons, 1988.

2 전략경영의 구조

기업은 최종목표인 '생존'을 달성하기 위해 장기간에 걸친 수익성을 확보하여야 한다. 그러기 위해서는 기업이 나아가야 할 장래의 방향을 결정하고 기업이 갖고 있는 사람, 자본정보 등의 자원을 움직여야 한다. 전략경영의 구조를 [그림 3-2]에 나타냈다. 이 도표는 전략경영의 골자를 나타낸 것이다.

출저: Thompson A jr & Strickland, A, Strategy Formulation and Implementation, Irwin, 1989.

그림 3-2 전략 경영의 틀

1) 경영개념과 비전

기업의 사회에서의 존재의의를 표명한 것이 경영이념이며, 이것을 한층 더 구체화한 것이 비전이다. 전략경영의 기본이 되는 철학이다.

2) 토탈 비전(장기 비전)과 장기전략목표

이념 레벨에서 명확히 한 경영이념과 비전을 21세기 초두 등 특정 시점에서 실현된 모습을 나타낸 것이 토탈 비전(장기 비전이라고도 부른다)이다. 또한 이 특정 시점에 도달해야만 하는 목표 레벨이 장기전략목표이다. 조직과 환경과의 상호작용을 행할 범위 즉 사업영역과 범위를 말한다.[113)]

3) 경영전략

토탈 비전, 장기전략목표를 실현할 수 있도록 기업을 변혁해 나가는 방책과 그것을 위한 경영 자원의 획득, 배분의 방책이다.

4) 장기계획

경영전략을 통합한 종합장기계획이다. 마크로적인 5년 이상의 장기전략계획 혹은 3년 정도의 중기 전략 계획과 단 년도의 구체적인 실행 계획에서 완성되는 것이 보통이다.

113) Hofer, C & Schandel, D, Strategy Formulation, West Publishing Company, 1978, p. 5.

5) 경영 시스템

경영전략이나 기간계획 체계나, 이것을 책정하여 실행해 가는 의사결정이나 관리 시스템, 인사제도나 재무 시스템 등 경영자원의 운용 시스템 등이다.

6) 조직 능력

① 조직을 구성하는 [사람] 및 그 종합으로서의 조직전체의 스킬
② 가치관이나 행동양식 등의 모든 기업문화
③ 전원의 의식을 바꾸는 프로세스
④ 조직구조가 있다.

<제 4 절> 경영전략의 특성

전략경영에서 경영전략의 위치설정이 밝혀졌으니, 그 특징을 생각해 보자.

우선 첫 번째로, 전략에는 그 달성해야만 하는 '목적'과 '목표'가 있다. '목적'이란 장기비전, 더 나아가서는 경영이념을 실현할 수 있도록 그 전략이 목표로 해야 할, 혹은 도달해야 할 도달점이다. 따라서 목적에는 한계가 없고 완전히 도달할 수 없는 것이 보통이다. 예를 들어, 자사의 사업구조를 바꾸어간다, 모든 제품 그룹의 경쟁력을 강화한다, 사업간의 시너지를 강화한다, 예측할 수 없는

환경의 변화에도 적응할 수 있게 된다, 등이다.

이것에 비해 '목표'는 '목적'으로 향하기 위한 어느 특정한 시점에서의 도달점이다. 따라서 '목적'을 한층 더 세분화하여 구체적인 레벨로 전개하여 각각에 대한 목표를 설정하는 것이 보통이다. 수학으로 나타낸 정량적인 목표도 중요해 진다. 구체적인 예를 [그림 3-3]에 나타낸다.

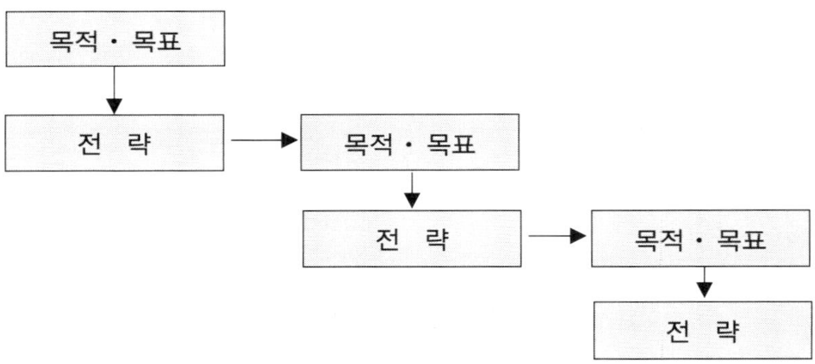

그림 3-3 경영전략의 계층성

하지만, 목적과 목표에 대해 일정한 사고방식이 있는 것은 아니다. 또한, 정석적인 목적, 목표와 전략의 구별을 명확한 구별을 짓기 어려운 경우도 있다.

영어에서도 goal(목표), objective(목적)으로서 goal를 상위 개념으로 하는 경우도 있고, 또한 반대로 objective를 목표라고 번역하여 goal보다 상위 개념으로 하는 경우도 있다. 드러커는 기업의 목적을 고객의 창조로 보았다. 즉, 이익을 얻고 성장하기 위해서는 신제품과 신 서비스로 고객을 창조하여야만 한다는 수단을 나타낸 말이다.

두 번째 특성은 경영전략은 하나의 시스템을 이루는 것이다. 시스템으로서의 경영전략은 여러 가지 서브시스템으로서의 전략으로부터 만들어진다. 경영전략의 계층성이다. 상위 레벨의 전략은, 하위 레벨로서는 이것을 실행하는 것이 목적, 목표가 된다. 이 계층의 어느 레벨 이하가 되면 전략이라고 부르지 않고 '전술(tactics)' 혹은 '프로그램'이라고 부른다. '전략'과 '전술' 사이에는 본질적인 차가 있다. '전략'의 본질은 그 목적, 목표를 달성하기 위한 '무엇을 해야만 하는가(what)'에 있다. 이것에 비해 '전술'은 이 전략의 하위개념으로서 이 what을 '어떻게 이룰 것인가(how)'를 그 특성으로 한다.

경영전략이란 기업을 혁신해 가기 위한 의사결정의 룰 이며 이것이 경영전략의 세 번째 특성이다. 즉, 의사결정의 구조이다. 전단의 설명과 관련 지어 생각하면 기업을 혁신하기 위해서 무엇을 이루어야 할 것인가를 검토해 가기 위한 체제이다.

4 글로벌 경영의 전략과 이론

< 제 1 절 >
글로벌 기업을 둘러싼 다양한 국제환경과 전략

글로벌 기업은 지구상의 많은 나라에 진출하거나 거래를 하여 말 그대로 다양한 환경에 직면해 있다. 적어도 여러 나라에 걸친 이질적인 문화 · 관습 · 제도에 노출되어 있기 때문이다. 거기에 더해 복수의 사업 부문을 갖는 많은 기업은 각 사업 특유의 다른 환경에 직면한다. 이렇게 보면 다국적 기업은 현존하는 조직 중에서 가장 복잡한 환경에 속해 있다고 말할 수 있다. 또한 오늘날처럼 외부환경이 격변하는 시대에서는 다국적 기업에는 한층 더 환경변화에 대한 민첩한 적응이 요구된다고 말할 수 있다.

1 다양한 외부환경

글로벌 규모의 경영 관리에서 최대 과제로는 환경변화와 복잡성을 들 수 있다. 말할 필요도 없이 글로벌적인 규모로 비즈니스를 전개할 때 세계 각국의 고유한 환경에 직면한다. 다양한 환경에 항상 직면하는 것이 다국적기업의 숙명이며 이점이기도 하다.[114] 다국적 기업은 각국 혹은 각 지역마다 다른 고객의 요구, 경쟁 환경, 사회 문화적 상황, 법적 제도와 같은 요소에 치밀하게 대응할 필요가 생긴다.

물론, 그러한 해외 환경의 다양한 정도는 업계에 따라 다르다. 어느 산업(예를 들어 가전이나 자동차 등의 경우)은, 뛰어난 제품을 만들면 전 세계에서 호응도가 비교적 높으며 고성능의 제품을 낮은 가격으로 제공하면, 나라를 불문하고 비교적 잘 팔린다. 그에 비해, 다른 산업(예를 들어 식품, 기호품 등)에서는, 각국 특유의 식생활 문화, 생활 관습에 강하게 영향을 받아 A 국에서 폭발적으로 팔린 제품이 B국에서 팔린다고는 할 수 없다. 한국의 소고기 라면은 이슬람권에서는 잘 팔리지만 힌두교권에서는 팔릴 수 없다. 반대로 돼지고기는 힌두교에서는 팔리지만 이슬람권에서는 팔릴 수 없다. 이러한 예는 수없이 많다.

글로벌 기업의 전략은 단지 외부 환경의 한 측면에만 적응하면 좋은 것이 아니라 끊임없이 나라의 문화, 사회, 법률과 같은 사회

114) Carl Rodrigues, International Management, 1996 West Publishing Company, pp. 41~61.

의 기본적 측면과 산업이나 기능 등과 같은 비즈니스적 측면을 복합적으로 파악한 후에 유연하게 적응할 필요가 있다.

2 전략과 환경

기업경영상 기업을 둘러싼 외부환경과 전략과는 밀접한 관계에 있다는 것은 말할 것도 없다. 그렇지만 그 관계에는 여러 타입이 있다. 이른바 컨틴젠시[contingency]이론에 의하면 외부 환경에 전략·조직이 합치되었을 때, 그 기업의 경영 성과가 높다고 한다.

그러나 이 합치됨을 실현하는 방법은 많다고 하겠다. 오직 외부 환경의 변화에 맞춰 전략·조직을 변화시키는 수동적 수법도 있고, 반대로 능동적으로 외부 환경에 작용해 환경을 전략적으로 변화시키기도 한다. 경우에 따라서는 그러한 합치보다 오히려 부적합 상태야말로 새로운 혁신에 대한 가능성이 높다고 하는 생각도 있다. 여기에서는 기업의 외부와의 적응 패턴에 주목하여 글로벌 경영환경에 대해서 어떠한 대처법이 유효한지를 검토하기도 한다.

마일즈와 스노우(Miles and Snow)에 의하면, 기업의 환경에 대한 적응 패턴으로 다음의 4개가 있다.[115] 첫 번째는 분석형(analyzer)이라 불리는 것이며, 시장 변화에 민감하면서도 행동에 관해서는 신

115) Miles and Snow, Organizational Strategy, Structure and Process, McGraw-Hill, 1978

중한 경우이다. 방위형(defender)은 현재 상태의 강한 포지션에 주목하여 외부 변화에는 그다지 민감하게 반응하지 않고 어디까지나 현재 상태의 논리로 싸워내려고 하는 패턴이다. 공격형(prospector)은 환경 변화를 민감하게 살펴 다른 사람보다 앞서 새로운 행동에 과감하게 도전하는 패턴이다. 마지막 수동형(reactor)은 어떠한 경우에도 확고한 전략을 갖지 않는 경우이다.

이 분류를 응용하면, 글로벌 기업은 항상 외부 환경의 변혁을 재빨리 살펴, 다른 사람보다 앞서 행동하는 공격형으로도 될 수 있고, 또한 환경 변화를 살피면서도 구체적 행동에는 신중하게 되는 분석형, 보다 더 현상을 확신해 환경의 변화에 반응하지 않는 방위형도 될 수 있다. 도대체, 어떠한 요소가 이러한 행동을 갖게 하는 것일까. 그 하나로는 본국 기업의 상대적 힘에 크게 좌우되는 경우가 있다. 즉, 본국에서의 시장 점유율이나 매출액, 수익 등이 강력한 경우는 비교적 글로벌적인 경영환경의 변화에 둔해지는 경우가 많다. 그에 비해, 국내에서의 플로어적 존재의 경우는 환경 변화를 항상 선취하여 찬스에 전가하려는 의지가 강하게 움직일 것이다.

그러한 대다수의 그룹은 분석형으로 분류되지만, 극히 일부는 공격형이 되어 하이리스크 · 하이리턴(high risk, high return)을 노리는 행동을 취한다. 일반적으로 공격형 전략을 취하는 기업군은 규모면에서나 수익면에서도, 보다 후발그룹에 속해 변화에 편승하여 일확천금을 노리려고 계책을 세우는 경우가 많다.

그렇지만, 다국적기업 관리의 어려움은 본국 상황만을 기초로 전략을 선택하기 어려울 것이다. 본국의 힘에 관계없이 해외 자회사의 현지 시장에서의 상대적 포지션에 따라 현지 오피스가 취할 수 있는 전략은 스스로 바뀌어질 것이다.

현지 시장에서의 현지수익이 더할 나위 없는 상황이면 큰 일이 없는 한 방위자로서의 어프로치를 포기하려고 하지 않을 것이다. 현지 시장에서의 환경이 급변한 경우는 방위자로부터 분석자로 시프트 하는 경우는 있어도 공격자로 변화하는 경우는 많지 않다.

한편, 현지 시장에서의 포지션이 매우 약한 경우, 그 본국의 파워가 아무리 강력하다고 해도 그 자회사는 보다 강한 위기감을 갖게 되어 분석형은 물론 경우에 따라서는 공격형의 전략도 취할 수 있다.

3 환경 창출전략

글로벌 기업은 단지 각국 환경에 대해 수동적으로 적응하는 것만이 아니다. 외부 환경에 따라 때로는 현지에 적응하고 때로는 현지 시장에 영향을 주기도 한다. 다국적기업은 많은 나라의 시장에 접하고 있는 관계상, 한 나라에서 성공한 방식을 타국에서도 실천해 볼 수 있다. 그리고 그 나라 방식에 맞지 않은 경우는 일부 수정을 거쳐 현지 적응을 실시한다.

일반적으로 선진국이 발달된 현지 시장에 대해서는 현지 적응하고 보다 후발의 시장에 대해서는 시장을 창출해 잠재 고객을 교육하는 일도 필요하다. 또한 선진국이라고 해도 시장이 성숙기에 있는 경우 등은 타국에서 쌓아 올린 새로운 이노베이션을 진행하여 도입하는 경우도 있을 수 있다.116)

또는 그 나라가 얼마나 전략적으로 중요한 시장인지에 따라 현지 적응도도 달라진다. 현지 시장이 자사에 사활이 걸릴 정도로 중요하면 기업으로서의 일관성을 희생해서라도 현지 적응을 생각하지 않을 수 없다. 그러나 전략적으로 별로 중요하지 않다고 판단되었을 경우는 과도한 적응을 하지 않고 현지국에서의 철수도 생각하는 것도 선택사항의 하나이다.

4 경영자원의 통합과 집적화

다국적기업은 다양한 환경에 끊임없이 직면하고 있어 상황에 따라 때로는 현지 환경에 적응하는 전략을 선택하여 가끔 현지의 특수성에 영합 하지 않고 기업 고유의 전략을 적용해 나가는 전략을 취한다. 다국적기업의 경우는 많은 나라의 환경조건에 따라 적응하거나 현지 환경에 능동적으로 대처하거나 한다.

노리어와 고샬(Nohria and Ghoshal)은 이러한 다국적기업의 특징을 차별화된 통합 네트워크(differentiated network)라고 표

116) Allan Afuah, Innovation Management, Oxford University press, 2003, pp. 13~29.

현해 각기 다른 외부 환경에 대해 각지의 해외 자회사를 통해서 다른 형태로 대응하는 모습을 파악했다.117)

또한 글로벌 경영에서의 전략과 조직 방식도 중요하다. 왜냐하면 조직은 환경과 전략의 다이나믹한 상호작용을 가능하게 하는 엔진적 존재이기 때문이다. 글로벌 전략, 멀티도메스틱 전략에는 각각 적합한 조직이 있다. 세계를 단일 시장이라고 간주하여 취한 글로벌 전략에도 불구하고, 각국의 자회사가 각기 다른 대응을 실시하고 있으면 난처하다. 반대로 멀티도메스틱 전략이 적격인 상황에도 불구하고, 본사 주도로 해외 자회사에 관한 권한 위양을 실시하지 않는 것은 분명히 부적합하다.

본국의 우위성이나 본사의 경영자원을 이용하여 글로벌화를 꾀할 경우, 중앙 집권적 조직구조라도 좋을지도 모른다. 왜냐하면 주요한 자원은 본사・본국에 집중되어 있고, 나머지는 원심적으로 해외에 이전하면 좋기 때문이다. 그러나 본국의 우위성이 없고 주로 해외로부터 자원을 조달해야 되는 경우, 강한 본사의 존재는 마이너스이며 해외 자회사의 권한 강화가 급선무이다.

또한 기업의 지리적 조건이 변함없이 경쟁우위를 좌우하는 결정적인 역할을 한다고 하는 것이 클러스터 이론이다.

클러스터는 포터의 경쟁우위에 의해 제시된 개념인데 특정의 분야에서 서로 관련이 있는 기업, 기관이 지리적으로 집중하고 있는 상태를 말한다.118)

117) Nohria, N. and S. Ghoshal, The Differentiated Network: Organizing Multinational Corporations for Value Creation Joeesy-Bass, 1997.

118) M. E. Porter, On Competicion, Harvard Business School press, 1998.

클러스터는 ① 기업과 산업의 생산성 향상, ② 기업과 이노베이션 능력의 증진, ③ 이노베이션을 지원하는 클러스터를 확대하는 신규사업의 형성으로 집적화의 장점을 논하고 있다.

< 제 2 절 > 글로벌 경영전략을 보는 세 가지 견해

본 절에서는 글로벌 경영전략을 보는 견해로써 지금까지 발표된 다양한 분석 체제를 소개하기로 한다. 글로벌 경영 전략론은 경영 전략론에 속한 한 가지 응용 분야이다. 따라서 글로벌 경영전략 논의의 상당수는 경영 전략론의 국제적 측면이라는 색채가 강하다고 할 수 있다.

본 절에서는 경영 전략론의 사상을 크게 3가지로 정의한다. 첫 번째는 전략 내용을 취급하는 전략・콘텐츠라는 사상, 두 번째는 전략 계획 수립 또는 실행에 관한 과정을 주로 취급하는 전략・프로세스라는 사상이다. 세 번째는 기업 고유의 경영 자원(리소스)을 경쟁 우위의 원천으로 파악하는 자원기준의 사상이다.

전략・콘텐츠의 경우, 그 주된 관심은 '어떠한 전략을 취해야 할 것인가'라는 점에서 산업 조직론(Industrial Organization)이 사상을 이어 받는다. 산업내의 포지셔닝과 산업의 퍼포먼스에 초점을 맞춘 포터의 전략론 등은 전형적인 예라고 할 수 있다.

한편 전략 · 프로세스의 경우 좋은 전략을 입안해 실행하려면 무엇보다도 뛰어난 매니지먼트 · 프로세스가 필요하다는 입장에서 톱 · 미들 · 로우 라인 각각의 역할, 조직 능력(organizational capability), 경영의 질(quality of management)이라는 점에 관심을 기울이고 있다. 프라할라드, 하멜, 도즈, 버트랫, 고샬 등이 대표적이다.

그리고 1980년대 중반 이후 급속하게 영향력을 갖게 된 자원기준이론(자원기초이론, 자원준거이론)(Resource-Based-View)는 기업 경쟁 우위의 원천을 그 기업 특수적 자원 · 능력에서 구했고 Barney (1991; 2001)[119], Rumelt (1991)[120] 등이 대표적이다.

글로벌 경영 전략론에서도 이러한 경영전략론과 같은 경향을 볼 수 있다.

119) Barney J. Gaining and Sasfaining Competitive Advantage, Prentice-Hall, 2001.

120) Rumelt, R., How much does Industry matter Strategic Management Journal (12), 1991.

< 제 3 절 >
전략 · 콘텐츠에서 본 글로벌 경영전략론

1 글로벌 산업과 멀티도메스틱 산업

기업이 세계를 향하여 경영전략을 구축할 때 자신들이 속한 산업 특징에 의해서 취해야 할 전략 내용도 다르다. 여기서는 글로벌 산업과 멀티도메스틱 산업과 같은 가장 대조적인 산업을 비교해 보도록 하자.[121)]

글로벌 산업이라는 것은 경쟁 환경이 세계 규모로 확대되어 기업은 끊임없이 세계 시장을 염두에 둔 경쟁 전략을 세우지 않으면 안 되는 산업을 가리킨다. 주요 경쟁 상대도 세계의 경쟁 각 사이며, 세계의 공통 시장에서의 시장점유율 확보를 둘러싸고 격전을 벌인다.

이와 같은 글로벌 산업에서의 고객 · 시장도 경쟁회사도 세계 규모의 확대를 갖고 있어 글로벌적인 대응이 필요하다. 세계를 단일 시장으로 볼 수 있는 산업이므로 표준화 된 제품을 전 세계에 투입할 수 있다. 예를 들면 코카콜라, 맥도널드와 같이 가치활동의 대부분을 전 세계로 표준화해 온 제품 등을 지칭한다. 경우에 따

121) Porter M, Competition in Global Industries, Harvard Business school Press, 1986, pp.17~19.

라서는 현지적응을 실시하는 경우도 있지만 효율을 희생하면서까지 결코 실시할 필요가 없다. 이른바 가치 사슬내의 활동의 일부를 표준화하고 나머지의 활동을 현지의 수요에 응한 현지화 하는 하이브리드 전략이다.[122]

멀티도메스틱 산업이란, 경쟁 환경이 각 나라마다 다르게 독립하고 있는 타입으로 시장 전략도 각 나라마다 가지각색인 산업이다. 세계적 규모로의 표준화 제품을 일률적으로 투입하는 것과 같은 일은 결코 일어날 가능성이 없다. 아무리 어느 한 나라에서 경쟁 우위를 확립했다고 해도 다른 나라에서는 전혀 통용되지 않는다. 왜냐하면 각 나라마다 경쟁 상대나 고객뿐만이 아니라 공급자, 구매자, 관련 산업, 정부와 같은 요소가 다르기 때문이다. 각 나라에서 노력을 쌓아 올리지 않으면 안 되는 산업인 것이다.

이러한 조건 아래 가치 사슬의 전 활동을 각 나라별로 배치하는 것이 필요해진다.

2 글로벌 전략과 멀티도메스틱 전략

이러한 다른 산업의 특징은 기업의 글로벌 전략 구축에도 영향을 미친다. 일견 똑같이 해외에서 전개하고 있는 다국적기업 각사도

122) C. A Bartlett & S. Ghoshal, Managing Across Border: The Transnational Solution, Harvard Business School press, 1989.

그 전략 논리는 다르다. 어느 기업은 전 세계의 잠재적 고객을 시야로 하여 세계에서 인정받는 기업이 되려면 어떻게 하면 좋은지를 열심히 생각하고 있다. 한편 다른 기업은 특정 나라들에서 비즈니스 성공을 목표에 두고 어떻게 하면 각 나라의 잠재 고객에게 사랑받는 제품을 만들어 매상을 늘릴 수 있을까에 도전하고 있다.

요약하자면 양쪽 모두 해외에서의 비즈니스에 높은 우선순위를 갖고 몰두하고 있지만 전자는 세계 시장에서의 성공, 후자는 각국 시장에서의 성공을 목표로 하고 있다는 점에서 크게 다르다. 전자를 글로벌 전략, 후자를 멀티도메스틱 전략이라고 칭한다.

이들 전략의 주요 특징은 [표 4-1]과 같다.

표 4-1 글로벌 전략과 멀티도메스틱 전략

글로벌 전략	멀티도메스틱 전략
· 세계를 단일 시장으로 취급 · 세계규모에서의 경쟁우위의 확립과 목표 · 가치사슬의 각 기능을 가장 유리한 로케이션에 배치 · 글로벌 고객을 대상으로 제품의 표준화 · 본사 주도의 해외 자회사 콘트롤	· 시장은 각국별로 독립 · 각국별로 경쟁우위확립이 목표 · 가치사슬의 각 기능을 각국별로 배치 · 각국시장욕구를 반영한 현지 적응 전략 · 현지에의 권한위양

자료 : Porter M, Competition in Global Industries, Harvard Business school Press, 1986, pp. 17-19

글로벌 전략에서는 세계전체를 단일시장으로 파악하여, 각 나라별이 아닌 전사적(全社的)으로 경영 성과의 향상을 제일 목표로 한다. 현지 업자가 아닌 글로벌 레벨에서의 경쟁 상대와의 경쟁 전략이 중요해짐에 따라 그를 위해 가장 유리하게 되도록 각 기능을 나라별로 집중하여 로케이션 이점과 규모의 경제를 향수한다. 잠재적 고객은 글로벌・고객이므로 국가별로 지나친 현지적응을 실시하지 않고 어디까지나 표준화 제품의 투입을 실시한다. 오퍼레이션은 중앙집권화가 되어 본사에 의한 해외 자회사의 컨트롤이 행해진다.

멀티도메스틱 전략에서는 각 나라마다 시장은 독립되어 나라마다의 경쟁 우위의 확립이 중요 과제가 된다. 경쟁 환경도 각 나라마다 달라 가치 연쇄의 각 기능을 각 나라별로 배치한다. 또한 글로벌 표준화 제품은 의미를 만들지 않고 각 나라의 시장 요구를 반영한 현지 적응 전략을 취한다. 이러한 현지화 정책을 유효하게 이행하기 위해서는 본사로부터의 강한 컨트롤은 효과를 발휘하지 못하고 오히려 해외 자회사에 큰 권한을 위양하는 것이 좋다.

일반적으로는 기업은 산업특성에 적합한 전략을 취하는 것이 적당하다고 생각할 수 있다. 예를 들어 Nohria and Ghoshal은 산업특성(즉, 글로벌 전략이나 멀티도메스틱 산업)을 취한 기업군 사이에서 가장 높은 기업수익을 확인할 수 있었다는 실증 결과를 보고하고 있다.[123]

....

123) Nohria and Ghoshal, House for course : Organizational forms for multinational corporation, Sloan Management Review 1993, 34(2), pp. 23~35

이것은 일반 상식으로도 이해할 수 있다. 즉 국가 간 울타리가 없는 산업에서는 전략도 글로벌 전략을 취하고, 한편 시장이나 경쟁 환경이 나라별로 다른 산업에서는 각 나라마다 개별 대응하는 멀티도메스틱 전략이 바람직하다. 그리고 또한 그들에 걸 맞는 조직 구조(본사에 권한을 집중할지, 해외 자회사에 권한 위양을 할지)도 필요해진다.

3 기업 활동의 배치와 조정

포터(1986)는 위에서 서술한 산업레벨에 대한 고찰을 근거로 삼아 글로벌 규모의 경쟁전략을 가치사슬의 배치(configuration)와 조정(coordination) 문제로 파악했다.[124]

배치에 대해서는 가치 사슬내의 많은 활동이 세계의 어느 장소에서 행해지는지, 그 장소의 수는 몇 개인가라는 점이 논점이 된다. 또한 조정에 대해서는 나라 별로 행해지는 같은 종류의 활동이 서로 어느 정도 조정되고 있는지가 논점이 된다. 또한 여기서 말하는 가치 사슬이란, 경쟁 우위를 낳는 원천을 진단하기 위한 기업 분해를 가리킨다.[그림 4-1 참조]

124) Porter M, Competition in Global Industries, Harvard Business School Press, 1986.

<table>
<tr><td colspan="6">기업 하부 구조</td><td rowspan="7">이 윤</td></tr>
<tr><td></td><td colspan="2"></td><td>인적자원관리</td><td></td><td></td></tr>
<tr><td></td><td colspan="2"></td><td>기술개발</td><td></td><td></td></tr>
<tr><td></td><td colspan="2"></td><td>조달지원</td><td></td><td></td></tr>
<tr><td rowspan="3">구매 물류
(inbound
logistic)</td><td rowspan="3">생
산</td><td>부품제작</td><td rowspan="3">출하물류
(outbound
logistic)</td><td rowspan="3">마케팅과
판매</td><td rowspan="3">after
service</td></tr>
<tr><td>조립</td></tr>
<tr><td>검사</td></tr>
</table>

← 본원적 활동 →

자료 : M.E. porter Competitive Advantage, The Free Press, 1985, p. 37

그림 4-1 부가가치 사슬

포터(1986)가 말하는 글로벌 전략이란 '집중배치' 나 '분산된 활동의 조정'이나, 혹은 그 양쪽에 의해 국제적인 경쟁우위를 확보하려는 전략이라고 정의했다. 집중 배치의 장점으로는 규모의 경제성, 학습곡선, 조정의 용이함 등을 들 수 있다. 한편 분산 조정의 장점으로서는 비교 우위에 대한 변화 대응이 비교적 쉽고 브랜드 평판을 강화하기 쉽고, 정부로부터 신뢰 획득 수단이 되는 경쟁 상대에 대한 대응이 유연해 지는 것 등이 지적된다. 배치(집중·분산)와 조정(고·저) 정도에 따라 포터는 국제 경영전략의 타입을 제시했다.

오른쪽 위의 '단순한 글로벌 전략'은 배치를 1거점(전형적으로는 자국)에 집중하고 동시에 여러 활동에 대한 조정 정도가 높은 것이다.

오른쪽 아래의 '마케팅을 분산화한 수출 중심 전략'이란, 가치사슬의 배치는 집중하지만 마케팅 부분을 분권화하여 조정 정도가 낮은 수출 중심의 어프로치이다. 왼쪽 위의 “다국적 기업(MNC) 내지 도메스틱 기업에 따른 나라를 중심으로 한 전략”은 배치를 분산하고 더구나 여러 활동 사이의 조정도 별로 없는 것이며, 전형적인 멀티도메스틱 전략이라고 할 수 있다.

왼쪽 아래의 ‘해외 투자액이 많고, 각 국 자회사에 강한 조정을 행하는’ 전략은, 많은 가치 사슬 활동을 전 세계에 분산할 필요가 큰 상황으로 조정도 중요한 경우의 어프로치이다.

포터는 이와 같은 유형화를 행한 후, 이후의 국제 경영 전략의 방향성으로 왼쪽 위의 타입으로 향한다고 시사했다. 그 근거는 ‘단순한 글로벌 전략’처럼 집중이 필요하지 않고 또한 불가능한 경우가 생겨 더욱 더 IT 산업 그 외의 진보에 의해 향후 조정이 보다 중요하고 용이해지기 때문이다.

4 글로벌 산업의 네 가지 전략

포터(1986)는 기업이 경쟁하는 산업내의 타겟 · 세그먼트(segment)의 폭(다수인가 소수인가)과 전략의 지리적 범위(글로벌 전략인지 나라별 전략인지)인가에 따라 크게 네 가지 전략을 생각할 수 있다고 했다.[그림 4-2]

세분화범위		글로벌 전략	개별국가중심의 전략
	다수의 세분화	글로벌 원가경쟁 글로벌 차별화	시장이 보호된 국가를 겨냥
	소수의 세분화	글로벌 세분화	현지국 우선

자료 : Porter M, Competition in Global Industries, Harvard Business School Press, 1986, pp. 17-19

그림 4-2 글로벌 산업의 4개의 전략

글로벌 · 저원가 전략 또는 글로벌 차별화 전략에서는 전 세계적인 규모로 그 위에 다수의 세그먼트로 비즈니스를 전개함으로서 전 세계적인 규모로의 배치와 조정에 의해 코스트 우위 내지 차별화 우위를 추구한다.

전자는 표준화 제품의 도입에 의해 규모의 경제성, 우위성을 확보하는 전략이다. 구체적인 예로서는 도요타나 노키아를 들 수 있다. 후자는 규모와 숙련도 우위를 활용해 차별화 코스트를 내려 제품의 차별화, 브랜드화에 의한 지위를 확보하는 전략이다. 구체적인 예로서는 IBM이나 캐터필러(caterpillar)를 들 수 있다.

글로벌 세분화는 전 세계 특정 세그먼트에 제품을 공급하는 전략이다. 이 전략은 좁은 세그먼트만으로 활동을 실시하기 위해, 경영자원을 낭비하지 않는다는 이점이 있어, 그다지 크지 않은 다국적기업이나 도메스틱 산업에서도 가능한 전략이라고 할 수 있다.

보호된 시장에 대한 전략은, 국가에 의해 시장이 보호되고 있는 나라를 향한 것이다. 높은 관세율, 수입할당, 로컬 · 콘텐츠(현지 부품 조달률)와 같은 정부의 정책에 대해서는 빠른 직접투자가 필요하다. 예로서는 인도, 중국, 멕시코 등을 들 수 있다.

현지국 적응 전략은, 산업 전체는 전 세계적이지만 어느 산업 세그먼트에서는 현지국의 독자성이 매우 강한 경우에 유효한 전략이 된다. 여기에서는 무엇보다도 우선 현지의 독특한 제품, 채널, 마케팅 관행에 따른 요구를 채우는 것이 중요하다. 위에 서술한 보호된 시장에 대한 전략과도 비슷하지만, 글로벌 배치와 조정이 경제적으로 방해받는 경우에는 이 현지국 적응 전략을 취할 수 있다. 한편, 정부로부터 정치적으로 방해받는 경우에는 위에 보호된 시장과 같은 전략을 취할 수 있다.

5 글로벌 · 플랫폼으로서의 국가

다양한 글로벌 전략의 타입이 제시되었지만, 여기서 말할 수 있는 한 가지는 나라의 구조가 기업 경쟁 전략의 주요한 장소가 되는 케이스는 극히 일부에 지나지 않는다고 하는 점이다. 확실히 예를 들면 보호된 시장에 대한 전략이나 현지국 적응 전략 등은 특정 국가에 대한 국가별 전략이었다. 그러나 이러한 전략은 각국의 특수성이 너무 크기 때문에 타국에서의 응용 가능성이 낮다. 그렇기 때문에 너무 많은 나라에는 적용할 수 없다. 이제부터는 더욱 더 비즈니스의 글로벌화가 진행되어, 글로벌 전략에 대한 중요성이 커진다. 그러한 가운데, 글로벌 코스트 리더십, 글로벌 차별화 내지 글로벌 세분화 전략이 큰 중요도를 차지한다고 생각할 수 있다.

포터(1986)는 글로벌・플랫폼이라고 하는 개념을 제시했다. 즉, 한 국가가 국내기업에 대해서 전 세계적으로 승부를 겨룰 수 있는 우위를 주는 환경을 제공할 경우 그 나라를 글로벌・플랫폼이라고 부른다. 국가는 반드시 기업의 전 활동을 집중시키는 장소일 필요는 없으며 비교 우위를 주는 장소로서 기업 활동의 거점이 되면 좋다는 의견이다.

글로벌 기업의 경쟁우위는 그 활동에 관한 비교 우위성을 가진 나라에 거점을 두는 것으로 생긴다. 그 장소는 비교 우위를 갖는 동시에 국내 수요와 경영환경이 갖추어진 것을 조건으로 기업의 글로벌 전략에 대한 경쟁 우위의 원천이 된다.

지금까지의 상식으로는, 주로 그러한 국가는 기업의 본사 소재지(이른바 본국)와 일치하는 경우가 대부분이었다. 즉 자국의 우위성을 베이스로, 해외 직접투자를 실시해 국제 전개를 해왔다는 것이다. 그러나 이 글로벌・플랫폼은 자국일 필요는 없다. 오히려 자국 중심주의 고정된 틀로부터 기업을 해방하는 것이야 말로, 진정한 의미로 글로벌・플랫폼에 대한 활용이 되며 뛰어난 글로벌 전략이 될 것이다.

6 국가의 경쟁 우위와 다이아몬드 모델

글로벌 경영상 국가의 경쟁우위는 어떠한 의미를 갖는가? 중요한 것은 기업이 어느 특정 업계에서 경쟁한 후 그 본거지를 둔 국가가 유리한 여러 조건을 갖추고 있는가이다. 홈 베이스란 기업이 그 경쟁 우위를 창조, 유지할 수 있는 나라이다.

포터(Porter 1990)는 국가의 경쟁우위에 관한 결정요인을 다음 네 가지에서 찾았다.[125)]

① **요소조건(factor conditions)** 숙련 노동력이나 인프라와 같은 어느 특정의 산업에서 경쟁하는데 필요한 생산제요소에서의 나라의 지위(position)를 가리킨다.

② **수요조건(demand conditions)** 특정산업의 제품 혹은 서비스에 대한 본국에서의 수요의 특질을 의미한다.

③ **관련 · 지원 산업(related and supporting industries)** 국내에서 국제적 경쟁력이 있는 써플라이어 산업 · 관련 산업이 있는가를 가리킨다.

④ **기업전략 · 구조 · 경쟁관계(firm strategy, structure and rivalry)** 그 나라에 서 어떻게 기업이 창설, 조직화, 경영되는지를 통제하는 조건 내지는 국내에서의 경쟁 관계의 성질을 의미한다.

125) Porter M, The Competitive Advantage of Nation, 1990.

이러한 요인은 각각 그 나라의 기업에 경쟁 우위를 가져오는 조건이지만 서로 관련하는 동태(動態)적 요인이기도 하다. 요소 조건으로 표현한 국내 수요의 중요성은 글로벌 경쟁에서 지극히 크다고 포터는 말한다. 나라의 경쟁 우위를 확보하는 산업에는 단지 본국의 수요가 클 뿐만 아니라 질적인 면에서도 뚜렷하다. 산업 세그멘트가 해외시장보다 국내시장이 큰 경우 국내 기업으로부터 보다 주목받는다.

또한 높은 지식을 가진 요구가 어려운 구매자의 존재가 새로운 이노베이션를 유발하여 경쟁 우위를 가져온다. 한층 더 국내의 고객 요구가 글로벌 시장의 수요의 예고가 되는 경우는 글로벌 규모로의 경쟁 우위를 가져오는 기회가 발생한다.

관련 · 지원 산업이 국내에 있는 것은 그 나라에 본적을 둔 기업에 경쟁력을 가져오는 요인이 된다. 지원 산업의 공급력이 국제 경쟁력을 갖고 있으면 기업에 경쟁 우위를 초래하기도 한다. 고품질의 제품 · 자재 등의 물건을 낮은 비용으로 효율적으로 확보할 수 있을 뿐만 아니라 이노베이션의 공유가 가능해진다. 이것은 완전히 관련 산업에서도 같다.

기업 전략 · 구조 · 경쟁관계도 또한 특정산업에서의 기업의 경쟁우위를 가져온다. 기업경영에서의 많은 요소는 경쟁력의 중요한 기반이며 개인의 성취욕구도 중요하다. 그 위에 국내에서의 경쟁이 비용절감, 품질향상, 이노베이션의 실현으로 연결된다.

이러한 많은 조건이 상호작용을 가지면서 시스템으로서 기능한다. 하나의 요인만 강하다고 하더라도 다른 요인이 갖추어지지 않으면 효과는 한정된다. 그러나 각 요인은 서로 자기 강화를 초래한다. 예를 들어 국내에서의 강한 라이벌의 존재는 그 외의 요인을 자극해 향상시킨다. 경쟁이 격렬한 한국의 가전 산업에서 각 기업이 경쟁타사로부터 자극을 받아 모두 능력 향상을 이루어 수요 확대에도 연결된 예 등을 들 수 있다.

이렇게 만들어진 다이아몬드의 환경은 경쟁력이 강한 복수의 클러스터를 형성한다. 하나의 경쟁에 강한 산업은 1개소에 집중하는 것으로써 보강한다. 이렇게 형성된 산업 집단은 서로 힘을 합쳐 한층 강력하게 된다. 미국의 실리콘밸리나 캘리포니아의 와인 클러스터, 이탈리아의 가죽 제품 클러스터 등이 유명하다.

7 러그맨의 글로벌 전략 비판 : 지역 전략의 등장

위에서처럼 포터의 논의는 특정산업에서의 경쟁우위가 그곳에 본적을 둔 기업에 경쟁 우위를 제공하여 그 경쟁력을 가지고 전 세계적인 규모로 성공한다는 것이었다. 여기서 중요한 것은 어디까지나 기업에 경쟁 우위를 주는 홈 베이스인 본국의 존재이다. 즉 취해진 전략은 글로벌 전략이며 해외에서의 각국 시장 적응의 필요성은 그 다음이었다. 이러한 글로벌 전략에 대해 정면에서 비판을 실시한 것이 러그만(Rugman)이다. 그는 글로벌화가 어떻게 오해를 부르고 있는지, 글로벌 전략의 유효성이 신화에 지나지 않는지에 대한 논의를 전개하고 있다.[126)]

126) Rugman, A. The End of Globalization, Random House, 2000.

· 글로벌 전략과 같은 것은 원래 존재하지 않고 존재한 적도 없다. 왜냐하면 자유무역에 의한 단일 세계 시장과 같은 것은 있을 수 없기 때문이다.

· 현실에서의 글로벌 비즈니스는 과거, 현재, 미래 모두 트라이어드(미국, 일본, 유럽의 3극)체제를 기본으로 한다.

· 기업은 글로벌 전략과 같은 것은 잊어버리고 어디까지나 "Think Local and Act Regional"(로컬 사고를 가지고 지역적 사고로 행동하라)라는 원칙을 관철해야 한다.

8 모스 · 켄터의 글로벌 전략 비판

글로벌 전략의 발전과 장점이 중요하게 등장한 가운데 모스 · 켄터 등은 글로벌 전략은 각 지역의 지역색을 무시하여 글로벌 표준화를 실시하는 것이라는 견해를 부정했다. 그리고 글로벌 전략에 관한 신화와 오해를 나타냈다.127)

127) Kanter, R. M. and T. Dretler, Global strategy and its impact on local operation : Lesson from Gilette Singapore, Academy of Management Executive, 12, 1998, pp. 60~68.

① 글로벌 전략이란 전 세계의 어디에서도 똑같이 실시하는 것이라는 오해.
예를 들어 코카·콜라와 같은 세계 브랜드조차 실제로는 유통, 마케팅, 상품명 등 각국에서 각각 다른 대응이 필요하다.

② 글로벌화란 나라의 이미지나 가치관을 버리는 것이라는 오해. 그러나 실제로는 나라의 이미지는 강력하고 그것을 잘 활용하는 예가 많다. 미국 문화의 상징으로서의 담배의 말보로·맨(Marlboro man)은 미국 기업이지만 스칸디나비아의 이미지를 이용한 하겐·다즈(Haagen-Dazs)아이스크림, 같은 미국 기업이면서 프랑스풍의 이미지를 전면에 내세운 베이커리의 오 본 빵(Au Bon Pain) 등이 있다.

그 위에 켄터 등은 진정한 글로벌 전략의 의미로서 다음을 열거하고 있다.

① 비즈니스의 모든 측면(써플라이어, 생산 거점, 시장, 경쟁 등)을 통합한 사고를 할 수 있는 것
② 모든 제품·서비스를 국내 / 국제의 두 시점에서 평가할 것
③ 국제적 관점을 제품개발의 단계에서 갖을 것
④ 지역적인 문화적 차이를 이해할 것

< 제 4 절 >
전략 · 프로세스의 흐름을 수용하는 글로벌 전략론

다국적기업(MNC)의 전략 프로세스 학파(다국적기업 전략의 프로세스면에 초점을 맞춘 학파)는 크리스텐센을 비롯한 하버드 비즈니스 스쿨의 비즈니스 폴리시 그룹에 의한 종합 경영(제너럴 매니지먼트) 분야를 기원으로 한다.[128] 그 후 바우어에 의해 자원 배분의 연구에서의 최고 경영진, 중간관리자층, 하급관리층(제일선) 저마다 완수하는 역할이 정리되었다.[129] 그 후 스탠포드 대학의 버글만의 인터널 · 코퍼레이트 · 밴처링의 연구에 계승되었다.[130]

그러한 흐름이 다국적기업 연구에 반입된 것이 프라할라드, 도스, 버트랫, 고샬 등의 연구이다. 최고 경영진의 역할에 주목한 초기의 연구(주로 프라할라드와 도스)에서 점차 중간관리자층이나 프런트 라인 매니지먼트의 역할에도 주목한 연구(버트랫과 고샬)로 진전했다. 그리고 글로벌 통합과 현지 적응의 밸런스를 얼마나 달성하는가 하는 조직론에 중점을 둔 프로세스 · 스쿨을 구축했다.

---

128) Clayion M. Christensen. The Innovation's Dilemma, Harvard Business School, 1997.

129) Bower. J Managing the Resource Allocaton Process, Harvard Business School, press, 1970.

130) Burgelman R. A model of the Ineraction of Strategic behavior, Academy of Management Review, 1983, pp. 61~70.

1 프라할라드와 도스의 글로벌 전략 분석 체제

이들의 글로벌 전략 체제의 특징은 어디까지나 기업의 최고 경영진의 관점에서 얼마나 글로벌 전략을 생각할지 지침을 주고 있다는 점에 있다. 이들의 글로벌 통합과 현지 적응이라는 두 개념을 조합하는 것으로 다국적기업이 취할 수 있는 전략의 패턴을 생각하는 방식을 제공했다. 전술한 포터의 분석과 같이 산업의 특성도 시야에 넣어 어느 산업이 보다 글로벌 통합에 적합한지 또 어떤 것이 보다 현지 적응에 알맞은지를 매핑했다. 그 때에 그들은 글로벌 통합과 현지 적응의 축을 트레이드 오프의 관계가 아닌 이차원의 관계로서 파악해 글로벌 통합도 현지 적응도, 소중한 산업의 존재도 지적한 점이 색다르다.

Prahalad(1975)[131]나 Doz(1976)[132]는 처음부터 글로벌 통합의 축을 '경제적 효율', 현지 적응의 축을 '정치적 압력' 내지 '현지 시장 요구에 대한 적합'으로 파악했다.

그리고 프라할라드와 도스는 전략적 컨트롤과 같은 개념 아래 다국적기업(그들은 다용화 다국적이라고 불렀다)이 완수해야 할 세 가지의 전략을 매니지먼트 · 프로세스의 시점에서 제시했다. 세 가지 전략이란 컨트롤, 변혁, 유연성과 같은 것이다. 컨트롤이

131) Prahalad C. K., the strategic process in a Multinational Corporation, doctoral dissertation Harvard Business school, 1975.

132) Doz Y, National policies and Multinational Management doctoral dissertation, Harvard Business school, 1976

란 각 기업의 여러 가지 활동을 어느 정도 글로벌 통합 혹은 현지 적응시킬까 라는 의미이다. 변혁이란 시간과 함께 변화하는 환경 조건에 따라 글로벌 통합과 현지 적응과의 균형을 이동시키는 것을 가리킨다. 또한 유연성이란 어떤 방법이든, 약간 모순된 글로벌 통합과 현지 적응의 논리를 능숙하게 양립시키는가와 같은 유연성을 의미한다.

이 글로벌 통합 · 현지 적응의 체제는 글로벌 전략론의 프로세스 스쿨에서의 기초가 되며 그 후 많은 연구자에 이용되고 있다.

2 버트렛과 고샬의 전략 체제

버트렛과 고샬은 글로벌 경영에서의 전통형 조직구조와 새로운 조직구조를 대비하여 그 특징을 확실하게 정의한다.[133] 또한 그들은 ABB(Asea Brown Boveri) 사를 구체적 예로 글로벌 · 매트릭스 조직에서의 최고 경영진, 중간관리자층, 프런트 라인 매니지먼트의 역할이 전통형 사업부제 조직에서의 각 계층 매니저의 역할과 어떻게 다른지 주목했다.

그것에 따르면 전통형 조직에서는 최고 경영진이 자원을 배분

133) Bartlett, C & S, Ghoshal, What is a Global manager, Harvard Business review 1992. september/october.

하여 전체적 방향성이나 룰을 정하여 중간관리자층이 주로 위와 아래의 정보를 중개하여 프런트 라인 매니지먼트가 결정 사항을 충실히 실행하거나 문제 해결을 상정한 것에 비해, ABB와 같은 신형 네트워크 조직에서는 최고 경영진은 전체의 목적 · 비전을 제시하고 중간관리자층은 서로 모순되는 이해나 부문간 정보를 횡단적으로 조정 · 통합하며 프런트 라인 매니저는 최전선에서의 기업화적 주도권을 발생시키는 것이 요구된다. 그리고 기업가적 프로세스, 통합 프로세스, 재생 프로세스와 같은 기업 혁신에 빠질 수 없는 세 가지의 프로세스에서 각 레벨의 매니저가 완수할 역할을 정리했다.

한층 더 그들은 ABB와 같은 새로운 기업 모델에서 필요한 것은 종전부터 말해져 온 경영의 하드한 측면 즉 전략(S), 구조(S), 시스템(S) 뿐만 아니라 보다 소프트 적인 측면 즉 사람(P), 프로세스(P), 목적(P)과 같은 것이야말로 중요하다고 논하고 있다. 이와 같이 그들은 경영자의 역할 프로세스에 주목한 경영 프로세스 이론 구축을 시도하고 있지만 그 무대의 상당수는 글로벌적인 규모로 전개하고 있는 신형 다국적기업이다.

<제 5 절>

콘텐츠와 프로세스의 양면을 융합한 글로벌 경영전략론

기업간의 파워맨스의 차이를 설명하기 위해서는 산업 레벨 내지 산업내의 전략 그룹 단위의 분석으로는 불충분하며 어디까지나 기업 레벨의 분석이 필요하다. 그 기업의 핵심역량이란 무엇인가, 그것을 지지하는 조직 능력은 어디에서 생기는 것일까. 여기에서 유효한 것이 전략 프로세스론이다. 기업내의 매니저의 생각이나 행동 프로세스를 연구하는 것으로 인하여 기업문화의 특성도 잘 이해할 수 있고 나아가서는 그 기업의 조직 능력 원천을 밝혀내는 것에 성공할지도 모른다.

또한 전략 입안 과정에서의 매니저의 역할과 행위에 주목하는 전략 프로세스론은 콘텐츠・스쿨에서는 얻을 수 없는 기업 내부의 치밀한 관점을 제공해 준다. 그러나 그것만으로는 왜(또 얼마나) 각각의 매니저의 행위나 시책이 조직 레벨의 능력으로 변화했는지를 충분히 설명 할 수 없다. 역시 그 배후에는 산업내의 어떠한 경쟁 환경에 자사가 놓여, 어떠한 전략을 취하고 있는가가 있다.

1 고샬의 글로벌 전략 체제

원래 글로벌 전략이 지향하는 목표는 무엇일까. 그리고 그것들을 실현하기 위해서는 어떤 수단을 생각할 수 있을까. 이러한 체계적인 논의 없이는 글로벌 전략은 각 국의 시장에 대한 즉흥주의적인 환경 적응이 되어 버린다. Ghoshal(1987)은 글로벌 전략의 전략적 목표로서 ① 오퍼레이션의 효율의 실현 ② 리스크의 관리 ③ 이노베이션 · 학습 · 적응을 들었다. 그리고 그것들을 달성하기 위한 필요한 경쟁 우위의 원천을 ① 나라의 차이 ② 규모의 경제 ③ 범위의 경제, 세 가지에서 찾았다. [그림 4-3]은 그 체제의 요약이다.

전략목표 \ 경쟁우위의 원천	국가의 차이	규모의 경제	범위의 경제
효율	요소비용의 차이 (임금,자본, 비용에서의 이익)	규모와 경제 진출 확대에 의한 향수	투자, 비용을 상품, 시장, 사업간의 점유율
리스크 관 리	각국 고유의 위험을 균형	규모와 유연성을 균형	리스크의 포트폴리오, 다각화
이노베이션 학습, 반응	사회간의 차이에서의 학습	비용삭감과 이노베이베이션의 경험에서의학습	서로 다른 구성요소로부터 공유된 학습

출처 : Ghoshal S. Global strategy : An organizing frame work. Strategic mangent Journal 8: 1987, pp. 425-440

그림 4-3 고샬의 글로벌 전략의 구조

우선

첫 번째, 오퍼레이션의 효율성을 보자. 기업은 글로벌 전략을 취하는 것으로 나라의 차이에서 파생하는 임금이나 자본 등의 저비용의 메리트를 누릴 수 있어 광범위한 활동을 통하여 잠재적인 규모의 경제성의 메리트를 확대, 향수하여 또한 제품, 사업에 걸친 투자나 코스트 공유에 의한 범위의 경제성도 얻을 수 있다.

두 번째, 리스크의 관리에 관해서는 각 국의 비교우위의 변동에 대해서도 경제 리스크, 정치(정책) 리스크, 경쟁 리스크, 자원 리스크와 같은 각 종의 리스크의 관리를 나라의 차이를 살려 실시하여 규모의 경제와 오퍼레이션상의 유연성을 균형 있게 하여 범위의 경제를 살려 다방면의 리스크를 포트리오적으로 분산시킨다.

세 번째, 이노베이션 · 학습 · 적응이지만, 나라의 차이를 살려 각국의 조직 사회시스템의 차이에서 학습하여 규모의 경제 동태적 이점인 경험에 의한 코스트 삭감 및 이노베이션을 재촉하여 한층 더 다른 제품, 시장, 사업에 걸친 범위의 경제에 의한 학습의 공유의 가능성을 살릴 수 있다.

고샬의 체제의 커다란 특징은 효율이나 리스크의 관리와 함께 이노베이션 · 학습을 글로벌 전략의 목표로써 파악하여 경쟁우위의 원천을 다방면적으로 파악한 점이다.

2 경쟁우위와 비교우위 : 코굿의 글로벌 경영전략 체제

코굿은 글로벌 경영전략을 상당히 넓은 범위로 파악한 사람 중의 하나이다. 그는 포터의 가치사슬과 같은 부류에 속하는 개념인 부가가치 사슬(Value-added chains)이라는 개념을 사용하여 글로벌 전략의 논점을 제시했다.

즉, 코굿은 부가가치 사슬이란 기술이 원재료나 노동력과 합쳐져 그 가공된 인풋이 조립되어져 시장에 투입되어 유통되는 과정을 의미한다.[134)]

결국 다양한 원재료나 노동의 인풋이 최종 아웃풋을 창출해 내어 시장에 투입되는 일련의 프로세스를 의미한다고 생각해도 좋다. 어느 기업은 그 사슬의 극히 일부 밖에 취급하지 않을지도 모르고, 또 다른 기업은 모든 프로세스를 자사에서 실시할지도 모른다. 또한 어느 경우는 그 모든 것을 자국내에서 실시할지도 모르지만(도메스틱 기업의 경우) 글로벌 기업의 경우는 어느 부분을 어디에서 실시할지가 전략적 과제가 된다.

코굿은 글로벌 기업의 중요한 전략과제로서 아래의 두 가지를 들었다. 첫 번째는 기업의 부가가치 사슬의 어디에 투자해야 하며, 두 번째는 이러한 활동을 국제적으로 어디에 둘 것인가 하는 것이었다. 그 대답으로서 코굿은 기업은 부가가치 사슬에서의 많은 활

134) Kogut B, Designing global strategies : Comparative and competitive value chain, Sloan Management Review, 1985, Fall, pp. 27~38.

동 중 경쟁 우위인 부분에 투자하여 그것들을 비교우위인 장소에 놓는다고 서술했다.

코긋은 위처럼 결론을 냈지만 실제로 이 판단에는 불확실성 · 리스크가 으레 따르기 마련이며 운영상의 유연성(operational flexibility)을 갖고 중앙에 의한 통제와 현지 적응의 밸런스를 취하는 것이 얼마나 중요한가를 서술했다. 여기에서 코긋은 전략 프로세스론의 영역에 이르렀다.

3 입의 글로벌 전략론 : Total Global Strategy

Yip(1989, 1992)는 글로벌 전략 구도를 다방면적이고 체계적으로 정리했다.[135] 특히 그는 글로벌 전략이 어떠한 조건 아래에서 능숙히 기능할 것인가에 대해 체계적 체제를 제시한 점에서 주목할 만하다.

그는 글로벌 전략의 이익과 코스트에 주는 요인으로서 글로벌 전략 수단, 산업 글로벌화 추진력, 글로벌 조직 요소를 들어 글로벌라제이션 · 트라이앵글이라고 불렀다.

보다 구체적으로는 비즈니스와 모회사의 상황과 자본 및 산업 글로벌화 추진력의 각 요소가 글로벌 전략 수단에 영향을 주어 그것이 글로벌 전략의 이익과 코스트로 영향을 준다는 구도이다. 또한

135) Yip G. Total Global Strategy, Prentice-Hall, 1992.

그 사이에 글로벌 전략 실행을 위한 조직력이라는 요소가 주로 글로벌 전략 수단에서 글로벌 전략의 이익과 코스트에 관한 관계에 영향을 주어 경우에 따라서는 글로벌 전략 수단에도 직접 영향을 미쳤다고 했다. [그림 4-4]는 그 관계를 나타낸 것이다.

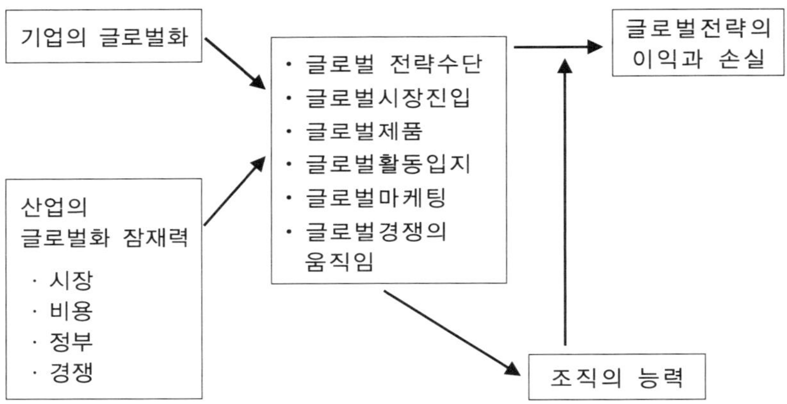

자료 : Yip, G, global strategy in a world of nation? sloan Management Review 1989 Fall. pp. 29-41

그림 4-4 입(Yip)의 모델

입의 글로벌 전략 체제의 특징은 포괄적인 구도로 볼 수 있다. 포터가 주제로 한 산업 레벨의 요소는 물론 글로벌 전략 수단의 내용이나 조직 능력까지 포섭한다. 그 의미로 이 체제는 고샬의 것을 한층 더 포괄적으로 한 것이라고 말할 수 있다. 각 요소의 내용을 간단하게 살펴보자.

글로벌 전략의 이익이란 코스트 삭감, 품질개선, 고객호감도 증대, 거기에 경쟁 수단의 증가이다. 또한 글로벌 전략의 코스트에 관해서는 모든 수단이 조정 코스트를 발생시킨다고 한다.

글로벌 전략 수단이란 글로벌 마켓 참가, 글로벌 제품, 글로벌 활동 거점, 글로벌·마케팅, 글로벌 경쟁 수단과 같은 것을 포함한다.

산업 글로벌화 추진력이란 마켓, 코스트, 정부, 경쟁력 네 가지의 요인으로부터 이루어진다.

글로벌 조직 요소란 조직구조, 매니지먼트·프로세스, 인재, 문화로부터 이루어진다.

< 제 6 절 >

글로벌 경영전략으로서의 자원준거이론

1 경영자원에서의 시점

지금까지 글로벌 분석에 관한 다양한 분석 체제를 소개했다. 이것들은 주로 ① 거대(macro)한 산업 특징과의 관계에서 글로벌 전략을 파악하여 그 전략의 내용(즉, 어떠한 전략을 취해야할 것인가라는 논점)에 주된 중점을 두는 것과 ② 보다 극미(micro)한 시점에서 다국적기업(MNC)의 매니지먼트와의 관계에서 글로벌 전략을 파악하여 전략 책정, 실행에 없어서는 아니될 조직 능력의 중요성을 강조하는 것이었다.

앞에서 기술했지만 ①은 일반적으로 전략 · 콘텐츠 · 스쿨이라고 불리며 글로벌 전략의 내용에 그 고찰의 눈을 향하고 있는 반면에 ②는 전략 · 프로세스 · 스쿨이라고 불리며 글로벌 전략의 책정 · 실행의 과정을 분석 대상으로 하고 있다.

그러나 그 어느 어프로치에서도 충분히 다루어지지 않았던 논점이 있다. 그것은 자원(경영 자원)을 기초로 한 어프로치이다. 기업의 경쟁 우위의 확립에는 업계 내에서의 전략적 포지셔닝 만으로도, 자사의 매니지먼트 능력만으로도 불충분하다.

자원준거이론(자원기준, 자원기초이론)에서도 일찍이 같은 논의가 전개되었다. 포터를 비롯한 포지셔닝・스쿨에 의하면 업계 내에서의 어느 전략적 집단에 속할지에 의하여 적절한 포지셔닝 전략이 정해져 그것이 기업수익에 영향을 미친다고 한다.

그러나 만일 동일한 전략적 집단에 속해 동일한 전략을 취했다고 해도, 기업 간에 퍼포먼스의 차이가 왜 생기는 것일까에 대한 설명이 매크로・어프로치에서는 가능하지 않다. 그런 까닭에서 개별 기업 특유의 능력에 의해 초점을 맞춘 분석이 요구되었다. 핵심역량 경영의 개념은 그 의미에서 매우 중요한 의미를 가졌다.

한편 전략・프로세스・스쿨에 의하면 최고 경영진의 비전과 리더십, 거기에 적절한 글로벌 경영의 정신적 요인이 중요하게 되었다. 또한 중간관리자층이나 하위 관리층 레벨에서 힘의 발휘를 기초로 한 조직 능력의 중요성도 지적되었다. 여기서의 전제는 전략 책정도 실행도 적절한 매니지먼트 프로세스에 따라 결정되는 것이다.

그러나 만일 그러한 요건을 충족시킨다고 해도 잘못된 산업내의 포지셔닝을 실시하거나 자사의 핵심역량의 구축에 연결되지 않는 경우 결코 경쟁 우위는 쌓아 올릴 수 없다.

2 글로벌 자원준거이론의 특징

경영자원을 논의한 자원준거이론의 주된 논점은 '기업 특수적인 지속 가능한 경쟁 우위의 원천은 무엇인가'라는 것이다.

가치가 높고 모방이 곤란하며 희소하여 차별화되는 것으로 한층 폭넓게 응용 가능성 높은 경영 자원의 획득, 구축이 지속적 경쟁 우위의 원천이 된다. 그리고 그러기 위해서는 조직 능력 구축을 위한 조직학습, 이노베이션 전략이 중요한 메카니즘이 된다. 웨나휄트[136], 루메르트[137], 바니[138] 등이 그 선구적 연구자이지만 프라할라드와 하멜은 핵심역량이라는 개념을 이용해 실천적 문맥으로 번역했다.[139]

기업이 자사의 핵심역량을 경쟁 우위의 원천으로 하기 위해서는 대체성, 희소성, 유용성 등 경영자원에 몇 개의 요건이 필요하다. 그러나 본 절에서는 비모방 가능성과 대체성 중심으로 찾아보기로 한다.

1) 비(非)모방 가능성

자원이 독특하고 흉내를 낼 수 없는 것이면 그 만큼 그곳에서 창출되는 가치도 크고 그 지속성도 길다고 생각할 수 있다. 그러나 비모방 가능성은 영원히 지속되지 않기 때문에 그 지속성을 있는 힘을 다해 유지하는 것이 경쟁 우위를 유

136) Wernerfelt B, A resource-based view of the firm. strategic management Journal 1984, pp. 171~180.

137) Rumelt R, How much dose industry mateer? strategic management Journal 1991, pp. 167~185.

138) Barney J, Firm resources and sustained compatitive advantage, Journal of management 1991.

139) Prahalad C.K. and G. Hamel, The core competence of corporation, Harvard Business review 1990, May, June.

지하는 것에 연결된다.

다국적 기업의 경우 이 비(非)모방 가능성의 구축, 유지에 적절한 조건을 갖는다. 그 이유는 다양하고 차별화된 자원을 원격지에서 입수하여 사내에 있는 기존의 자원과 잘 조합하는 것으로 실로 독특한 자원으로 바꿀 가능성을 갖기 때문이다. 그리고 비(非)모방 가능성이 없어질 것 같이 되어도 항상 전 세계에서 독특한 자원에 새롭게 액세스 하는 것이 이론상 가능하다.

다국적 기업의 경우 세계 각지의 사람들이 갖는 암묵지(暗默知, Tacit Knowledge)가 서로 섞여 거기에서 수많은 유형·무형의 자산이 창조되기 때문에 사업의 성과에 이르는 요인을 특정하기 어렵다. 전 세계의 자원을 입수하여 사내에서 이전·가공해 가치 창조를 실시하는 그 과정은 외부에서는 블랙박스라고 눈에 비친다. 그것이 비모방 가능성을 유지한다고 말할 수 있다.

2) 대체 가능성

독자적인 자원이 다른 자원에 의해서 선수를 빼앗기지 않는 것이 필요하다. 이것은 포터의 다섯 가지의 세력 범위에서의 하나의 중요한 요소이기도 하다. 다국적기업의 경우 그 자원의 유효성을 규정하는 보완적 자산까지 세계적으로 컨트롤하는 것으로써 어느 정도까지는 현재의 자원의 대체 가능성을 억누를 수 있다. 그러나 기술 혁신이나 천연자원의 고갈

등에 의해 대체 자원의 대두를 피할 수 없는 경우도 있다. 그 경우에도 다국적기업은 도메스틱 기업과는 달리, 그 대체 가능성을 연합 할 수 있는 나라에서는 당분간 경쟁 우위의 베이스로서 계속 이용할 수 있다.

지금까지 경영 자원론의 주요 논점을 다국적기업의 맥락에서 살펴보았다. 이러한 견해에 근거하여 다음의 것을 말할 수 있다. 다국적기업이 도메스틱 기업과 다른 최대의 점은 오퍼레이션이 세계 규모로 전개되는 것이다. 따라서 그 관리수법에 따라서 전 세계의 귀중한 자원을 다국적기업 내부에 수중에 넣어 시장거래에 비교해 보다 확실히 활용할 수 있다고 생각한다. 그리고 다국적기업 전략의 방향성에 합치하는 경영 자원을 사내에서 끌어내어 기업 전체 전략을 위해서 공헌하는 성질이 있다. 그러나 그 반면 중요한 자원에 한해서 그 장소 특유의 문맥에 묻혀 있고, 그 문맥에서 멀어져 버리면 위력을 잃어버리는 경우도 많다. 거기서 글로벌 경영에서의 경영 자원 매니지먼트의 과제는 어떻게 하면 기업 전략의 방향성에 적합한 중요 경영 자원을 세계 각국의 내외 네트워크 망을 구사해서 재빨리 확보하여 이전, 공유하고 전략적으로 활용할 수 있는지와 같은 점이다. 그리고 그러한 경영자원을 어떻게 쌓아 올릴까에 의해 자사 고유의 경쟁 우위를 구축해 나갈 수 있는가 하는 점이 중요 과제이다. 이리하여 경영 자원론은 종래의 전략・프로세스론의 지식을 도입하여 심사숙고 하며 발전했던 것이다.

5 자원중심의 국제경쟁과 전략

< 제 1 절 >
기업전략의 필요성

IBM, GM, KODAK 등의 유명회사의 공통점은 복수의 사업을 갖고 있는 다각화 기업이며 지금까지는 업계평균이상의 이익을 내고 있다는 점이다. 또한 이들 기업의 공통점은 많다. **기업의 시장가치**(주식의 **시장가치 총액**)의 저하와 CEO가 해임된 점이 있다는 공통점을 갖고 있다. 이들 CEO의 해임의 원인은 결과로서 기업전략의 실패로 결론지을 수 있다. 즉, 변화하는 경쟁 환경에 대해 적절하게 대처하는 전략, 다시 말하면 자사가 다수의 사업을 갖고 얻을 수 있는 잠재적 이익을 이용하는 전략을 구축하지 못했기 때문이다.

1 기업전략과 변화

과거에는 최고경영자는 기업전략에 별로 관심을 갖지 않았다. 거피나와 호프만의 조사에 의하면140) CEO들은 이노베이션 관리나 조직변혁이 기업전략보다 중요하다고 생각하고 있다는 것이다. 그 이유로서 하나는 경영자의 대부분이 유효한 전략을 적절히 책정하고 있다는 착각과 두 번째는 전략을 실행한 후 좋지 않은 결과가 나오더라도 그 책임을 추급하지 않았기 때문이다.

표 5-1 미국 주요기업의 시장가치의 변화

	1983	1993
IBM	745	367
웨스팅하우스 엘렉트릭	48	46
타임와나	60	145
D.E.C	41	30
G.M	234	387
KODAK	130	154
테네코	57	81
아메리칸 익스프레스	70	133
합계	1385	1343
S & P 500 Index	1649	4602

140) C. Gopinath and R.C. Hoffman, Research for Strategic Management : The CEO's Perspective, Working paper, University of Delaware, 1992.

[표 5-1]에서 나타나는 것처럼 기업전략에 대한 CEO의 무관심 때문에 업적이 악화된 기업도 있다. 과거에는 기업업적이 낮은 경우에도 CEO의 입장에는 별로 영향이 없었지만 1980년대에 커다란 변화가 일어나 지금에는 주식시장이 기업이 조정에 영향력을 갖게 되었다. 해임은 기업전략을 실행하지 못하는 경영자에 대한 위협의 하나에 지나지 않는다. 경영자에 위협을 주는 것보다는 극단적 수단으로써 기업매수를 들 수 있다. 1980년부터 1987년에 걸쳐 기업매수가 빈번히 이루어져 미국제조업의 총 자산의 20%가 매수에 의해 타 회사로 이전하였다.[141] 1980년대 말에는 **사업포토폴리오**의 치료법으로써 **LBO(Leverage Buyout)**가 등장하였다. 1980년대 말에는 LBO에 의해 매수된 기업의 생산고는 미국 기업의 생산고의 7%를 차지할 정도였다. 1990년대 후반과 2000년대에 들어오면서 기업전략의 중요성이 더욱 관심을 끌게 되었다.

2 기업전략은 무엇인가?

기업전략에는 다수의 정의가 존재한다. 원래 이 말은 기업목표를 결정하고 목표를 달성하기 위한 주요한 방책을 입안하고 추구할 만한 사업의 범위를 결정하는 의사결정의 패턴을 나타내는 것[142]으

141) M. GRukstadt, RJR Nabisco and Leveraged Buyouts, Harvard Business School Case No 9-390-077, 1990.

로 표현하지만 한편 정의대로 해석하면 기업전략은 기업이 직면하는 전략적인 문제 전부를 취급하는 것으로 모토로라의 휴대전화 사업 참여부터 레스토랑의 뷔페바이킹 도입의 의사결정까지를 대상으로 한다. 기업전략은 개개의 시장에 대한 지속가능한 경쟁우위를 어떻게 구축하는가 하는 **사업전략**(business-level strategy)과 다각화기업을 위해 전사적인 계획인 기업(회사) **전략**(corporate-level strategy)으로 구분되어 정의되어 왔다.

3 경쟁우위와 전략

일반적으로 완전경쟁시장에서 기업이 성장할 수 있는 이익의 크기는 제한되어 있다. 그러나 현실적으로 기업은 완전경쟁시장에서 얻을 수 있는 이익수준, 즉 정상이윤을 넘어서는 초과이익을 얻을 수 있다. 이는 첫째로 기업이 사업영역으로 차별화를 이루거나, 둘째로 경쟁기업보다 뛰어난 저 원가 가격을 확보함으로써 가능하다고 하겠다. 그런데 초과이익을 획득할 수 있는 이상의 두 가지 대안 중에서 경쟁우위의 확보를 위해 초과이익을 획득하는 대안의 중요성이 최근에 와서 더욱 증가하고 있다. 이는 글로벌화에 따르는 경쟁이라는 측면과 산업의 동태적 성장과정에 수반되

142) K.R. Andrews, The Concept of Corporate Strategy, BURR Ridge, IL IRWIN, 1971.

는 자연적인 현상으로 하겠다.

먼저 전 세계적으로 진행되고 있는 **글로벌화**(globalization)라는 관점에서 볼 때, 세계 모든 기업이 국내에서 동일한 경쟁조건하에서 국내기업과 경쟁할 수 있게 되었다. 다국적 기업의 활동영역이 확산됨에 따라 이익기회가 예상되는 사업영역은 국경을 초월하여 전 세계 기업의 경쟁의 장소가 되고 있다.

따라서 과거 어느 때보다 사업영역을 독점적으로 확보하는 것이 쉽지 않다고 하겠다.

한편, 산업의 동태적 어프로치에서 보더라도 지속적 경쟁우위를 확보해야 하는 중요성은 증대되고 있다. 산업의 초기에는 다른 경쟁기업이 진입하기 어렵기 때문에 독점적 이익을 누릴 수 있다고 하더라도, 시간이 지남에 따라 모방과 대체품, 그 산업에 진입하기 위한 경쟁기업의 노력은 증대될 것이므로 그 산업은 곧 치열한 경쟁에 당면하게 될 것이다. 이상과 같은 측면에서 볼 때 경쟁기업에 비해 우월한 경쟁우위를 어떻게 확보하고 지속시킬 것인가 하는 문제가 경영전략에 있어서 주요한 과제로 대두되었다고 하겠다.

이상에서 살펴 본 국제화 그리고 산업의 **동태적 성장**이라는 두 가지 요인을 고려해 볼 때, 전략의 핵심은 지속적 경쟁우위를 누리는 것이라고 할 수 있다.

< 제 2 절 >
자원으로서의 환경

일반적으로 기업의 수명은 30년이라고 한다. 하지만 그 중에서도 우량기업은 계속 성장한다. 그렇다면 기업이 뛰어난 성과를 지속시킬 수 있는 이유는 무엇인가? 이는 외부환경에 순응하였기 때문인가, 아니면 내부자원을 잘 활용하였기 때문인가? 기업이 누리는 초과이익을 설명하는 연구는 크게 세 부분으로 나누어 진행되어 왔다. 첫째, 기업의 외부환경을 중심으로 기회와 위협에 중점을 두어 연구(**외부환경과 전략 간의 적합성**)하거나(Outside in) 둘째, 기업의 내부자원 즉 강점과 약점에 중점을 두어 연구(내부자원과 전략 간의 적합성)하거나(Inside out) 셋째, 외부환경과 내부자원을 절충적으로 고려하여 연구(**외부환경-내부자원-전략 간의 적합성**)하는 것이다.

전략경영분야의 기존 연구는 첫 번째 연구, 즉 기업의 외부환경에 중점을 두는 연구가 대부분이었다. 기업의 외부환경에 중점을 두는 연구는 주로 산업조직론의 주요 개념과 이론을 이용하여 기업이 높은 성과를 달성하는 데 영향을 주는 외부환경요인, 특히 산업의 구조적 특징을 분석하는 데 중점을 두고 있다. 포터의 산업구조분석모형도 자유로운 시장경쟁을 제한하는 **외부경쟁요인**(competitive forces)을 제시하고, 이를 통해 기업이 초과이익을 얻을 수 있는 가능성(**산업의 매력도**)에 대해서 설명하고 있다.[143] 이와

143) 포터의 『경쟁우위(Competitive Advantage, 1985)』라는 연구에서는 경쟁전

같이 외부환경에 중점을 두는 연구는 기업의 내부 특성이 경쟁지위에 미치는 영향에 대해 큰 관심을 두고 있지 않다.

환경론적 접근은 우선 내부 환경은 조직에 대해서 포괄적인 힘으로 등장한다. 조직은 이러한 것에 대응하여야 한다. 그래서 리더십은 환경을 파악하고 조직이 이것에 정확하게 순응하고 있는 것을 보증하기 위한 기본요소가 된다. 고전적 환경이론은 조건적응이론이라고도 한다. 즉, 조직의 규모, 기술, 상황의 안정성, 외적인 적대 행위 등에 의한 것이다.

이는 **변혁 프로세스**(configuration process)로서 발전한다. 즉, 리스크에 대응하는 기업가는 동적인 환경에 관련지어지고 수많은 도전과 기회를 제공하는 환경에 대해서 전략은 더욱 포괄적이고 다면적이 된다는 것이다.144)

이에 비해 볼 때 기업의 내부자원에 관한 연구는 상대적으로 덜 이루어졌다. 그 동안에 이루어진 내부자원에 관한 대부분의 연구도 전략의 실행문제에 중점을 두었다. 이에 따라 관심의 대상이 되었던 내부자원들은 주로 조직구조, 통제 및 유인제도, 최고경영층의 리더십과 스타일 등과 같이 전략실행과 관련된 변수들이다. 그 결과 성과달성에 영향을 주는 이들 특성들이 기업이 활용 가능한 내부자산으로 간주되기보다는 전략선택을 제한하는 저약변수로 간주되거나, 아니면 수립된 전략을 실행하는 단계에서 고려해

략분석을 확대하여, 산업환경에 적합한 포지셔닝을 통해 시장지위를 구축함으로써 지속적 경쟁우위를 달성하는 방법에 대해서 설명하고 있다.

144) Miller. D, Strategy, Structure and Enviornment : Context Influencec upon some Birariate Association, Journal of management Studies, 1979, Oct 16, pp. 294~316.

야 할 변수로 취급되었다.

이러한 맥락에서 기업의 내부자원에 중점을 둠으로써 기업의 성과를 설명하려는 시각이 등장하게 되었다(자원기준이론, 자원기초이론). 이를 자원준거이론 또는 **자원기준이론**(a resource-based view)이라고 한다. 이 관점은 기업이 얻는 초과이익을 독점적 시장지위에 따르는 시장지배력의 결과로 보는 것이 아니라 독특한 자원의 결합에 대한 렌트(rent)로 인식함으로써, 기업이 보유하고 있는 특화되고 모방하기 어려운 자원의 중요성을 강조하고 있다. 이러한 자원을 창출하는 것이 최고경영자가 수행해야 할 기업가적 행동이라고 보고 있다.

< 제 3 절 >
전략으로서의 자원준거 이론

이 기업의 뛰어난 성공을 설명하는 이론적 관점에는 다음의 두 가지가 있다. 첫 번째는 산업조직론의 연구방법에 의존하는 것이다. 전통적인 산업조직론은 진입장벽으로 대표되는 구조적 장벽을 강조하고, 기업이 속한 산업의 특성에 의한 **산업효과(industry effect)**가 지속적 초과이익을 설명한다고 한다.[145)]

145) 여기에 관한 실증연구의 결과도 산업 내 경쟁요인을 제약하는 구조적 변수들이 존재하기 때문에 특정산업이 더욱 매력적이 되어 기업이 지속적 경쟁우위를 누린다는 것을 뒷받침하고 있다.

두 번째로 기업의 뛰어난 성과를 설명하는 최근의 관점은 개별 기업의 특이성(idosyncracy)에 중점을 두고 있는 자원준거이론이다. 자원준거이론을 간단히 설명할 수 있는 일관성 있는 이론이 아직은 체계화되어 있지 않다. 자원준거이론의 이론적 핵심은 기업을 유형자원과 무형자원의 독특한 집합체(unique bundle)로 파악하는 것이다. 기업은 장기간에 걸쳐 자원과 능력의 독특한 결합(unique combinations of resource and capabilities)을 구축하고 있는데, 이들 자원과 능력의 차별적 역량에 근거하여 경쟁우위를 얻을 수 있다는 것이다. 특히 자원준거이론은 기존 연구들이 상대적으로 등한시 하였던 **조직능력**, **핵심역량**, **기업문화**, 경영자의 능력 등과 같은 무형자산을 중요하게 다루고 있다.146)

이처럼 자원을 통합하는 능력을 기업가적 접근이라 불리는데 우선 이들의 접근은 전략은 **리더의 마음**(mind)에 있다는 데 기초를 두고 있다는 점이다. 이것은 미래 지향성이고 장기적인 방향성에 대한 감각이고 조직의 장래성이기도 하다. 이 접근은 리더의 경험과 직관에 기초를 두고 비전을 설정하고 추진하면서 수정한다. 이러한 접근은 기업가적 전략이고 계획적이고 창발적이기도 하다.

스티븐슨과 검퍼트(Stevenson & Gumpert)는 기업가는 **전략적 상황판단**에서 자원을 전부 사용하려는 위협에서 그것을 지키고 방

146) 이러한 자산은 대부분 무형적이며 암묵적(intangible and tacit)이므로 경쟁기업이 모방하기가 어렵다. 따라서 기업의 경쟁우위가 다른 기업이 쉽게 구입하거나, 훔치거나, 모방하거나, 대체할 수 없는 전유적 자산(appropriatary assets)에 의해서 뒷받침 될 때 경쟁우위는 지속된다.

어적 수단으로 나서는 것으로 표현한다.147)

이런 점에서 볼 때 산업조직론에 근거를 둔 외부환경모형이 제품시장의 구조적 특징을 통해 전략을 파악하는 데 비해, 자원준거이론은 기업의 내부자원에 초점을 맞추고 있다. 특히 이들 자원이 요소시장에서 획득되거나, 아니면 자체 개발되어 축적되는 과정을 밝힘으로써 지속적 경쟁우위의 원천을 설명한다는 데 자원준거이론의 독창성이 있다.

이상의 두 가정은 외부환경이 기업성과에 미치는 영향을 명확하게 이해하는 데 도움을 주는 것임에 틀림없다. 예컨대 우수한 경영능력이나 자원을 시장에서 구입 가능하다고 가정함으로써 기업의 내부조건을 동일하게 만든 후, 참가 기업들의 초기조건(산업구조, 전략적 지위, 행동반경 등)의 차이로 인하여 발생하는 성과차이를 연역적으로 도출할 수 있다. 따라서 **산업구조모형**은 제품시장(산업)마다 다른 외부경쟁요인과 진입장벽을 분석함으로써 산업에 참가하는 기업의 수익성을 평가하는 데 있어서도 필수적으로 사용하여야 할 분석수단이다.

이에 따라 기업 간의 성과차이를 설명하는 데 있어서도 두 접근법이 서로 다르다. 산업구조모형에 따르면 **시장지배력**(진입장벽의 구축 등)을 가진 기업이 산출물을 의도적으로 제한함으로써 **제품시장**(product market)의 불완전을 초래하고, 이를 통해 **초과이익**(독점이익)을 얻게 된다. 그러나 자원준거관점에서 볼 때 기업

147) Stevenson H & Gumpert D., The Heart of Entrepreneurship, Harvard Business Review March-April, 1985. pp. 85~94.

이 얻는 초과이익은 공급이 제한된 우월한 자원에 대한 렌트를 의미한다. 즉 **요소시장**(factor market)의 불완전으로 인한 공급의 부족, 또는 자원의 본질적 희소성에 의해서 초과이익이 발생한다고 본다.

< 제 4 절 >
내부자원으로서의 핵심역량

자원준거이론은 기업이 갖고 있는 **내부 자원**에 중점을 두어 기업을 특정 시점에서 그 기업이 보유한 유형자원과 무형자원의 독특한 집합체로 파악한다. 특정시점에서 축적된 자원의 집합체로서의 기업을 설명할 수 있다는 것은 기업의 역사, 과거전략, 과거조직이 상호 결합하여 기업이 현재 보유하고 있는 자원의 독특한 집합체를 창출하였다는 것을 의미한다.

따라서 자원준거이론을 이해하기 위해서는 자원준거이론에서 보는 내부자원의 개념과 종류에 대해 이해하는 것이 필수적이다. 자원준거이론에서 중요시되는 자원으로는 핵심역량, 조직능력, 관리적 유산을 들 수 있다. Collis(콜리스)는 그 중에서도 **핵심능력**을 중요 요인으로 간주한다.[148)]

148) Collis, D. J., "Research note: How valuable are organizational capabilities?", Strategic Management Journal, Vol. 15(1994), pp. 143~152.

핵심역량(core competence)은 다른 경쟁기업에 비해 특별히 뛰어난 자원이나 능력을 의미한다. 따라서 핵심역량을 **독자능력**(distinctive competence)으로 표현하기도 한다. 차별화된 기술적 능력, 뛰어난 학습능력, 보완적 자산 등을 그 예로 들 수 있다. 어떤 자원이 전략의 실행에 중요하다고 해도, 그것이 기업의 제품이나 사업의 운영을 특정 짓는 독자적인 것이 아니라면 그 자원은 경쟁우위의 원천은 될 수 없다. 자원이 제품시장에서 경쟁우위에 공헌한 경우에만 그 자원은 가치가 있다고 하겠다.

또한 기업이 소유한 자원의 분석을 행하기 위해서는 어떤 활동을 어떻게 결정할 것인가 하는 것은 기업 내부의 평가만으로는 불충분하다. 어떻게 해서 기업의 자원 보유를 경쟁우위를 나타내는 구체적인 척도에 변환할 것인가를 나타내는 것이 필요하다. 예를 들면 [그림 5-1]은 경쟁회사와 비교한 1984년 당시의 월마트의 자원획득의 우위를 나타낸 것이다.

각 자원의 옆에 표시되어 있는 것은 그 자원이 제품시장에서 경쟁우위의 획득에 어느 정도 공헌하고 있는가를 수치로서 나타낸 것이다. 유형자산에서 보면 경쟁우위는 0.3으로 약 1억 5천만 달러의 우위를 갖고 있는데, 이는 점포의 입지를 나타내는 것으로 타 회사보다 점포의 랜탈비용으로 우위를 갖고 있다는 점이다. 무형자산도 브랜드, 급여 등으로 3%로 약 15억 달러를 절약하여 그 우위를 보여 주고 있다. 역량에서도 사내 물류비용이 타 회사보다도 7억 달러를 절약하는 우위를 가져 월마트는 말 그대로 세계 1위의 회사가 되었던 것이다.[그림 5-1 참조]

	자원	경쟁우위 산업평균비용－월마트의 비용 (매출액에 대한 비율)
유형자산	점포의 입지	0.3 (점포의 렌탈비용)
무형자산	브랜드의 평판 종업원의 충성심	1.2 (광고비용) 1.1 (급여) 0.7 (사원에 의한 에누리)
역 량	점포의 입지	1.2 (물류비용)
		↓ 우위의 합계: 4.5%

☆ 1%의 우위는 월마트로서는 연간 5억 달러의 소득증감을 의미함.

자료 : P. Ghemawat, “Wal-Mart store’s Discount operation”, Harvard Business school care, No. 9 387-018.

그림 5-1 월마트의 자원기준우위(1984년 시점)

프라할라드와 하멜은 물질적 자산의 중요성보다는 무형적인 자산의 중요성을 강조하여, 핵심능력을 조직의 **집단학습**(collective learning), 특히 다양한 **생산기량**(production skills)을 어떻게 조정하고, **복수의 기술흐름**(streams of technologies)을 어떻게 통합할 것인가에 관한 학습이라고 정의하였다. 이들은 집단학습이 뛰어난 기업은 학습을 통해 조직 전체의 기술과 생산기법을 통합하여 개별사업단위가 변화하는 기회에 신속하게 적응할 수 있는 능력을 창출해 준다고 보았다. 따라서 핵심역량은 기업의 자산투자에 대한 요약표라고 할 수 있으며, 종합적으로 기업의 전략적 지위를 결정하는 주요 결정요소라고 하였다.

< 제 5 절 > 경쟁우위로서의 핵심역량

최근 기업이 보유하는 경쟁력의 원천으로 강조되고 있는 것이 핵심역량이다. 프라할라드와 하멜은[149] 핵심역량은 기업의 핵이 되는 기술의 조합으로서 신제품과 새로운 사업을 개발하는 능력이라고 하였다. 그리고 1970년과 1980년대에 걸쳐 미국 기업이 일본 기업에 비해 시장에서의 성공이 상대적으로 적은 것은 핵심역량이 부족하기 때문이라고 한다. 더구나 미국 기업이 일본 기업에 비해 전반적인 기술능력, 인적 자원, 자본축적 면에서 상당한 우위에 있음에도 불구하고, 핵심역량을 개발하기 위한 의지와 조직구조가 뒷받침되지 않음으로써 장기적으로 시장에서의 경쟁적 지위를 구축하는 데 실패한 것으로 설명되고 있어 핵심역량의 중요성이 더욱 강조되고 있다.

핵심역량의 예로는 소니(Sony)의 **소형화 능력**을 들 수가 있다. 소니

149) Prahalad, C. K. and G. Hamel, "The core competence of the corporation", Harvard Business Review(May-June 1990), pp. 79~91.

가 보유한 핵심역량 중의 하나가 **소형화**(miniaturization)이다. **제품을 소형화**하기 위해서 소니사는 기술자, 엔지니어, 마케팅 담당자들이 고객의 욕구와 기술적 가능성에 대해 공유된 이해를 갖도록 하여야 한다.

이러한 핵심역량은 사용할수록 감소하는 것이 아니라 여러 곳에 응용하여 사용할수록, 또한 기업 전체가 공유할수록 오히려 향상된다. 핵심역량은 현재의 사업 단위들을 연결시켜 주는 역할을 하게 되며, 새로운 사업을 개발하는 데 있어서 원동력이 된다. 기업이 보유하고 있는 핵심역량의 유형에 의해 다각화의 방향과 새로운 시장으로의 진입여부가 결정된다. 따라서 경쟁기업의 핵심역량을 보면 잠재적인 시장진입의 방향을 예측해 볼 수 있을 것이다.

핵심역량을 더 잘 이해하기 위해서는 핵심제품이라는 개념에 대한 이해가 필요하다. **핵심제품**(core product)이란 기업의 뛰어난 핵심역량을 물리적으로 체화하고 있는 것(physical embodiment)이다. 시장에서 소비자를 대상으로 판매되는 제품이 **최종제품**(end product)이라고 한다면, 핵심제품은 최종제품의 가치증대에 실질적으로 기여하는 부품이나 중간재를 의미한다. 세계적으로 유명한 자동차회사 혼다의 자동차 엔진이 이러한 핵심제품의 좋은 예라고 하겠다.

특정분야의 핵심역량에서 세계적 지위를 유지하기 위해서는 핵심제품의 전 세계적 시장점유율을 높이기 위해 노력하여야 한다. 이에 따라 최종제품의 시장점유율과 핵심제품의 시장점유율이 차이가 날 수 있다.[150] 미쓰비씨는 에어콘의 컴프레셔(핵심제품)에

150) 캐논은 데스크탑용 레이저 프린터의 엔진(핵심제품)에 있어서 전 세계시장

있어서 전 세계시장의 40% 정도를 점하고 있으나, 에어컨과 냉장고 산업(최종제품)에 있어서의 시장점유율은 아주 적다. 이와 반대로 최종제품의 시장점유율이 핵심제품의 시장점유율보다 높은 경우도 있다. 중간재나 부품을 원재료나 임금이 저렴한 외국기업에서 조달하여 최종제품을 조립생산하는 기업이 여기에 해당된다. 이러한 기업이 성장하기 위해서는 지식집약형 산업으로 전환하여야 한다.

또한 자사의 경쟁력을 평가할 경우 최종제품에 중점을 두어, 최종제품의 가격 대비 성능을 다른 경쟁기업과 비교하여 평가한다면 핵심역량의 배양이라는 측면에 위배되는 결과를 초래할 수도 있다. 예컨대 기업이 비용측면을 중시한 나머지, 핵심부품을 자체적으로 생산하기 위해 필요한 내부투자를 등한시하고 외부공급업자들에게 의존할 경우(**OEM방식**) 기업의 핵심역량이 쇠퇴할 가능성이 높다. 외부에서 부품을 조달할 경우 경쟁시장에 신속하게 진입할 수 있으며, 단기적으로 비용면에서 유리한 입장에 설 수도 있다. 그러나 다음 세대의 경쟁력 있는 제품을 개발하는 데 필요한 기술(핵심역량)은 핵심부품을 외부에서 조달하거나 OEM방식을 통해서 빌려올 수 있는 성질의 것이 아니다. 최종제품에 있어서 세계적 선도기업이 되는 데 필요한 사람에 **체화된 기술**(people-embodied skills)을 축적할 수가 없으며, 새로운 핵심역량을 개발하는 기회를 상실하게 될 위험이 있다. 이러한 교훈은 많은 미국 기업의 예에서 얻을 수 있다.

의 84%를 점하고 있으나, 캐논의 레이저 프린터(최종제품)의 세계시장점유율은 그야말로 미미한 정도이다.

기술을 무시한 감량경영의 **디베스티쳐**(divestiture) 등은 후에 크게 빚으로 다가온다는 점이다.

1970~1980년에 GE, GTE, 모토로라 등 미국과 유럽 기업들은 컬러텔레비전 산업이 성숙기에 접어든 것으로 판단하고 이들 산업에서 철수하였다. 비디오와 관련한 핵심역량을 개선시키고 응용할 수 있는 기회가 소진되었다는 관점에서 본다면 컬러텔레비전 산업이 성숙기였다고 할 수 있었다. 그러나 실제로는 이들 기업이 컬러텔레비전 산업에서 철수함으로써 비디오 관련 핵심역량에 의존하는 미래의 이익기회에 등을 돌리는 결과가 되었다. 이에 따라 1970년대에 매력적이지 못하다고 생각했던 텔레비전 산업에서의 철수가 현재 매년 수백억 달러에 달할 것으로 예상되는 HDTV(고화질TV)시장의 이익기회를 추구하는 데 제약조건이 되고 있다.

<제 6 절> 조직능력과 경쟁우위

경영전략분야에서 이루어진 지난 40여 년간의 연구를 집약한다면, 기업이 경쟁우위를 달성하는 규범적 방법의 제시가 그 중심이 되었다고 할 수 있다. 이에 따라 분석수준도 처음에는 현실적으로 관찰되는 기업 간의 수익성 차이를 설명하기 위해 노력하였으나,

차츰 같은 산업에 속한 기업 간에 발생하는 이익의 지속적 차이를 설명하는 기업 내부의 이질성을 설명하는 데 중점을 두게 되었다. 최근에는 기업 간의 이질성을 창출하는 **동태적 일상성**(dynamic routines)을 분석하는 데 중점을 두고 있다. 이러한 분석수준의 변화는 접근방법의 변화를 가져왔는데, 처음에는 경쟁우위를 확보하게 하는 포터의 **포지셔닝접근**(positioning approach)에서 출발하여, 자원준거이론(resource-based view)의 등장과 함께 경쟁우위의 지속성을 설명하는 조건을 파악하는 데 중점을 두었다. 그리고 최근에는 자원준거이론을 통해 조직능력(corporate capability)의 중요성을 강조하는 측면으로 나아가게 되었다.

포터의 포지셔닝접근법에 따르면 차별화를 통해 누리는 기업의 경쟁우위는 제품이나 서비스의 독특성이 그 원천이 된다. 그런데 자원준거이론에서 본다면 제품이나 서비스의 독특한 특성을 경쟁기업이 모방한다면 이러한 경쟁우위는 일시적이다. 따라서 자원준거이론은 제품의 독특성을 즉각적으로 또는 비용부담 없이 모방할 수 없게 하는 내부자원의 특성이나 조건을 파악하는 데 중점을 두고 있으며, 현재 기업이 구축한 시장지위와 자원스톡에 중점을 두기보다는 보다 동태적인 시각을 가지고 있다. 그리고 경쟁우위는 제품의 유용한 특징들을 경쟁기업보다 먼저, 그리고 지속적으로 창출하는 능력에 근거한 것으로 본다. 이러한 능력은 기업의 암묵적인 **집단적 지식**(a tacit collective knowledge)에 내재되어 있어서 인과관계가 모호하고(causally ambiguous), **경로 의존적**(path dependent)이므로 쉽게 모방되지 않는다. 이런 점에서 자원준거이론은 효과적인 제품혁신을 창출하는 조직능력에 대해 관심을 가지게 되었다.

1 조직능력의 개념

뛰어난 회사의 조직은 그렇지 못한 회사의 조직보다 생산성과 효율성이 뛰어나다고 한다. 그렇다면 조직능력의 본질과 원천은 무엇인가? 조직능력이란 상호보완적으로 작용하는 자원들의 결합체이다. 따라서 하나의 조직능력이 발휘되기 위해서는 몇 가지의 자원들이 결합되고 상호보완적으로 작용하여야 한다. 그런데 조직능력은 학자들에 따라 의견이 달라 통일된 정의가 내려져 있지 않다. 그 동안의 정의를 분류해 보면 대체로 다음의 세 가지 견해로 나눌 수 있다.

첫 번째 견해는 기업 활동의 **동태적 개선**(dynamic improvement)에 관한 것이라는 공통점을 가지고 있다. 조직능력을 공정과 제품의 지속적 혁신, 제조상의 유연성, 시장추세에 대한 적응성, 짧은 제품개발주기 등으로 파악하거나, '기업이 지속적으로 학습하고 적응하고 변화하고 혁신하는 능력을 관리하는 동태적 일상성'으로 정의하는 견해인데 동태적인 움직임에 그 역점을 두고 있다.

두 번째 견해는 형이상학적인 **전략적 통찰력**(metaphysical strategic insights)에 중점을 두고 있다. 전략적 통찰력은 기업으로 하여금 보유자원의 내재적 가치를 인식하게 하거나 새로운 전략을 경쟁기업보다 먼저 개발하게 한다. 조직능력을 '전략을 구상하고 선택하고 실행하게 하는 조직특징'이라고 정의하거나, '기업의 자원을 활용하고 새로운 자원을 개발하는 능력'으로 정의하는 것이 그 예라고 하겠다. 이 견해는 조직을 관리자의 전략적 능력에 그 역점을 두고 있다.

세 번째 견해는 조직능력과 관련되는 기업문화적 접근이다. 이것은 성공한 우량기업의 특징을 7s의 요소로 설명한다. 다시 말하면 조직의 중요자산으로서 기업문화가 등장하였다는 점이다. 조직의 문화를 조직의 마음(mind), 공유화된 신념으로 표현하고 표출된 사회적 세포라고 할 정도로 조직의 생명력과 조직적인 프로세스의 연결체로 주장하고 있다.[151]

이 세 가지의 견해를 망라해서 보면 경쟁기업보다는 뛰어난 일련의 행동을 하여 그 경쟁수단을 발휘하여 **기업의 독자능력**(distinct competence)과 관계가 있다[152]는 점이다.

151) Pettigrew, A.M., The Awakening Giant : Continuity & Change in Imperil Chemical Industries, basil Blackwell, 1985. pp. 25~44.

152) Howard Stevenson, Defining Corporate Strength and Weaknesses, Sloan Management Review, 1976. pp. 51~58.

< 제 7 절 >
내부자원의 특성과 경쟁우위의 지속성

자원준거이론의 두 가지 전제조건인 자원의 이질성과 비이동성은 중요하다. 그런데 자원의 이질성과 비이동성이 충족된다고 하더라도 기업이 보유한 모든 자원이 지속적 경쟁우위의 원천이 될 수는 없다. 기업이 누리는 경쟁우위는 제품생산에 필요한 자원의 복잡성과 독특성으로 인해 다른 기업이 모방할 수 없을 때 지속될 수 있기 때문이다. 그러므로 기업의 자원이 지속적 경쟁우위의 원천이 되기 위해서는 다음의 그림과 같은 네 가지 특성, 즉 **유용성**(value), **희소성**(rareness), **모방곤란성**(imitability), **불완전한 대체성**(incomplete subsititutability)을 갖추어야 한다.

1 경쟁우위의 지속성

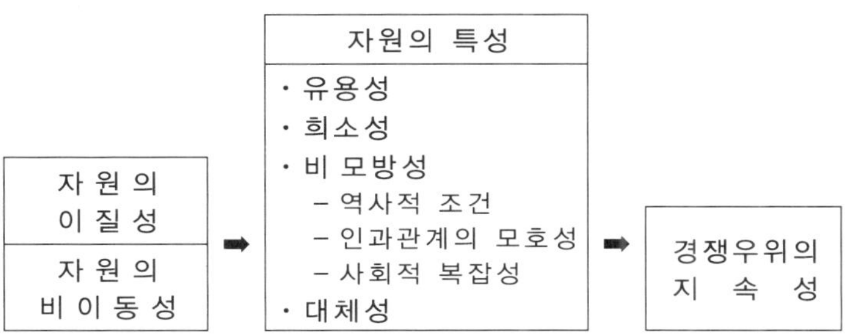

2 자원의 유용성

기업이 보유한 자원(유형자산, 무형자산 조직의 능력)이 유용성이 있을 때 지속적 경쟁우위의 원천이 될 수 있다. 즉, 기업의 효율성과 효과성을 증대시키기 위한 전략을 수립하고 실행하는 데 필수불가결하다는 것을 의미한다. 결국 자원의 유용성이란 기업이 외부환경에서 발생하는 기회를 활용하고 위협을 중화시키는 데 도움을 주는 자원이라는 것을 의미한다.

3 자원의 희소성(rarity)

기업이 보유한 모든 자원을 경쟁기업이 보유하고 있다면 이 자원은 경쟁우위의 원천이 될 수 없다. 즉, 어떤 자원의 유용성이 높다고 하더라도 희소성이 없을 경우 그 자원은 경쟁우위의 원천이 되기는 어렵다는 점이다. 이런 점에서 볼 때 경쟁 기업이 그 자원을 보유하고 있지 않을수록 자원의 희소성이 증대될 것이며, 지속가능한 경쟁우위의 강력한 원천이 될 것이다.[153]

153) 페트라프는 경쟁우위의 지속성을 자원의 이질성(heterogeneity), 불완전한 이동성(imperfect mobility), 경쟁에 대한 사후적 제안(ex post limits of competition), 경쟁에 대한 사전적 제한(ex ante limits to competition)이라는 네 가지 요인을 이용해 설명하고 있다. 경쟁에 대한 사후적 제한요소에

4 비모방 가능성

다른 기업들이 완전하게 모방할 수 없을 때 지속적 경쟁우위의 원천이 된다. 성공기업이 보유한 경쟁우위를 획득하기 위해서는 경쟁우위의 원천이 무엇인가를 분석하여 그 원천을 파악한 후에, 그러한 경쟁우위를 성공적으로 복제할 수 있어야 한다. 이를 위해서는 성공전략의 근거가 되는 자원을 획득하여야 하는데 다음의 세 가지 특징이 존재한다.

첫째, 자원이 **물리적으로 독특성**(physcically unique) 즉, 복제 불가능하여야 한다. 둘째, 경로의존성(path Dependence) 때문에 모방이 곤란한 경우이다. 세 번째, **인과관계의 불명료성**(Causal Ambiguior)이다. 이런 점에서 본다면 경쟁우위의 지속성은 경쟁기업과의 모방시차에 달려 있다. 즉, 성공기업이 누리는 경쟁우위의 지속성은 모방 기업이 경쟁우위를 구축하는 데 필요한 자원을 얼마나 빨리 획득하느냐에 달려 있다고 하겠다.

모방이 발전하면 새로운 제품과 서비스를 만들 수 있다.

불완전한 모방성(imperfect imitability)과 불완전한 대체성(imperfect substitutability)을 포함시키고 있다. M. A. Petraf(1993), pp. 182~186.

5 불완전한 대체성

기업의 자원이 지속적 경쟁우위의 원천이 되기 위한 마지막 조건은 대체자원이 존재하지 않아야 한다는 것이다. 즉, 희소하지 않거나 모방이 어렵지 않은 유용한 대체자원이 존재하지 않아야 한다. 서로 다른 두 가지의 유용한 기업자원이 존재하고, 각 자원을 동일한 전략을 실행하는 데 사용할 수 있다면, 이들 두 자원은 전략적으로 동등한 자원이라고 할 수 있다. 따라서 전략적으로 동등하게 사용될 수 있는 대체자원이 존재하지 않을 때, 그 자원은지속적 경쟁우위를 창출하는 데 도움이 된다. 이는 전략을 수립하고 실행하는 데 사용되는 그 자원이 유용하고 희소하며 완전한 모방이 불가능하기 때문이다.

< 제 8 절 >
경쟁우위와 자원준거이론

자원준거이론은 기업이 보유하고 있는 내부의 자원에 중점을 두어 기업 간 업적차이를 설명하고자 하였다. 특히 자원의 불완전한 모방성을 경쟁우위를 지속시키는 핵심요인으로 보고 있는데, 자원의 불완전한 모방성은 요소시장의 불완전성에 기인한다. 이에 따라 전략에 관한 기존의 논의가 제품시장에서 판매자 입장의 기업행동을 설명하고 있는 데 반해, 자원준거이론은 요소시장에서의 구매자 관점에서 요소시장의 불완전성과 초과이익(렌트)의 발생을 설명하고 있다. 따라서 자원준거이론이 기업차원의 전략을 설명하는 이론임에도 이론을 전개하는 데 있어서 요소시장에 대한 경제적 분석법이 중요시 되고 있다.

포터(M. E. Porter)가 『경쟁전략(Competitive Strategy, 1980)』에서 산업조직분야에서 풍부한 이론적 실증적 문헌을 이용하여 기업이 속한 업계와 그 속에서 기업이 차지하는 경쟁포지션을 이해하는 것의 중요성을 강조하였다. 기업분석을 기업의 외부적 환경요인으로 설명하였다는 점이다. 즉, 포터 모형은 산업매력도에 영향을 주는 산업의 구조적 특징(다섯 가지 경쟁요인)을 이용해 기업이 누리는 초과이익을 설명하고 있다. 이런 점에서 산업조직론의 틀에서 벗어나지 못하고 있으며, 기업의 내부적 특징을 고려하지 않고 있다는 한계를 벗어나지 못한다.

프라할라드(Prahalad)와 게리함멜(Gary Hamel)에 의해 자원을 새롭게 가치창조의 원천으로 보고 기업을 포트폴리오가 아니고 기업의 능력 포트폴리오로 생각하였다.

1990년대에 이르면서 기업의 조직능력을 찾다 보니 기업의 내부요소를 더 깊게 찾고 해석하는 것이 중요하게 등장하였다. 즉, 기업이 누리는 **경쟁우위**(원가우위와 차별화우위)의 원천을 기업의 가치활동으로 설명하려는 시각의 전환이 이루어지고 있다. 예컨대 가치활동을 경쟁기업보다 **저원가**(또는 독특한 방법)로 수행함으로써 **원가우위**(또는 차별화우위)를 누릴 수 있다고 설명한다. 이러한 설명법은 또한 산업구조모형이 개별기업의 수익성을 설명하지 못하였던 것을 보완할 수 있다. 개별기업이 가치활동을 얼마나 효율적으로 또는 효과적으로 수행하느냐에 따라 경쟁우위를 누리는 정도가 달라질 것이므로, 결과적으로 같은 산업에 속한 기업이라고 하더라도 성과가 다를 수 있다는 것을 설명할 수 있다.

경쟁우위의 원천이 되는 요인들을 제시하는 것과 이들 요인이 어떤 과정을 통해 경쟁우위를 창출하고 이것이 기업의 초과이익으로 연결되는가를 설명하는 것은 다르기 때문이다. 이런 점에서 볼 때 자원준거이론은 경쟁우위의 원천이 무엇인가를 설명해 주며, 경쟁우위가 창출되고 지속되는 과정을 설명해 준다. 기업이 보유하는 독특한 내부자원이 경쟁우위의 원천이 되는 이유를 설명하고, 경쟁우위가 지속되는 이유를 설명할 수 있으며, 자원의 특성과 렌트발생을 연결시킴으로써 개별기업이 누리는 초과이익의 근거를 설명할 수 있다.

자원준거이론은 이와 같이 기존 모형이 가지고 있던 한계(외부

환경 중심적이며 개별기업의 성과차이를 설명하지 못함)를 보완해 준다는 측면에 못지않은 또 다른 중요성을 가지고 있다. 즉 자원준거이론의 또 다른 중요성은 경쟁우위를 발생시키는 과정을 이해하게 함으로써, 원하는 경쟁우위나 경쟁우위의 원천이 되는 자원을 개발하고 축적하고 활용하기 위해 이 과정을 어떻게 관리할 것인가에 대해 말해 줄 수 있다는 것이다.

시장이라는 단순한 외부환경요인만을 고려해서는 개별기업의 행동과 성과를 만족하게 설명할 수 없을 것이다. 전략의 목적이 외부환경과 내부 환경 간의 적합성을 모색하는 데 있다고 한다면, 기존 연구에서 등한시하였던 조직의 내부자원에 대한 연구가 뒷받침되어야 전략이 기업의 업적에 미치는 영향을 완전하게 이해할 수 있을 것이다.

그러한 의미에서 자원준거이론은 기업이 핵심역량으로서 기능하고 복수사업기업 내에서 가치의 원천이 되는 자산(자원)이 광범위하고 정확하게 정의되었다고 하겠다.

6 글로벌 경영의 조직론

< 제 1 절 > 다양한 환경 하에서의 조직 대응

일반적으로 조직모델은 몇 가지 유형으로 나누면 한편으로는 타당한 부분이 없지 않으나 다양한 조직에서 어떻게 대응하는가에서는 그 대답의 유형도 다를 수 있다. 주지하는 바와 같이 다국적 기업은, 국경을 걸친 다양한 환경에서 활동하고 있다. 다국적 기업을 둘러싼 각 국의 현지 환경에 대한 전략, 조직 면에서의 적응에 따라, 현지의 정당성을 확보하고, 현지 시장의 고객이나 유통업자 등에게도 받아들여지기 쉽다. 이러한 현지적응에 대한 논리는, 단순히 현지 고객의 기호나 현지정부의 요구에 응한 수요・요인뿐만이 아닌, 그 고장 특유의 자원 (예를 들면, 정보, 지식, 노하우, 인재 등)을 확보하기 위한 공급・요인으로서도 효과 있는 정책으로 되어 있다. 그러나 다국적기업은 각국의 다양한 환경에 둘러싸여져 있고, 각각의 환경으로부터 여러 가지 요청은 반드시 일치한다고 할 수 없다. 오히려 각각이 서로 모순된 요구를 해오는 경우가 많다. 그것이 분화(differentiation)로의 압력이다.

한편, 기업으로서의 일관성을 유지하기 위해, 그러한 분산된 행동은 내적으로 통합할 필요도 있다. 전략적으로는 규모의 경제, 범위의 경제에 의한 효율을 추구, 글로벌 규모에서의 지식 노하우 공유에 의한 라닝의 촉진 등이 이 논리적 배경에 있다. 이것이 통합(integration)에 대한 압박이다.

해외현지에서의 적응과 다국적 기업으로서의 내적 일관성을 동시에 달성하기는 대단히 힘드나, 그것이 기업업적과 올바른 상관관계에 있다고도 말하고 있다.[154]

조직론에서의 콘틴젠시 이론에 의하면 복합조직은 그 다양한 외부 환경조건에 적응하기 위해 조직을 각 부문으로 분할하고, 부문별로 해당 외부환경에 적합시키거나 동시에 전체로서 통합기능 역할을 하는 부문을 함께 준비하는 것이 업적 향상으로 연결된다고 한다.

다국적 기업의 경우도, 각 국, 각 지역마다 다른 환경조건에 대한 적응과 다국적 기업 전체의 통합을 함께 겸비한 역할이 기업업적과 올바른 상관관계에 있다고 한다.

더구나, 다국적 기업을 둘러싼 환경은 항상 변동하고 있다. 현지 환경에 대한 적응도, 정태적 적합(靜態的 適合 : static fit)은 안 되며, 항상 변화하는 환경에 대응 가능한 동태적 적합(動態的

154) Nohria N. and S. Ghoshal (1993), Horses for Courses : Organizational forms for multinational corporations. Sloan Management Review 34 (2) : 23~35.

適合 : dynamic fit)이 요구된다. 그에 수반되어, 그 때마다 통합 메커니즘도 대응해 가야함이 요구된다. 즉 끊임없고 유연한 조정이 다국적 기업에는 필요하다.

1 환경, 전략과 조직구조 : 다국적 기업조직의 발전단계 모델

1) 챈들러의 명제

미국의 경영학자인 챈들러는, 미국기업의 발전과정에 관한 역사적 실태조사를 하여, 저서『경영전략과 조직』에서, 다음과 같은 유명한 명제를 제시했다.155)

- 조직은 전략에 따른다(조직구조는 기업의 성장전략에 따른다)
- 미국 기업의 전략과 조직간의 관계에는, 단계적인 발전 순서가 존재한다. 즉, '단일 직능제에서 직능부문제로 그리고 사업부제 조직으로'라는 발전 단계이다.
- 비효율적이며 바꿀 수밖에 없게 되기까지, 조직은 그 구조를 변화시키지 않는다. 즉, 다음 단계로 이동하는 것은, 경제적 위기를 느낀 후이다. 왜냐하면, 전략 책정자와 조직의 변혁자와는 다른 타입의 인격이기 때문이다.

155) Chandler, Strategy and Structure : Chapeers in the History of Industrial Enterprise, MIT press.

이들 명제를 기초로, 전략론, 조직론 분야에서 많은 실증연구가 행해졌다. 다국적 기업론에서도 직능부문제에서 특히 사업부제 조직으로 변화해가며 그 다음의 조직은 무엇이며, 조직의 대응이 무엇일까 하는 의문점을 제기하는 중요한 연구라고 하겠다.

2) 포렉커와 스톱포드에 의한 챈들러의 대응과 실증

Fouraker and Stopford(1968)는, 챈들러의 전략과 조직에 관한 유형론을 적용하여, 다국적 기업에서의 전략·조직의 실증연구를 행했다. 챈들러는 기업의 성장발전 단계를 3단계로 나누었다.[156]

타입 1은 경영자 개인의 관심, 능력의 연장선상에 있으며, 통상 단일제품 라인 혹은 단일 직능에 그 초점이 놓여진, 소위 기업가형 조직이었다.

타입 2는, 수직 통합되어, 직능을 축으로 조정된 조직이다. 아직 소수의 제품라인에 한정되어, 경영자원이나 직능활동이 집약적으로 조정된 조직이었다. 여기에서는 소수의 경영자에 대한 해정상의 부담이 과도하게 걸린 점이 문제이었다. 그것을 극복해야 할 타입 3이 등장한다.

그들에 대한 실증연구 결과, 타입 2인가? 타입 3인가?는 경영적 선택에 의하여 논해졌다.

---

156) Fouraker L. E. and Stopford J., Organizational Structure and multinational strategy, Administrative Science Quarterly 13, 1968, pp. 47~64.

포렉커와 스톱포드에 의하면, 국제화의 맥락에서도 같은 발전단계를 볼 수 있었다. 즉, 기업이 아직 해외개척에 관심이 별로 없는 단계에서는, 해외활동 담당자를 한 사람 두는 정도였으나 해외시장이 성장하고, 해외에서의 비즈니스 기회를 활성화시키기 위해서는 국제사업부의 확충, 폐지와 세계적 제품별 사업부의 창설, 그릿드 조직(매트릭스 조직)으로의 변환, 그리고 무엇보다도 국제적 시야를 갖춘 제너럴 매니저가 필요해 졌다. 그리고 이와 같은 조건을 갖춘 조직은 유능한 제너럴 매니저의 능력개발에 성공한 타입 3 조직이라고 논했다.

구미기업의 국제화에서의 전략과 조직구조와의 관련에 관한 실증연구로서 하버드대학 다국적 기업연구 프로젝트가 있다.

3) 스톱포드 팀의 조사

스톱포드는, 미국의 다국적 기업을 포춘 500사에서 선택하여 조사한 결과 전략이 같다면 동일 조직구조를 취하는 것을 주장하였다.

우선 첫 번째로, 국제사업부의 창설이 있다. 국제화의 진전에 따라, 기업은 제품별 사업부제 조직에 국제사업부를 추가했던 것이다. 즉, 국내사업과 해외사업의 관리가 완전히 분리되었다.

또한, 개별 사업부내에서는 소액에 지나지 않는 사업을 국제사업부에 통괄함에 따라 상당한 액수로 뭉쳐지는 것도 이

점이었다. 더 나아가 국제 사업부에 해외사업의 통제를 맡김으로써 경영자는 통제범위를 줄일 수 있었다. 또한 국제 사업부에서, 국제적 경험을 지닌 경영관리직을 경제적으로 양성할 수 있었던 점도 이점이었다.157)

더욱이 스톱포드의 조사 결과 직능 부문제 조직 혹은 국제사업부제를 채택한 기업에서는 모두, 국외의 제품다각화가 10% 이내, 그리고 해외 매출액 비율이 50% 이내이었다. 그리고 그 중 어느 한쪽 혹은 쌍방이 그 선을 넘으면 새로운 조직형태를 택했다. 해외매출액 증가에 의한 기업성장 전략을 택할 것인가 세계적 제품다각화에 의한 성장전략을 택할 것인가에 따라 조직의 존재형태도 달리한다.

두 번째로, 국제사업부의 폐지와 새로운 조직구조의 선택(즉, 세계적 제품별 사업부제 혹은 지역별 사업부제)이다. 어느 쪽의 조직구조를 택하는가는, 국제성장전략에 따라 다르다고 한다. 즉 다각화한 국내제품 라인을 해외로 넓혀간 기업은 세계적 제품별 사업부제를 택하며, 한편, 주력 사업만을 해외전개로 한 경우는 지역별 사업부제를 택했다.

먼저 해외에서의 다각화 비율이 높아지면, 국제사업부라는 단일 조직구조에서는 다양성을 관리할 수 없다는 이유로, 국제사업부가 폐지되어 세계적 제품별 사업부제가 채용된다

157) Galbraith and Nathanson 1978 Strategy Implementation : The Role of structure and process, St Paul, West.

고 한다. 이것은 해외에서의 사업전개가 확대됨에 따라, 국제사업부에서는 다수 제품이 많은 지역에서의 사업활동을 대처할 수 없게 된다. 그래서 각 제품단위에서 볼 수 있는 조직으로 분화할 필요성이 생긴다.

소위 환경의 다양성에 대응할 만큼의 다양성을 조직이 지닐 필요가 있다는 최소 다양성의 법칙(소위 아슈비의 법칙)과 일관하고 있다.

또한 해외에서 다각화하지 않고 주력사업에서 해외매출액을 올리는 기업의 경우, 이미 국제사업부가 지역별로 편성되어 있는 경우가 많다는 점에서, 국제사업부를 폐지하고 지역별 사업부로 전환하는 것은 자연스러운 흐름이라고 할 수 있다. 특히 국내 각 사업부는, 국제사업부가 국내 최대사업부와 같은 규모에 달했을 때, 연합하여 국제사업부의 분할에 박차를 가하여, 지역별 사업부제를 택한다는 사실도 명백해졌다.

이 상황을 나타내면 [그림 6-1]과 같이 된다.

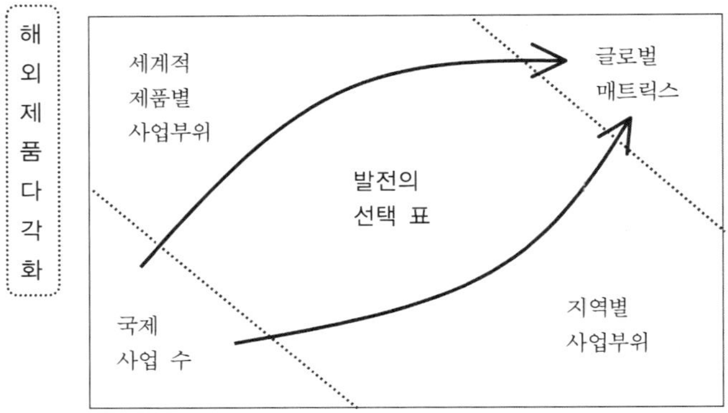

자료 : Stopford, J. and Wells, L., Managing the Multinational Enterprise, Basic Books, 1972.

그림 6-1 스톱포드와 웰스의 모델

해외에서 다각화 비율이 높은 경우, 국제사업부라는 단일한 조직구조에서는 다양성을 모두 관리할 수 없는 점이 국제사업부의 폐지와 세계적 제품별 사업부제의 채택의 주된 이유이다. 또한 주력사업 중심에서 국제 성장하는 경우, 더욱이 지리적 확대에 의한 경영관리자에 대한 부담 증가가 지역별 담당으로 이행시켰다고 생각할 수 있겠다(Stopford 1968; Stopford and Wells 1972).

스톱포드 팀의 조사에 의해, 몇 개의 흥미 깊은 경향이 명백해 졌다. 예를 들면, 해외에서의 매출액이 차지하는 비율은, 각 조직구조 안에서 지역별 사업부제 조직을 택하는 기업이 가장 높다. 또한 지역사업부에 대해서는, 국제사업부가 미국 내 최대 사업부와 같은 규모로까지 성장했을 때 채택된다고 한다. 그리고 해외에서의 제품 다각화율이 10%, 해외에서의 매출액 비율이 50%라는 범위를 넘은 경우, 기업은 세계적 제품별 사업부제 혹은 지역별 사업부제를 택한다고 논했다.

스톱포드 팀은 다음 단계에 대해서도 언급하고 있다. 즉, 세계적 제품별 사업부제를 택한 기업이 국외에서의 매상비율을 늘리거나, 혹은 지역별 사업부제를 택한 기업이 다각화를 더욱 추진해 갔을 경우, 다음에 올 조직구조는 무엇인가라는 문제이다. 그것은 글로벌 매트릭스제 혹은 그리드라는 구조이다.

4) 프랭코의 조사

같은 시기에 Franko (1974, 1976)는, 유럽기업에 관해 포춘 200사로부터 전략과 조직구조 관계에 대한 실증연구를 하고 있다.158)

프랭코는 종래로부터의 전통적 유럽형 조직을 모계조직(mother-daughter)이라고 부르며, 이하의 특징에 주목했다. 즉, 직능책임자나 자회사 사장은 직접 모회사 톱에게 보고하고 있다는 점이다. 즉, 인적접촉·인간관계를 기초로 하는 컨트롤이라고 하겠다. 유럽계의 다국적 기업에서는, 신뢰할 수 있는 인물을 해외 현지 나라에 파견하여, 가치관 등을 사장과 공유한 그들에게 현지 매니지먼트를 맡기는 방식이었

158) Franko l, The move toward a multidivisional structure in European organizations, Administrative Science Quarterly 19, 1974, pp. 493~506.

다. Edstrom and Galbraith (1977)는, 그러한 방식을 문화적 컨트롤 메커니즘으로서의 주재원 역할을 예로 들었다.[159] 그러나 유럽에서 특히 1970년대 이후, 이와 같은 모계형 조직이 급속히 감소했다. 그 배후에는, 유럽 내외에서 기업 간 경쟁이 격화하고, 이제까지와 같은 관계성을 주체로 하는 모델로서는 통용할 수 없게 되어, 사업부제 조직으로 이행한 예를 많이 볼 수 있었다고 한다. 여기에서도 경쟁변화에 따라, 조직구조도 변화하고 있음을 보이고 있다.

스톱포드 팀에 의한 미국의 다국적 기업 연구, 프랑코에 의한 유럽 다국적 기업 연구를 살펴보면, 미국과 유럽기업 간에 국제화 전략에 따른 조직구조변화 패턴에 큰 차이가 있음을 알 수 있다. 양자의 차이는, 그 국제발전과정에서 미국계 기업이 국제사업부의 설치를 거치고 나서, 세계적 제품별 사업부제, 지역사업부제 혹은 글로벌·메트릭스제로 이행하는데 반해, 유럽계 기업은 그 과정을 거치지 않고 세계적 조직구조로 이행하는 경우가 많다고 한다.

5) 글로벌 전략과 조직 디자인 (로스 팀의 실증연구)

다국적 기업에서의 전략과 조직구조 관계에 대해서는, 이제까지 몇 가지의 선행연구가 있었다. (예를 들면 Daniels, Pitts and Tretter 1984, 1985 : Egelhoff 1982, 1988a :

159) Edstrom A. and J. Galbraith, Transfer of managers as a coordination and control strategy in multinational organizations, Administrative Science Quarterly 22, 1977, pp. 248~267.

Fouraker and Stopford 1968 : Stopford and Wells 1972 : Franko 1976).

그러나 보다 최근의 연구흐름은, 단순히 이러한 마크로적인 시점으로 전략과 조직구조를 생각하는 것 뿐만이 아닌, 보다 상세하게 변수간의 인과관계를 살피어 연구하는 경향이 많아졌다. 또한 전략과 조직구조의 적합관계와 업적과의 상관관계를 실증적으로 분석한 연구도 출현했다. 예를 들면, Roth, Schweiger and Morrison (1991)은, 국제화 전략과 조직 디자인간의 적합관계에 따라 사업부문(business unit)의 업적이 규정됨을 실증했다.[160]

2 진화한 다국적 기업조직 모델

이제까지 환경·전략에 대응한 조직의 진화 과정을, 다국적 기업의 발전단계 모델을 중심으로 보아 왔다. 이제부터는 그 진화과정에서 오늘날 도달점의 양상을 살펴보기로 하자. 오늘날 다국적 기업의 존재도 진화과정에 있음은 말할 것도 없다. 그러나 일찍이 스톱포드 팀이 그린 미래형 다국적 기업조직의 많은 요소가, 오늘날도 다국적 기업에는 존재하고 있다. 그래서 오늘날 다국적 기업

160) Roth, K., D. Schweiger & A. Morrison, Global strategy implementation at the business unit level, Journal of International Business Studies, 1991, pp. 369~402.

이 다양한 환경 속에서, 어떤 특징을 갖고 있는가에 대하여 알아보기로 하자.

1) 글로벌·매트릭스 조직

위에서 본 지역별 사업부제 혹은 세계적 제품별 사업부제는, 다국적 기업조직이 그 조직형태의 진화과정에서 국제사업부제에서 탈각(脫却)한 하나의 발전단계로서 규정된다. 그러나 어떤 경우도 글로벌 경영의 복잡함에서 보면 매우 단순한 형태이며, 이윽고 상황에 맞지 않는 경우가 생겼다.

한편은 지리 축만을 강조한 결과, 각 지역에서의 제품다각화가 진전됨에 따라 그 복잡·다양한 제품시장에 대응할 수 없게 된다. 또한 동일 지역 내에서 복수의 제품간의 이해대립에 대한 조정문제도 생긴다. 다른 한편, 세계적 제품별 사업부제 쪽은, 담당제품에 관련된 전 세계적 관리를 장악하기 위해, 전 세계 시장에 대한 대응이 곤란해진다. 각 국에 대한 아주 세세한 현지 적응이 필요한 경우도, 현지 나라에 관한 특수지식·노하우가 결여되어 있으며, 더욱이 단독 제품사업부에서 필요한 원조를 모두 감당할 여유도 없다.

소위, 한편은 자칫하면 현지 적응에 과도로 기울어진 조직대응이며, 다른 한편은 과도로 글로벌통합, 표준화에 맞춘 조직대응이라고 말할 수 있을지도 모르겠다. 이러한 편중을 교정하기 위해 고안한 것이 글로벌·매트릭스 구조이었다. 지역 축과 제품 축을 50% 씩 맞춘 조직구조이다.

각 사업부 모두 단독으로는 의사결정을 할 수 없고, 항상 지역부문과의 절충 하에서 결정된다. 각 레벨에는 2명의 보스가 존재하고, 항상 쌍방에 보고한다. 빈번히 양자의 의견 차이가 생긴다는 내부모순을 항상 안고 있다. 그 때마다 대립을 뛰어 넘어, 우리 회사에 바람직한 것은 어느 쪽인가, 하는 시점에서 의사결정을 한다. 중간층이나 프로트라인의 매니저들은, 강한 의지와 자기 자신을 갖는 것이 필요하다.[161]

장점… 쌍방 축의 밸런스가 맞는 매니지먼트가 가능. 편중된 국소 이익이 아닌 전 회사에 걸쳐 이익 최적화를 실현할 가능성을 갖고 있다.

단점… 매니지먼트의 비용이 팽대하다. 갈등을 조직 내에 내포하여, 항상 불안정하다. 내부에서 일하는 자에게 많은 스트레스를 주며, 의사결정도 매듭지어지지 않는 경우가 발생한다.

2) 차별화 된 통합 네트워으로서의 다국적기업

글로벌·매트릭스 조직으로 대표되는 오늘날의 다국적 기업 조직구조의 특징을 한마디로 나타낸다면, 「차별화된 통합 네트워크로서의 다국적기업」이라 표현할 수 있겠다.

다국적기업은, 한편에서는 차별화를 추진하면서, 다른 한편에서 그것을 내포한 형태로 글로벌 통합을 촉진한다. 그 쌍방 압력의 상대적 강함은 기업에 따라 다르다. 뒷장에서

161) Davis, S. M. & P. R. Law rence, Matrix, addison-wesley, 1977.

상세히 설명하겠지만, 본국으로부터의 내적 일관성을 우선시하는 어프로치는 일반적으로 일본 기업(혹은 미국 기업)에서 많이 볼 수 있다. 여기에 반해, 해외 각 국 사정에 맞추어 현지적응을 위한 지향이 보다 강하게 작용하는 어프로치는, 일반적으로 유럽 기업에서 많이 볼 수 있다고 말해진다.[162)]

그 양방향의 역학이 균형을 이룬 시스템을 노리아와 고샬은, 차별화 된 통합 네트워크(differentiated network)로 표현했다.[163)] 이러한 논점의 배경에는, 다국적기업이 서로 모순된 복수의 다른 커뮤니티에 속해 있는 경우가 있다.

첫 번째의 커뮤니티는, 다국적기업의 본거지인 홈컨트리(본국)이다. 다국적기업은 세계규모로 활동을 전개하고 있어도, 그 홈베스인 본국의 경영환경(정치, 경제, 법률, 기술, 문화, 관습 등)에서 많은 영향을 받고 있다.

두 번째의 커뮤니티는, 다국적기업의 해외활동이 전개되고 있는 해외 현지국이다. 다국적기업은 본국 커뮤니티의 경영환경으로부터 상당한 영향을 받으면서도 그 한편에서 해외 진출국(호스트컨트리)의 경영 환경으로부터도 영향을 받는다는 것은 말할 필요도 없다.

세 번째의 커뮤니티는 기업 전체로서의 내부 커뮤니티이

....

162) C. A. Barelett & S. Ghoshal, Managing Across Border, 1989, pp. 142~150.

163) Noria N and S Ghoshal, The Differential Network : Organizing Multinational Corporations for Value Creation, San Francisco : Joeesy-Bass.

다. 네슬러나 ABB (Asea Brown Boveri) 사로 대표되듯이, 다국적기업 자체가 독자적인 강력한 기업문화를 창출하고, 세계규모로 분산하는 경영의 구심력으로 되어 있다.

3) 글로벌 경영과 동형화

동형화(isomorphism)란, 조직 사회학에서 등장하는 신제도화 이론(Neoinstitutional Theory)의 중심적 개념이다. 조직은 외부 환경의 불확실성에 대처하기 위해 같은 패턴을 취하는 경향에 있다. 인과관계가 애매하고 어떻게 하면 좋을지 모르는 경우, 다른 것과 같은 패턴을 취함으로서 불확실성을 삭감하려고 노력한다. 이것을 모방적 동형화(mimeticisomorphism)라 한다. 그 외에도, 정부를 비롯한 법적 규제 하에서, 조직에 제약을 가하여 규정을 준수하게 함으로써 정당화를 제공하는 강제적 동형화(coercive isomorphism)가 있다.[164]

글로벌 경영에서는, 해외 진출처에서 다양한 불확실성에 직면하며, 그 대처로서 종종 로마에 가면 로마법을 따르는 것과 같은 적응이 행해진다(이것은 불확실성 하에서의 모방적 동형화의 예이다). 또한 현지국 정부에 의한 수많은 규제를 준수함에 따라, 현지에서의 사업전개에 대한 정당성을 얻을 수 있다(이것은 법적 제약 하에서 강제적 동형화에 관한 예이다).

164) Dimaggio P. and W. Powell, The Iron cage revisited : Institutional isomorphism and collective rationality in organizational fields, Administrative Sociological Review 48, 1983, pp. 147~160.

더 나아가 업계에 따라서는 그 높은 전문성으로 인해 업계 특유의 다양한 규범이 존재하며, 그것에 적합하지 않으면, 집단 내에서 인지되지 않는다(이것은 전문적 직업에서의 규범적 동형화의 예이다).

또한 다국적 기업은, 회사 밖에서 뿐만이 아니라 사내에서 다양한 환경조건(사풍, 기업문화 등)에 노출되어 있으며, 사내적인 동형화의 압력도 받고 있다. 다국적기업의 도전과제로서는, 이들 대부분의, 더구나 상호 모순적인 동형화의 압력에 어떻게 대처할 수 있는가를 들 수 있다.

4) 외적 · 내적 「동형화」와 다국적기업

특히 다국적기업의 해외 자회사는, 이들의 다른 압박에 항상 직면해 있다고 해도 좋다. 해외 자회사는, 통상, 본국, 현지국의 사회적 환경, 그리고 기업내 환경이라는 세 가지 다른 압박을 만나고 있다고도 말할 수 있다. 그것은 세 가지 다른 커뮤니티로의 동형화(isomorphism)에 관한 과제라 할 수 있다. 동형화(그 커뮤니티에 있어서, 어울리는 방식으로의 동일화 프로세스)에 대한 압박은 일반적으로 그 환경에서의 불확실성이 증대할 경우에 현저해 진다고 한다. 따라서 불확실성이 높은 환경에 존재하는 다국적기업은, 항상 동형화에 대한 압박에 직면해 있다고 하겠다.

< 제 2 절 >
전통적 조직에서 트랜스내셔널 조직으로

1 전통적 조직모델

바트렛과 고샬(C.A. Bartlett & S. Ghoshal)은 미국, 일본, 유럽의 다국적기업 마츠시타 전기, NEC, 花王(Kao), GE, IT&T, P&G, 필립스, 에릭슨, 유니리버 등의 9사의 사례를 분석하여 각각의 기업이 전통적 조직모델의 영향을 강하게 받은 것을 발견하였다.[165] 그들이 주장하는 전통적인 모델은 다음의 세 가지로 나뉜다.

(1) 글로벌 조직
(2) 멀티내셔널 조직
(3) 인터내셔널 조직

글로벌 조직은 경영자원과 조직능력을 본사에 집중하고 있다. 해외자회사는 본사의 전략과 계획에 추종하는 실행기관이며 본사에 크게 의존하고 있다. 이러한 조직모델은 글로벌적인 효율성의 추구에 적합하다. 이러한 조직모델을 채용하는 기업은 본사에 집중하는 연구개발, 글로벌적인 규모에서의 생산, 표준화제품의 세계판매를 본사의 중앙관리체제하에 추진하여 글로벌적인 규모의

165) C. A. Bartlett & S. Ghoshal, Managing Across Border : The Transnational Solution, Harvard Business School Press, 1989.

경제성을 추구했다.

멀티내셔널 조직은 경영자원과 조직능력을 해외자회사에 분산하고 있다. 해외자회사는 연구개발, 생산, 판매 등의 기능을 갖고 어느 정도는 자율적으로 현지경영을 행하고 있다. 해외자회사가 현지 소비자의 욕구를 파악하여 대응하는 것이 가능하기 때문에 현지 환경에의 적응에는 이 조직모델이 적합하다.

인터내셔널 조직은 경영자원과 조직능력을 어느 정도는 해외에 분산시켜 해외자회사에 어느 정도의 자율성을 주지만 기본적으로 본사가 글로벌적으로 조정을 한다. 이 조직모델은 글로벌조직과 멀티내셔널 조직의 중간 형태에 해당한다.

제품수명주기론에 따라서 이 조기모델의 기업은 연구개발을 본사에 의존하는 자회사가 기술과 지식을 흡수하여 현지 지향적으로 개량한다는 이노베이션과 학습의 프로세스를 추진하여 왔다. 한편, 미국, 일본, 유럽의 다국적 기업 등은 각각의 특정의 조직모델을 형성하여 왔다. 일본기업의 전통적 조직모델은 한국과 비슷한 글로벌 조직이다. 주지하는 것처럼 일본기업은 1970년 이후 본격적으로 국제화를 추진하여 왔다. 구미의 경합회사에 대한 경쟁우위를 확립하기 위하여 일본기업은 저가격, 고품질의 제품을 만드는데 주력을 다했다. 일본기업은 연구개발, 생산을 중앙에서 관리하여 상대적으로 저환율을 무기로 수출전략을 전개하여 실천하여 왔다.

그리고 일본기업은 집단주의의 경영관행이 있기 때문에 문화가 다른 외국인이 이해하기 힘든 문화가 있기 때문에 일본인들끼리의 중요결정을 행하고 외국인 종업원들은 의사결정을 따르는 중앙집권적인 경영이 이루어지고 있다. 따라서 일본기업에서는 경영자원과 조직능력을 본사에 집중시키는 글로벌조직이 발전되어 왔다.

유럽기업에서는 멀티내셔널 조직이 발전되어 왔다. 1900년대 전반에 국제화된 유럽기업은 본사와 해외자회사를 분산시키는 노력에 경주하였다. 각 시장을 연결하는 수송과 통신의 미발달과 미국의 보호주의에 대응하기 위해서이다. 이러한 원인으로 유럽기업의 해외자회사는 제조, 판매 등의 활동의 자기충족성과 자율성을 획득하고 있다.

미국기업은 인터내셔널 조직을 형성하여 왔다. 제2차 세계대전후 미국의 기술우위가 압도적이던 시대에 미국기업은 본국의 기술과 지식을 해외에 이전하였다. 이렇기 때문에 어느 정도의 현지지향적으로 제품 개량하는 능력은 있지만 연구개발은 본사에 의존하여 왔다. 미국기업은 전통적으로 전문경영자와 스탭이 권한이양과 경영시스템에 의한 조정을 사용해 왔다.

2 트랜스내셔널 조직

전통적 조직모델에서는 글로벌효율성, 현지 환경에의 적응, 이노베이션과 학습이라는 오늘날 다국적기업으로서 중요한 전략과제를 동시에 추구할 수는 없었다. 그러나 트랜스내셔널 조직에서는 이러한 것을 극복할 수가 있다.

그렇다면 전통적 조직모델과 트랜스내셔널 조직의 차이는 무엇일까?

전통적 조직 모델과 인터내셔널 조직 모델에서는 경영자원과 조직능력을 본사에 집중하는 경향이 강했다. 그렇지만 트랜스내셔널 조직에서는 멀티내셔널 조직처럼 경영자원과 조직능력을 세계에 분산하여 해외 자회사에 활동의 자율성을 주어 현지 환경에의 적응을 달성시키려고 한다. 그러나 분산의 방법은 멀티내셔널 조직처럼 단순하지는 않다.

트랜스내셔널 조직을 구축하려고 하는 마츠시따와 필립스를 보면은 마츠시타에서는 대만자회사가 칼라텔레비전의 부품과 재료 중 많은 부분을 대만에서 생산하지만 얼마간의 중요부품은 본사의 공급을 받는 것처럼 해외자회사에 어느 정도의 개발과 생산을 허가하지만 중요한 부분은 본사에서 개발이나 생산을 행한다. 또한 필립스에서는 영국자회사가 텔레텍스트 텔레비전의 주도권을 잡고 벨기에의 자회사가 스테레오 세트의 개발, 제조의 책임을 지는 해외 자회사 별로 특정의 활동을 전문화 하고 있다. 트랜스내셔널 조직에서는 이처럼 활동의 전문화를 실현할 수 있도록 경영자원과 조직능력을 분산시킬 필요가 있다.

또한 트랜스내셔널 조직에서는 본사와 자회사, 해외 자회사간의 상호의존을 전제로 하여 쌍방향적인 글로벌조정을 행하기도 한다. 예를 들면 NEC에서는 디지털교환기 NEAC61E의 개발에 대해 본사가 하드웨어의 개발에 미국 자회사가 소프트웨어의 개발에 집중하고 있다.

미국 자회사가 하드웨어에서는 일본 본사에 의존하고 소프트웨어에서는 일본 본사가 미국 자회사에 의존하는 가운데에 일본 본사와 미국 자회사가 서로 조정함으로서 글로벌적인 효율성을 꾀할 수가 있다.

전통적 조직 모델에서는 이노베이션과 학습의 프로세스는 본사의 이노베이션의 성과를 자회사에 이전하던지 현지에서 나타난 이노베이션을 현지에서만 활용하는 방법밖에는 없었다.

트랜스내셔널 조직에서는 자회사의 이노베이션을 세계에 이전하거나 본사와 자회사가 공동으로 연구개발을 행하는 프로세스를 고려하고 있다. 자회사의 이노베이션을 세계에 이전하는 경우는 유니리버의 독일 자회사의 경우를 들 수 있고 본사와 공동으로 연구개발을 행하는 경우는 P&G의 유로 브랜드 팀의 액체세제 비즈아가 성공한 경우이다.

3 트랜스내셔널 조직의 관리

전통적인 조직 모델을 채용하는 기업이 유엔형 모델과 본사권력증후군을 전제로 해외 자회사를 관리하는 것으로 버트렛과 고샬이 주장한다.[166)]

유엔형 모델은 큰 나라이던 작은 나라이던 똑같이 한 표의 권리를

166) Bartlett, C. A. & S. Ghoshall, 1989.

주는 것처럼 모든 해외 자회사가 동등하게 취급된다. 모든 해외 자회사가 현지시장에 한정된 역할을 주어 본사의 전략과 계획에 같은 정도의 관련과 현지의 관리자의 평가도 표준적으로 행해진다.

본사권력증후군은 본사가 글로벌 전략을 책정하여 해외 자회사는 역할을 현지시장에 한정함으로서 본사가 책정한 글로벌전략을 실행하는 것에 지나지 않는다.

버트랫과 고샬의 80년대 연구에서는 국제기업으로서 유니레버, 마츠시타전기회사, 에릭슨 등의 기업이 트랜스내셔널 기업으로 지적했지만, 90년대의 연구에서는 ABB(Asea Brown Boveri)를 트랜스내셔널 기업으로 소개하고 있다.[167)]

ABB는 250人의 글로벌 매니저가 1200 자회사, 약 2만명의 종업원을 이끌고 있다. 그리고 세계 약 150개국에 소재하는 약 50,000의 이익센터(profit center)로 분할되었고 1200개의 독립법인의 네트워크로 평균 200명의 종업원을 갖고 있다. 즉, 조직이나 직무, 계층으로 구성된 경제체 이상으로 개인을 살리는 기업이라는 개념이 강조되고 있다.

즉, 현장매니저는 사내기업가이기 때문에 조직은 소규모로 분산되어 상호의존관계이며, 특정의 사업기회에 주력하고 있다. 이들 매니저는 분산되어 있는 사업을 결집시켜, 개개의 사업의 현장매니저를 능력개발자로서의 역할을 하도록 노력한다.

톱 매니저는 조직구축가이며 기업아이덴티티와 비전을 침투시켜, 기업변혁을 행하도록 필요한 활동을 한다.

167) Christoper, A Barelett & Sumantra Ghoshal, The Individual Corporation, 1997, Harper Colins Publisher. Inc.

< 제 3 절 >
다국적기업에서의 컨트롤

1 다국적기업과 컨트롤

다국적기업에서 왜 컨트롤이 중요한가? 외부환경의 다양성 때문에, 다국적기업은 외부로부터의 다른 요구에 분열이 생기는 일이 자주 있다. 그런 만큼, 조직으로서의 일관성을 유지하기 위해 다국적기업의 통합 메커니즘으로서의 컨트롤이 필요해진다.

메커니즘은 공식 메커니즘과 비공식 메커니즘이 있다. 양쪽 모두 그 나름대로 중요하나, 경향의 흐름은, 공식적인 것에서 비공식적인 것으로의 중요성을 알아 가는데 있었다.

공식 메커니즘: 룰화, 매뉴얼화 등에 따라, 사안의 진행방식, 결정방식을 룰틴화 하는 방식. 표준화(standardization), 형식화(formalization)라고도 말한다.

비공식 메커니즘: 인적 네트웍이나 문화적 메커니즘을 통한 수법. 인훠멀한 인적 모임, 교류는 사회화나 이념 공유를 촉진하고, 멤버 전원이 이념이나 가치관을 공유하게 됨에 따라, 사람들의 행동에도 영향을 미친다. 행동을 컨트롤하지 않아도, 기업으로서 바람직한 결과를 낳는다.[168]

글로벌·매트릭스와 같은 복잡한 조직의 경우, 이들 쌍방의 메커니즘이 함께 필요하다. 한편에서 자신의 역할이 무엇인가 명확한 규정이 필요하지만, 다른 한편에서 서로 모순된 지역 축과 사업 축과의 사이에 서서, 개개인은 자신의 판단으로 행동하는 국면이 많기 때문이다.

그래서 기업이념이나 가치관이 사원에게 침투해 있으면 그들의 판단으로 회사에 올바른 방향으로의 판단이 내려질 가능성이 높아진다. 문화에 의한 컨트롤이 중요해 지는 이유가 여기에 있다. 뒤에서 말하겠지만, 다국적기업의 해외 거점에 대한 컨트롤에서도 주재원 자신이 문화적 컨트롤의 메커니즘으로서 기능했다(Edstrom and Galbraith 1977).

2 다국적기업에서의 컨트롤에 관한 연구

여기에서, 다국적기업의 컨트롤 메커니즘에 관하여 논한 과거의 대표적 연구를 약간 소개한다.

Baliga and Jaeger (1984)는, 컨트롤 시스템과 권한 위양(委讓) 문제는, 지리적으로 분산되고 복합적 지식인 다국적기업에 있어서 특히 큰 문제라고 논했다. Fayerweather (1978)도 다국적기업은 그 복잡성, 이질성, 안정성, 혹은 때로는 적대적인 관계로 컨트

168) Rosenzweig, P. and J. Singh, Organizational enviornments and enterprise, Academy of Management Review 16, 1991, pp. 340~361.

롤의 문제가 중요하다고 지적하고 있다. 다국적기업에서, 컨트롤 및 의사결정 시스템은 어떻게 결정되는가?

조직에서의 컨트롤 메커니즘은, 다양한 각도에서 분류되어 왔다. 컨트롤이란, 조직이 그 궁극의 목적을 달성할 수 있도록 활동을 규정하는 것을 의미한다(Child 1973 : Tannenbaum 1968). 그러나 그 수법에 대해서는, 여러 가지 분류가 행해져 왔다.

Ouchi (1977)에 의하면, 행동(behavior)과 성과(output) 타입의 모니터링이 있다. 전자는 인프트·컨트롤이라고도 하며, 개개인의 행동을 직접 규제하는 것이다. 이것에 대해 후자는, 행동에 대해서는 간섭하지 않고, 그 결과, 실적을 갖고 평가하는 방식이다.

이와 동일하게 Mintzberg (1973, 1972)는 개인적 조정시스템(personal control system)과 관료적 조정시스템(bureaucratic comtrol system)을 구별했다.[169] Edstrom and Galbraith (1977)는 여기에 덧붙여, 제 3의 컨트롤 시스템으로서, "control by socialization"을 제시했다. 사람들이 서로 교류함으로써 가치관·이념에 영향을 주고, 결과로서 다른 행동에도 영향을 주는 비공식 메커니즘이다. 다국적기업의 문맥에서는, 주재원을 해외에 파견하여, 문화적 컨트롤의 수단으로서 활용하는 것을 들 수 있다.

Baliga and Jaeger (1984)도, 대다수의 구분에 따라 문화적 컨트롤(cultural control), 관료적 컨트롤(bureaucratic control)로 구분했다.[170] Bureaucratic control이란 공식화·명문화된 규칙을

169) Mintzberg H, The Nature of managerial work, Harper&Row, 1973.

170) Balgia R and A Jaeger, Multinational Corporation : Control system and delegation issuees, Journal of International Business studies, 15, 1984, pp.

따라 엄격히 행동 혹은 성과를 관리하는 방식이다(Etzioni 1980). 여기에 대해 cultural control이란 보다 비공식적인 수단이며, 조직 구성원에 조직공통의 가치관·이념·심정을 침투시킴으로써 그 행동을 유도하는 방식이다. 때로는 Type Z (Theory Z) 등이라고도 말해졌던 것이다(Ouchi 1981, Peters and Waterman 1982).

Baliga and Jaeger (1984)의 분류에 의하면, 이들 컨트롤의 특징은 [표 6-1]과 같이 정리된다.

표 6-1 콘트롤의 종류

	유 형	
콘트롤의 목적	순수의 bureaucratic / formalized control	순수한 cultural control
성과(output)	공식의 파퍼먼스레포트	파퍼먼스에 과한 공유된 가치관
행동(behavior)	기업 메뉴얼	관리의 고유된 철학

도즈와 프라할라드는 1980년대에 일련의 다국적기업 매니지먼트에 관한 저작에서 다국적기업에 의한 전략적 컨트롤이라는 개념을 내놓아, 그 유형을 제시했다.[171] 그들은 항상 톱 매니지먼트의 시점에서 다각화 다국적 기업의 경영자가 해야 할 역할·능력으로 세 가지를 들었다. 그것은 컨트롤, 변화, 유연성이다.

컨트롤이란, 제공된 전략을 확실히 실시하기 위해 본사와 해외

25~40.

171) Doz. Y. and C. K. Prahalad, Patterns of strategic control in multinational corporations, Journal of International Business Studies, 15, 1981, pp. 55~72.

자회사의 역할을 정확하게 인식하고, 실천해 가는 것을 가리킨다.

변화란, 현재의 전략을 수정하거나 새로운 전략을 입안하기 위해, 현재의 본사와 해외 자회사의 역할을 변경해 가는 것을 의미한다.

유연성이란, 자사의 전체적 전략의 틀 내에서 유연한 대응을 하기 위해, 본사나 해외 자회사의 역할을 항시 능란하게 조정하는 일이다.

이들의 경영관리상의 직무를 밸런스 좋게 해나가는 것이, 전략적 컨트롤이다. 이것은 단순히 조직구조나 조직과정에 관한 것이 아닌, 톱 매니지먼트가 해나가야 할 전략적 역할에 관련된 사항이다. 그런 의미로 이것은 조직론이라기 보다 전략 프로세스론의 영역이라고 말할 수 있겠다.

3 국제조직의 통합

성공적인 국제조직의 조정은 집중화를 통해 이루어야 한다. 국제조직의 전략과 조정에 대해 살펴보기로 하자.

1) 국제조직의 전략과 조정

핵심역량을 이전함으로써 이익을 창출하려는 조정(제품과 기술 등)에 대한 필요성은 다국적 기업(지역반응 기반)에서는 낮고 국제기업(수출기반)에서는 높으며, 글로벌 기업에서는 좀 더 높고 초국적 기업에게는 상당히 높다.

일례로 글로벌 기업의 조정은 세계적 가치사슬을 통해 제품의 유연한 흐름을 보장하여야 한다. 국제기업에서의 조정은 하부단위로의 핵심역량 이전을 필요로 한다. 핵심역량의 다양한 이전을 달성하려는 초국적 기업의 목적은 제품과 **마케팅 전략**이 지역 조건에 맞게 분산된 기업의 가치창출 활동을 조정할 필요성을 주고 있다.

표 6-2 국제조직의 전략, 구조, 통제 시스템

구 조	전 략			
	다국적	국제	글로벌	초국적
수직적 차별화	분권화	분산된 핵심역량	약간의 분권화	집중과 분권의 통합
수평적 차별화	세계지역구조	세계제품 사업부	세계제품 사업부	비공식적 매트릭스
조정에 대한 요구	낮음	중간	높음	매우 높음
통합체계	없음	적음	많음	매우 많음
성과 모호성	낮음	중간	높음	매우 높음
문화적 통제에 대한 요구	낮음	중간	높음	매우 높음

자료 : Hill, Charles W. L. *International Business*, Irwin/McGraw Hill, 1998, p. 398.

[표 6-2]에서 나타나듯이 전략과 구조를 일치시키는 것이 기업의 성과에 긍정적으로 작용한다. 기업은 환경과 산업에 따라 글로벌, 국제 또는 초국적 전략이, 또 다른 산업에서는 다국적 전략이 중요하게 된다. 다국적은 분권화, 국제조직은 분단된 핵심역량, 초국적 조직은 집중과 분전의 통합으로 나타남을 알 수 있다. 그리고 도즈 산토스(Doz Santos 2001)[172] 등의 메타(Meta) 내셔널 경영론은 다국적기업의 새로운 조직혁신모델로 주목받고 있다. Meta는 beyond의 의미로 본국 우위에 입각한 전략을 뛰어넘어, 글로벌규모에서의 우위성을 확보하는 전략이다. 즉 메타내셔널경영은 본국뿐이 아니고 세계 속의 가치창조를 행하며 경쟁우위를 확보하는 기업전략이다.

172) Doz. Y, Santos J., and Williamsora P., From Global to Metanational, Harvard Business School press, 2001.

7 글로벌 경영전략 모델

< 제 1 절 > 글로벌 경영전략의 모델

1 국제 경영전략의 핵심

글로벌 경영전략을 수립한다는 것은 국가들 간의 **비교우위**(comparative advantage)와 **기업의 경쟁우위**(competitive advantage)를 최적으로 결합하는 것이다.

1) 국가들 간의 비교우위(comparative advantage)
장소특유의 우위라고도 할 수 있는 비교우위는 국제기업의 자원조달의 장소 및 시장의 선정에 영향을 미치게 된다. 즉, 기업의 **부가가치 사슬**(value-added chain)상의 특정한 활동을 어느 국가에서 수행할 것인가에 대한 의사결정시에 비교우위의 측면은 중요한 지침으로서 작용하게 된다.

2) 기업의 경쟁우위(competitive advantage)

기업 특유의 우위 또는 경쟁우위는 부가가치 사슬의 여러 활동 중에서 어떠한 활동에 자원과 노력을 집중하여 경쟁력을 가질 수 있는가에 대한 의사결정에 영향을 미친다.

또 한편으로는 저 원가와 차별화라는 경쟁우위를 달성하기 위해서는 경쟁우위의 원천이 되는 부가가치의 각 기능을 범세계적으로 어떻게 배치(configuration)하고 조정(coordination)하여 각 기능들의 효율성을 재고할 것인가가 중요하다. 이 경우 배치의 차원은 가치사슬 내의 각 활동이 수행되는 국가의 결정에 관한 문제이며, 조정의 차원은 각 국가에서 수행되는 각 활동의 상호 연결에 관한 문제이다. 따라서 국가의 요소 부존도를 나타내는 비교우위는 기업의 제반활동을 어느 나라에 위치시킬 것인가를 결정하는 배치의 측면에 많은 영향을 미치고 기업이 갖고 있는 경쟁우위는 여러 국가에서 수행되는 가치활동의 조정측면에서 영향을 미친다.

다음으로는 이상에 대하여 좀 더 구체적으로 연구된 글로벌 경영전략의 모델을 소개하고자 한다.

2 경영전략의 환경

1) 지구화(globalization)의 진행

마케팅 분야에 많은 영향을 끼친 학자 중의 한 명인 레비트(T, Levitt)는 지난 20여 년간의 기술적, 사회적, 경제적 발전이 단일화된 전 세계시장을 창조하였으며, 이런 환경에서 경쟁력을 유지하기 위해서는 지구적인 **규모의 경제**(global scale economies)를 갖고 있어야 한다고 하였다. 교통-통신기술의 발달, 경제수준의 상승과 전 세계적으로 동일해지는 소비자의 기호, 관세인하 등 무역장벽과 외환규제의 완화 및 컴퓨터 네트워크의 발전으로 개개의 국민경제가 서로 밀접하게 관련을 갖게 되었다.

2) 지역별 대응(local responsiveness)의 중요성

지구화의 큰 물결에도 전통적인 장애가 존재하고 있다. 국가마다 상이한 시장구조와 소비자 선호가 그것이다. 물론 이러한 국가별 차이도 국제적인 교통, 통신의 발달로 점차 완화되기는 할 것이나 아직까지도 이러한 국가별 기호, 습관, 선호 등은 상당한 차이를 보이고 있다.

이와 함께 시장의 하부구조 및 경쟁상태의 국가별 차이는 지역별 대응의 필요성과 비관세장벽 등과 정부의 간섭 및 규제 등도 지역별 대응을 여전히 중요한 요인으로 만들고 있다.

3) 경제의 블록(bloc)화 현상

지구화가 세계경제를 재편하고 있는 중요한 추세인 반면, 다른 한편에서는 EC통합(EU)이나 북미자유무역지역(NAFTA)과 같은 경제적 블록화 현상이 발생하고 있다. 이러한 경제블록은 보다 넓은 단일 시장을 제공한다는 긍정적인 측면과 이들이 보호주의적인 경제정책을 실시할 경우에는 역외 기업에게는 배타적인 성향을 동시에 갖게 될 것이다.

3 Integration-Responsiveness(IR) 모델

통합대응모델(Integration-Responsiveness Model)은 1975년의 Prahalad[173)]와 1976년에 발표된 Doz[174)]의 하버드 박사 학위 논문에서 처음 소개된 모형이다. 이들은 글로벌 기업은 글로벌 통합의 압력과 지역별 대응의 압력이라는 두 가지의 상반된 압력에 동시에 직면하고 있다는 것이다.[그림 7-1 참조]

173) Prahalad C.K., The strategic process in Multinational Corporation, Doctoral dissertation 1975, Harvard Business School.

174) Doz Y. National polices and Multinational management Doctoral dissertation 1976, Harvard Business School.

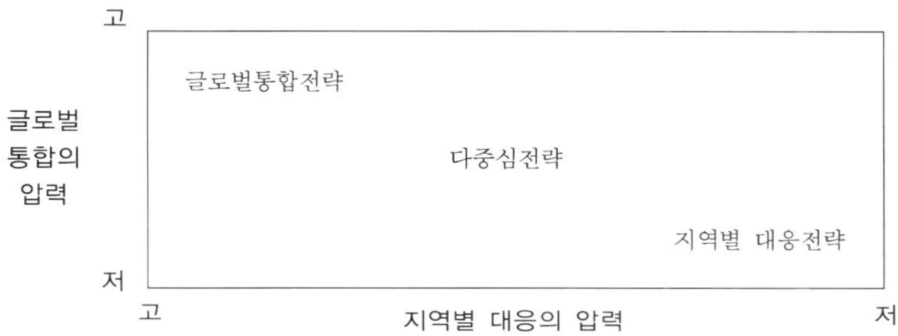

자료: K. Roth & A. J. Morrison. "An Empirical Analysis of Integration Responsiveness Framework in Global Industries", Journal of Internatinal Business Studies. 1991. p. 544.

그림 7-1 통합 대응 모델

먼저 글로벌 통합의 압력(pressures for global integration)으로 작용하는 요인들을 구체적으로 살펴보면 다음과 같다.

1) 범세계적 소비자들의 존재이다(이와 같은 소비자들은 전 세계에 걸쳐 있는 공급자들의 가격 및 서비스 등을 비교하여 제품의 구입을 결정하게 된다).

2) 범세계적 경쟁자들의 출현이다(특정 지역에서 벌어지는 기업간 경쟁을 통해 여타 지역에서의 경쟁에 영향을 끼침으로써 범세계적 경쟁을 촉발시키는 경쟁자들이 출현하게 된다).

3) 첨단산업을 중심으로 한 R&D 집약적인 산업의 등장이다(이 경우 대규모의 투자를 회수하기 위해 보다 넓은 세계시장을 상대로 한 마케팅활동을 전개하게 된다. 이는 특히 초기에 대규모 투자가 소요되는 투자집약적인 사업의 경우에 해당된다).

4) 비용절감에 대한 압력이다(요소비용이 낮은 지역에서 생산을 추구하고 대규모 공장을 건설하여 규모의 경제와 경험효과를 추구한다).

5) 소비자 욕구의 동질화경향이다(이는 국가들 간에 존재하는 벽을 허물어, 전 세계를 하나의 단일시장으로 파악하고 전략을 수립하는 글로벌경영을 요구하고 있다).

이에 반해 **지역별 대응의 압력**(pressures for local responsiveness)으로 작용하는 요인들을 보면 다음과 같다.

1) **소비성향의 이질성**(국가 혹은 지역별로 다양한 소비자 요구를 충족시키기 위해 지역적 대응전략이 필요하다.)

2) **시장구조의 상이성**(즉, 각국 간에는 유통경로, 가격결정, 제품 포지셔닝, 판매촉진과 광고 등의 상이성이 존재한다.)

3) **대체품의 존재**(진입시장에서 상이한 가격체계를 가진 현지 대체품과 만날 경우 경쟁력을 유지하기 위해 현지적응전략이 요구된다.)

4) **현지국정부의 압력**(국가발전 및 국가안보 등 다양한 이유로 현지국정부의 요구가 있을 때 각국별 적응전략이 요구된다.)

이상에서 보았듯이 글로벌기업이 글로벌 통합과 지역적 대응의 요구하에서 어떠한 전략을 택할 것인가는 각 기업에 작용하는 개별요인들의 크기에 따라 달라질 것이다. 이 모델은 글로벌적으로 경영활동을 통합할 것인가 아니면 개별, 지역별로 적응하여 대응할 것인가에 따라 3가지 전략을 제시하고 있다. 즉, ① **글로벌 통합전략**(global integration strategy), ② **지역별 대응전략**(local responsiveness strategy), ③ 절충형태의 **다중초점전략**(multi-focal strategy)을 들 수 있다.

글로벌 통합전략은 다국적 기업의 여러 자회사가 본사에 의해서 직접적으로 지휘, 통제를 받으며 특히 생산이나 판매면에서 자회사들 간에 긴밀한 상호의존성을 갖는 경우의 전략을 말한다. 통합의 필요성은 비용절감과 투자의 효용극대화이며 이를 위해 임금이 싼 국가에 공장을 설립하여 타국시장으로 선적하고 규모의 경제를 실현하기 위해 대규모의 전문화된 공장을 건설한다. 이 전략은 보통 중앙집권적 조직구조를 가진다.

다중초점전략은 자회사들 간의 독자적인 자율 경영원칙하에서 각 지역의 자회사간 조정과 상호협력을 갖는 것을 의미한다. 즉, 연구개발의 우선순위를 조정하고 범세계적 소비자에 대한 가격결정을 조정하며 본사에서 자회사로, 혹은 자회사 간에 기술이전을 촉진하는 데 그 특징이 있다. 이 전략은 자회사들에게 차별화 된 목표를 할당하는데 이는 경쟁능력을 개발하기 위한 것이다.

지역별 대응전략은 개별국가의 환경에 맞추어 마치 그 나라의 기업처럼 현지국에서 자율적으로 활동하도록 하는 것을 말한다. 따라서 자회사는 현지의 경쟁사나 소비자의 요구에 대응하여 독자적으로 자원의 실행결정을 내리게 된다. 따라서 지역별 대응전략은 주로 분권적 조직구조를 요구하게 된다.

4 부가가치활동의 배치와 조정 모델

배치-조정(configuration-coordination model)은 가치사슬을 기초로 포터(M. E. Porter)에 의해 제시되었다. 이 모델은 기업의 경쟁력의 원천은 R&D, 생산, 마케팅, A/S 등의 주요 경영기능들의 효율성을 제고하는데 있음을 강조하고, 저 원가와 차별화라는 경쟁우위를 달성하기 위해 각 기능들의 활동을 범세계적으로 배치하고 조정하는 모델이다. **가치 활동의 배치**(configuration)라는 개념은 전 세계를 대상으로 수행되는 가치사슬 내의 각 활동들이 얼마만큼 특정국에 집중되어 있는가 또는 분산되어 있는가를 의미하고, 가치 활동의 조정(coordination)이란 개념은 각 국가에서 수행되는 가치사슬 간의 상호조정정도를 의미한다.

따라서 가치사슬의 집중은 본국을 중심으로 소수지역에 각 가치 활동을 집중 배치하는 것을 의미하며, 분산을 각 지의 가치 활동을 분산시켜 극단적으로는 모든 진출지역에 본사와 동일한 **가치사슬**(value chain)을 갖는 자회사를 두는 것을 의미한다. 그리고 높은 조정수준이라는 것은 높은 통제(가치 활동의 통합)를 추구하는 중앙 집권식 경영을 말하며, 낮은 조정수준은 높은 자율성을 추구하는 분권화 된 경영방식을 시사한다. 예를 들면 한국, 미국, 영국에 세 개의 생산 공장을 가지고 있는 기업의 경우 세 개의 공장을 각각 완전히 자율적으로 운영할 수도 있고, 아니면 똑같은 생산방식과 부품 등을 사용하게 함으로써 본사에서 철저하게 통제할 수도 있다. 가치 활동의 범세계적인 배치와 조정을 구체적으로 살펴보면 다음과 같다.[그림 7-2 참조]

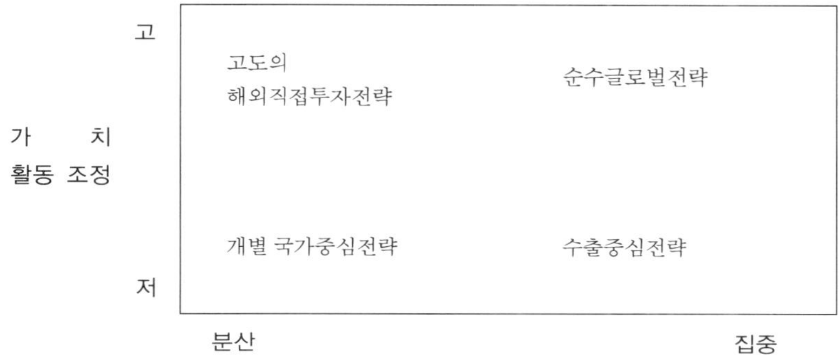

자료 : Porter M, Competition in Global Industries, Harvard Business School Press, 1986, p. 28.

그림 7-2 가치 활동의 배치 조정모델

1) **순수 글로벌전략**(pure global strategy)은 기업의 가치사슬 중 규모의 경제에 민감한 부분들은 가급적 하나의 국가에 집중하여 행하고, 현지화에 충실해야 할 기능들만 최소한으로 분산시킨다. 그것도 개별국가 간의 차이를 좁히도록 높은 조정수준을 유지한다. 이는 저 원가를 달성하는데 유용한 전략이다.

2) **개별국가 중심전략**(country-centered strategy)은 기업 활동의 대부분이 개별국가에 분산되어 행해지지만 자회사 간 가치 활동의 조정이 이루어지지 않는 전략의 형태이다.

미국의 GM사는 세계 여러 곳에 제조공장을 두었으며 심지어 지역에 따라 서로 다른 상표명을 사용하기도 한다.

3) **고도의 해외직접투자 전략**(high FDI strategy)은 대부분의 가치 활동을 각국에 분산배치 하는 면에서는 개별국가중심전략과 유사하나 분산된 가치 활동에 대해서는 철저한 중앙통제 및 조정을 행하는 점에서 다른 측면을 가지고 있으며, 반면 자회사 간의 조정수준이 높은 전략이다.

4) **수출중심전략**(export strategy)은 가치 활동을 지역적으로 집중시키되 가치 활동 간 조정은 별로 하지 않는 전략이다. 즉, 순수글로벌 전략처럼 기업의 가치사슬 중 규모의 경제에 민감한 기능들은 가급적 한 곳으로 집중시켜 관리하고 최소한으로 현지화에 필요한 기능만 분산시켜 각 지역별 적응의 요구에 대응하는 수출위주의 전략이다.

배치와 조정의 매트릭스 내에 있는 전략 중 어떤 것을 선택하여 실행하는가 하는 것은 어떤 전략이 자사의 국제적인 경쟁우위를 확보하는 데에 효과적인가에 따라서 결정되기 때문에 자사에 가장 유리한 전략을 선택하기 위해서는 가치 활동의 지역적 집중에 따른 장단점과 분산된 가치 활동의 조정 및 통제에 따른 장단점을 이해해야 한다.

5 경쟁범위에 따른 전략모델

경쟁범위는 기업이 경쟁하는 데 있어서의 활동의 폭을 의미한다. 기업이 글로벌 경영을 수행하는 데 있어 경쟁의 범위를 어떻게 선택하는가에 따라 글로벌 경영전략의 추구가 달라진다.

글로벌기업은 어떻게 가치 활동을 전 세계적으로 배치하고 조정함으로써 경쟁우위를 향상시킬 수 있는가 여부와 시장 세분의 범위를 어느 정도로 정할 것인가의 여부에 따라 전략이 구분된다. 가치 활동의 지역적 배치 및 조정에 따라 범세계적 전략과 개별국가 중심전략으로 분류하고 세분한 시장을 다수와 소수로 구분한다.

각 전략들을 살펴보면 다음과 같다.

1) **차별화 전략**(global cost leadership or differentiation)이란 광범위한 제품라인에 걸쳐 경쟁하기 위해 기업의 가치 활동을 지역적으로 집중하며 또한 가치 활동을 강력하게 통제하는 전략이다. 즉, 각 개별시장을 독립된 개개의 시장으로 보지 않고 하나의 범세계적 시장으로 보고 전략을 수립한다.

2) **범세계적 세분화 전략**(global segmentation)이란 자동차 산업의 메르세데스 벤츠와 같이 특정세분시장을 대상으로 하여 범세계적 경쟁전략을 추구하는 것이다. 즉, 기업의 자원이 한정되어 있을 경우 범세계적 시장의 특정시장을 목표시장으로 하는 전략이다.

3) **보호된 시장침투전략**(protected markets)이란 관세, 쿼터, 수출 자율규제, 보조금 등을 통하여 정책적으로 보호를 받는 산업 내에서 광범위한 세분시장을 대상으로 하는 전략이다. 각 나라 안에서의 경쟁이 서로 독립적인 산업, 즉 한 국가 안에서의 경쟁이 여타 국가에서의 경쟁에 무관한 식품산업과 같은 산업에서 수행되는 전략이다.

4) **현지시장 적응전략**(national responsiveness)은 현지국의 독특한 시장상황으로 인하여 생겨나는 세분 시장에 선별적으로 진출하는 전략이다. 즉, 각국의 현지시장의 불규칙한 수요에 부응하여 한정된 자원을 특정시장에 집중하는 전략이다.

< 제 2 절 >
글로벌 경영전략의 수립 절차

전략의 수립은 광의의 전략개념에서 설명된 것처럼 먼저 기본적인 장기목표 즉, 기업의 장기비전을 설정하고 이의 달성을 위해 제한된 자원을 어디에 투입하는 것이 좋은가를 결정하는 과정이다. 이 때 전략대안은 기업의 사명을 바탕으로 외부 환경 분석과 내부 능력분석의 결과로부터 도출된다. 이와 같이 전략을 수립하고 집행하는 전 과정을 순환적으로 관리하는 것을 **전략경영**(strategic management)이라고 한다. 특히 오늘날과 같은 환경의 불확실성과 불연속성하에서 등장한 전략경영은 전략의 주기적인 수립뿐 아니라 계속적인 관리를 강조하고 있다.

1 글로벌팀의 구성

글로벌 전략의 성공에 절대적으로 필요한 것은 각기 다른 부서와 다른 국가의 경영자들을 함께 참여시키는 것이다. 그렇기 때문에 글로벌 전략의 분석에 참여하는 사람들을 선택하는 것은 매우 중요한 결정이 되는 것이다.

2 글로벌 경영 환경의 분석

글로벌 경영 환경 분석은 기업이 국내, 해외, 국제환경에서 직면할 수 있는 현재와 미래의 환경요인들을 평가/분석하는 과정이다. 급변하고 있는 글로벌 환경 하에서 이러한 분석은 매우 어려운 과제로 드러나고 있다. 현재는 경영정보시스템의 발달로 인하여 이러한 정보를 좀 더 용이하게 획득할 수 있다. 예를 들어 글로벌 경영 활동을 전개하는 기업은 경쟁 환경의 분석 시 국내의 주요 경쟁자들뿐만 아니라 타국의 주요 경쟁자들을 포함한 경쟁상황도 분석하여야 한다. 이러한 때 경영정보시스템의 역할은 매우 커다란 비중을 차지할 수 있다.

3 내부능력 분석

내부능력 분석은 **외부환경 분석**에서 도출한 환경이 주는 기회와 위협에 대해 "우리기업이 이를 얼마나 이용하고 대처해 나갈 수 있는 내부능력이 있는가"를 알아보기 위한 것이다. 즉 이 작업은 각 시장과 국가에서 기업이 가지고 있는 경쟁역량을 확인하는 것이다. 기업은 상대적으로 전략적 우위가 있는 분야를 우선적으로 선택하여 전략을 실행해 나가는 것이 좋다. 기업이 취할 수 있는 행동으로는 열위에 있는 분야에서 이를 극복하는 것도 포함할 수 있으나 이보다는 기업이 상대적으로 경쟁자보다 우위를 가지고 있는 분야에서 경쟁자를 앞서는 것이 보다 공격적인 전략이 될 수 있다.

4 기업목표의 설정

기업목표의 설정은 환경 분석과 내부능력분석을 끝낸 후에 시작되게 된다. 이상의 분석을 통해 기업은 현재와 미래의 환경을 충분히 이해하게 되었다. 전략적 목표는 기업의 강·약점을 반영한다. 즉 기업의 목표는 진공상태에서 갑자기 생성되는 것이 아니라 철저한 전략수립과정을 통하여 이루어질 수 있는 것이다(전략적 목표란 기업의 아주 기본적이고, 장기적으로 추구해야 하는 목표를 말한다).

5 전략대안의 개발과 선택

기업의 외부환경 분석과 내부능력분석이 끝난 후에 이루어지는 절차는 바로 전략대안의 개발과 선택이다. 글로벌전략은 기업에 대한 환경의 압력과 기업의 자원능력, 목표의 성취를 전제로 한 기본적인 수단이다. 이때 전제사항으로서 가장 먼저 고려해야 할 것이 기업이 나아가고자 하는 통일된 방향을 보여 주는 기업의 비전에 비추어 그 타당성 여부를 평가하여야 한다. 한편 **전략대안**들의 평가 및 선택의 도구로써 대표적인 방법은 **국제포트폴리오**(international portfolio)다.

6 실행 프로그램의 작성

전략의 선택이 이루어지면 전략의 집행을 위한 실행계획이 수립되어야 한다. 만약 선택된 전략이 새로운 제품시장에 진입하려는 것이라면 진입을 위한 수단으로서 신제품개발을 위한 체계적 계획이 수립되어야 할 것이고 새로운 설비와 인원을 확보하기 위한 계획이 뒤이어 작성되어야 한다.

글로벌 경영전략이 대개 중장기적으로 글로벌 경영활동의 전반에 대해서 수립되는 데 비해서 실행계획은 이를 구체화하는 만큼 기간도 짧고 범위 역시 전략계획에 비해서 좁은 것이 보통이다. 실행계획은 글로벌 경영전략에서 기능전략 중의 하나 또는 그 보다 더 좁은 경영관리기능에 대한 구체적인 계획이다.

1) 전략의 내용

전략내용을 결정하는 데 있어서 가장 중요한 결정 대안은 제품과 시장의 결정과 경쟁적 우위의 확보라는 두 가지 측면으로 나누어 볼 수 있다.

(1) 경쟁적 우위확보전략

원가우위전략과 차별화전략으로 나눈다. 이들은 제한된 시장과 많은 시장에서의 전략으로 나뉜다.

(2) 시장선택전략

시장선택전략은 시장집중과 시장확산전략으로 나뉜다. 시장집중은 제한된 시장에서 원가우위 및 차별화와 관련되어 있으며 시장확산은 많은 시장에서의 원가우위 및 차별화와 관련되어 있다.

7 전략의 실행

전략적 선택의 거의 마지막 단계로서 이루어지는 것이 바로 전략의 실행이다. “실행되지 않는 전략은 전략이 아니다.”라는 말이 있을 정도로 전략의 실행은 글로벌 경영전략에서 매우 중요한 위치를 차지하고 있다. 이와 같은 전략의 첫 번째 단계는 바로 단기적 목표들을 수립하는 것으로 시작한다. 두 번째는 기업의 자원의 할당을 포함하는데 여기에는 자본·인적자원, 고정자산 등을 들 수 있다. 세 번째는 기업이 선택한 글로벌전략을 실행하는 데 적합한 조직형태를 완성해 나가는 것이다.

< 제 3 절 >
주요 전략 개념

글로벌 경영 활동을 수행하는 기업들은 경쟁력의 원천인 다음 4가지의 요인을 통해 경쟁우위를 확보하려 한다. 이하에서는 다음의 4가지 주요 전략개념 즉, (1) **규모의 경제**, (2) **범위의 경제**, (3) **경험곡선**, (4) **부가가치 사슬**을 설명하고자 한다.

1 규모의 경제(Economies of scale)

규모의 경제란 일정기간 내에 생산해 낼 수 있는 절대물량(즉 공장규모)이 클수록 생산원가가 낮아진다는 개념이다. 학습효과가 시간이 경과함에 따른 누적생산량을 대상으로 한 개념인데 비해 규모의 경제는 일정기간 내의 절대생산 규모를 대상으로 한다. 이러한 규모의 경제는 다음 세 가지 요인에 의해 발생한다.

첫째, 단일 재화의 생산량을 아주 적은 양에서 점차 증대시키면 일정한 생산량수준까지는 평균비용을 절감시킬 수 있다. 이러한 유형의 규모의 경제를 제품생산의 증대에 따른 경제성(product specific economies)이라 한다.

둘째, **공장의 활용도 증대에 따른 경제성**(plant specific economies)으로 일정한 규모에서 소량의 생산을 점차 대형화시킴에 따라 발생되는 단위당 비용절감 효과를 말한다.

셋째, 기업차원의 경제성 증대효과로서 한 기업이 확장 또는 여러 공장을 운용하여 생산량을 증대시킴으로써 생산 단위당 비용을 절감시킬 수 있다. 이러한 유형의 **규모의 경제**를 기업규모에 관련된 경제성(firm specific economies)이라 한다.

2 범위의 경제(Economies of scope)

일부 재화는 개별기업에서 독립적으로 생산되는 것보다 재화를 생산하는 어느 한 기업에서 결합 생산될 때 평균생산비가 더욱 절감될 수 있다. 이것은 제품의 가지 수를 증대시킴으로서 생산, 판매 및 구매기능을 제품 간에 공동으로 사용함으로써 나타나며 이러한 현상을 단일재화 생산 시 나타나는 규모의 경제에 대응된 개념으로 **범위의 경제**(economies of scope)라고 한다.

3 경험곡선(Experience curve)

경험곡선은 누적생산량이 2배로 증가할 때마다 경험의 누적과 생산과정의 효율화를 통해 단위생산 원가가 일정비율(%)로 떨어진다는 개념이다. 이는 작업자가 반복되는 작업을 계속함에 따라 제품단위당에 필요한 노동시간이 감소되는 현상을 뜻하는 **학습곡선**(learning curve)과는 그 의미가 다르다. 학습곡선은 직접비 중에서도 인건비에만 적용되며 따라서 그 적용에 한계가 있다. 이에 반해서 경험곡선은 직접비와 간접비를 망라한 총생산 원가가 감소하는 패턴을 설명하므로 그 적용범위가 훨씬 크다.

경험곡선의 효과는 보통 작업능률의 향상, 전문화와 작업방법의 개선, 제품표준화, 설비능력의 성과 향상, 자원믹스의 개선, 생산 공정의 혁신과 개선 등에 의해 발생한다.

이 경험곡선에서는 시장점유율이 매우 중요한 개념이다. 시장점유율이 높으면 당연히 그 기업의 생산량이 많고 당연히 그 기업의 누적 생산량이 많고 이는 다시 학습효과에 따라 생산원가가 낮아지며 그 결과 높은 수익률을 실현하게 되는 것이다.

이 개념이 경영자에게 주는 전략적 시사점을 보면 다음과 같다.

첫째는 생산비는 **시장 점유율**과 반비례의 관계를 갖는다. 따라서 시장점유율을 유지하는 회사는 생산비도 상대적으로 낮아진다.

둘째는 생산비의 하락에 대한 예측이 가능해짐에 따라 이에 대한 통제도 가능해진다.

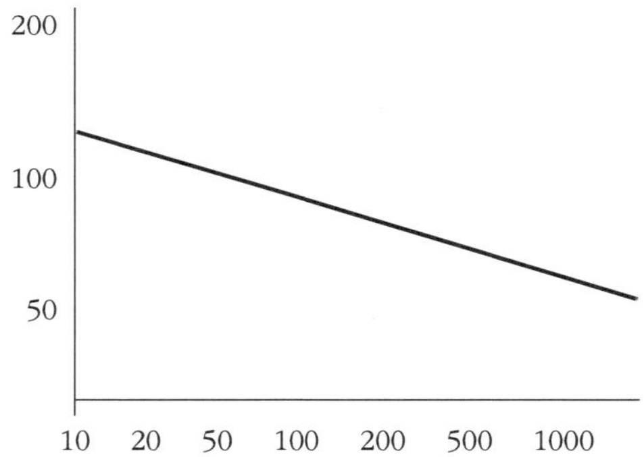

자료 : 윤창호, 이규억, <산업조직론>, 1987, p. 214.

그림 7-3 경험곡선

이 경험곡선의 효과는 시장이 급속히 성장하고 있는 반도체 산업이나 컴퓨터 산업에 있어서 잘 적용될 수 있다. 그러나 꼭 시장점유율이 전략적으로 우선 성취되어야 할 것만은 아닐 수도 있다. 포드와 GM의 경쟁에 있어서 시장점유율을 우선적으로 고려했던 포드의 T카가 GM의 소비자의 적절한 요구를 파악하여 다양한 차종을 제공했던 전략에 참패했던 예에서 볼 수 있다.

4 P. P. M. (Protfolio Product Management)

1970년대 초반에 **BCG(보스톤 컨설팅그룹)**는 경험곡선의 개념을 근본적으로 새로운 강력한 개념으로서 포트폴리오분석을 이용한 성장률, **시장점유율 매트릭스**(growth-share matrix)를 개발하였다. 이것은 다국적 기업의 사업단위별로 경험곡선을 그린 후에 개개의 사업단위를 매트릭스 위에 포지셔닝 하는 것으로 투자대상으로서의 적합도를 상대 비교하는 것이다.

BCG는 **현금젖소**(cash cow : 성숙시장에 있는 사업)와 스타(star) 사업에 투자나 경영자원을 균형 있게 배분함과 동시에 **문제아**(question marks : 스타로 변할 수 있는 사업)에도 자금 일부를 돌리는 것이 최적의 전략으로, **개(dog)**에 분류되는 사업은 매각하거나 철수하여야 한다. 다시 말하면 최대의 시장점유율을 갖는 기업은 최저비용으로 최대의 이익을 얻기 위해 될 수 있으면 많은 제품시장에서 지배적인 점유율을 확립하는 것이 중요하다. 저성장시장에서는 경합회사의 시장점유율을 뺏는 것 이외에 자사의 점유율을 확대하는 방법은 없지만 고성장 시장에서는 다액의 투자를 행함으로써 시장점유율의 확대를 꾀할 수 있다. 따라서 당해기업은 경합회사보다도 높은 성장률을 달성할 수가 있어 성장률이 둔화될 때에는 지배적인 시장점유율을 갖는 기업이 될 수 있다.

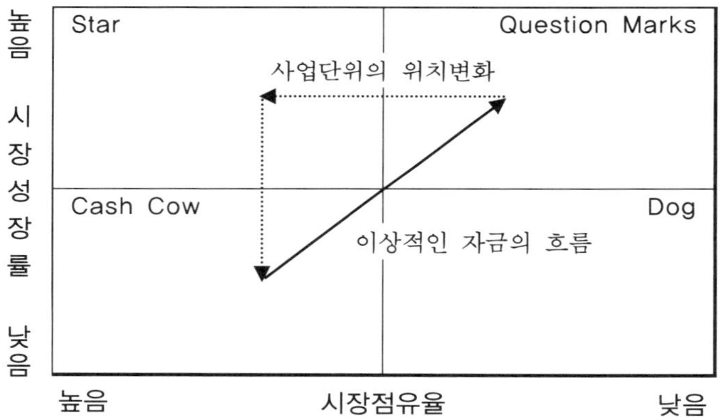

그림 7-4 BCG 매트릭스

GE는 1971년 맥킨제(Mckinsey)에 개개의 전략적 사업단위가 책정한 전략계획의 평가를 의뢰했다. GE에서도 BCG의 성장률과 시장점유율 매트릭스를 사용하였지만 단 2개의 기준으로 개개의 사업단위의 투자전략을 결정할 수가 없다고 생각하였다. GE와 맥킨제는 9개의 매트릭스(GE/Mckinsey nine-block Matrix)에 의한 사업스크린을 개발하였다.

이 매트릭스는 업계의 매력도 및 사업 강도를 각각 12로 나누어 각 요소에 가중치를 두어 그 평균치로 나타낸 것이다.

5 PIMS 프로그램

PIMS 프로그램은 각 사업단위가 제출한 전략이 수익성에 미치는 영향을 평가하기 위한 수단으로 GE가 구축한 내부 데이터베이스에서 출발하였다. 1972년에 전략과 성과 간의 관계를 보다 잘 이해하기 위해 하버드 경영대학으로 이전되어 이 프로그램에 참여하기를 원하는 다른 기업의 자료를 포함하여 데이터베이스를 확대하였다.

그 뒤 PIMS 프로그램의 독립적 운영을 위해 **전략계획연구소(Strategic Planning Institute)**가 별도로 설립되었는데, 이 연구소는 연구를 통해 나타난 결과를 참여기업들에게 조언해 주고 있다.[175) PIMS 프로그램에 전략적 행동의 결과를 측정하기 위해 100여 개의 변수들에 대해 수천 개 사업단위의 계량적 측정치를 사용하는 수학적 모형이라고 할 수 있다.[176) PIMS 데이터베이스에 포함되는 변수들을 다음과 같은 세 가지 유형의 변수들이다.

175) 1986년에 PIMS 프로그램에 참여한 기업(사업단위)은 2,600여 개에 이르는데, 이들 중 대부분 이 북미지역의 기업이지만, 유럽 기업이 400여 개, 그 외 여타 지역의 기업들도 100여 개에 이르고 있다.

176) PIMS 프로그램에 대한 보다 자세한 설명은 김인호(1988), pp. 156~191을 참조.

산업변수(사업의 경쟁지위와 산업구조의 매력도) : 시장성장률, 수명주기단계, 노조 결성여부, 고객, 집중도 등

전략변수 : 시장점유율, 제품품질, 신제품도입, 마케팅, 연구개발비용 등

수익성변수 : 매출액 대비 세전영업이익(ROS), 투자자본 대비 세전영업 이익(ROI) 등

성장성-점유율 매트릭스와 산업매력도-사업강점 매트릭스는 산업의 매력도와 사업의 경제 지위를 평가함으로써 투자전략과 경쟁전략에 대해 이론적 제언을 제시해 주는 데 그 목적이 있다. 이에 비해 PIMS 프로그램은 각각 다른 시장 환경과 경쟁 환경에 속한 다양한 사업 단위들의 경험 자료를 분석함으로써 전략의 일반적 원칙을 발견하는 데 그 목적이 있다. 이를 위해 PIMS 프로그램은 [그림 7-5]에서 알 수 있듯이 시장구조, 경쟁지위, 사업전략에 관한 실제 자료를 사용하여 이들이 **재무적 성과**에 미치는 영향을 실증적으로 분석한다.

PIMS 프로그램은 다중회귀분석을 통해 이들 산업변수와 전략변수가 기업의 성과에 미치는 영향을 분석한다. 수익성에 영향을 주는 다양한 산업변수와 전략변수를 사용하여 다중회귀분석을 한 결과에서 주요 변수를 선택하여 예시한 것이다.

이러한 PIMS 프로그램의 전략적 응용에는 ① 사업 단위의 성과목표설정 ② 사업단위의 전략의 수립 ③ 사업단위들간의 투자자금 배분 등이 있다.

시장구조의 매력도 : 성장률, 차별화정도·자본집약도, 구매량·노조 결정, 진입순서

사업의 경쟁지위 : 상대적 품질, 시장점유율, 자본집약도, 원가지위

↓

전략의 특징 : 시장 및 R&D 지출, 가격책정, 신제품수, 제품라인의 길이, 유통채널의 선택, 수직통합의 정도

↓

성과 측정 : ROI, ROS, 현금흐름, 성장률 주주가치

그림 7-5 PIMS 데이터베이스의 자료

표 7-1 PIMS의 다중회귀 분석의 예[177)]

영향변수	투자수익률(ROI)	매출액순이익률(ROS)
실질시장성장률	0.18	0,04
가격인상률	0.22	0.08
노조결성률	-0.07	-0.03
시장점유율	0.34	0.14
상대적 품질	0.11	0.05
신제품 도입률	-0.12	-0.05
매출액 대비 마케팅 비용	-0.52	-0.32
매출액 대비 연구 개발비	-0.36	-0.22
매출액 대비 재고	-0.49	-0.09
고정자본 집중도	-0.55	-0.10
조업도	0.31	0.10
노동생산성	0.13	0.06
수직적 통합	0.26	0.18
R^2(F값)	0.39(58.3)	0.31(45.1)
표본수	2,314	2,314

자료 : R. D. Buzzel and B. T. Gale, the PIMS Principles, Free, New York (1987), p. 274.

177) 결과를 해석하는 데 있어서 실질시장성장률을 예를 들면, 실제 시장성장률이 1% 증가하면 투자수익률(ROI)이 0.18% 증가한다는 것을 말해 준다.

8 글로벌 경쟁시대의 국제 비즈니스 전략

<제 1 절> 글로벌화와 글로벌 경쟁

오늘날 대기업은 물론, 중소기업까지 「글로벌 비즈니스」, 「글로벌 경쟁」, 「글로벌 기업」, 그리고 「글로벌 전략」이라는 용어를 자주 듣게 된다. 이제는 「**글로벌화**」(Globaligation)는 현대 기업경영을 생각하는데 불가결한 키워드가 되었다고 해도 과언은 아니다.

그러나 일단 그 구체적인 내용은 실로 애매모호할 뿐만이 아니라 오해, 곡해조차 하고 있는 경우도 종종 있다. 사람들이 「글로벌 비즈니스」 활동을 운운할 때, 그 말은 단순히 이하에 보인 다양한 활동 중의 어느 하나를 표방하고 있는 것에 지나지 않는 경우가 적지 않다.

① 해외의 라이벌 회사가 지닌 저 노동 저임금이라는 경쟁우위에 대항하기 위해, 해외에 생산기지를 설치한다.

② 세계적 규모를 지닌 브랜드에 대한 투자의 상환, 대형 연구개발기금의 염출 등을 주목적으로 해외에 진출한다.

③ 외국용 제품계열의 합리화를 꾀하고, 디자인, 구매 및 생산 면에서의 규모의 경제 우위를 향유한다.
④ 특정 사업에 관한 전략적 책무를 본사에 통합하기 위해, 조직의 재편성을 한다.

그리고 이제까지, 학자들이 국제화나 글로벌화 과정을 설명할 때, 자칫하면 경제성에만 역점을 두었던 점도 부정할 수 없다. 이 때 지적된 여러 요인이란, 자금 집약성이나 기술 집약성, 저노동 코스트나 그 외의 요소상의 우위성, 국민경제를 넘은 규모의 경제성, 다국적에 이르는 고객이나 그 욕구의 보편성 등이었다. 따라서 「**글로벌 비즈니스**」라고 하면, 세계적으로 표준화된 제품을 가리킨다고 생각해 온 경향이 있다. 예를 들면, 레비트(T. Levitt, 1983)에 의하면, 다음과 같은 시나리오가 전개된다.[178] 기업은, 일단 글로벌적인 규모의 경제가 달성되면, 그 제품특성, 외관, 용도 면에서, 해외 고객의 문화적 편견이 없는 제품이 가능해진다. 이렇게 하여 국제시장의 균등화가 진보됨과 함께, 이 비용적 우위를 기초로 한 글로벌 경쟁이 심화되기에 이른다. 그러나 오늘날의 글로벌 경쟁은, 단순히 이 「**규모의 경제적 패러다임**」만으로 설명 가능할 만큼 단순하지 않다.

예를 들면 타이어 생산을 보자. 바야흐로 이 산업은 굿이어, 미쉐란, 브리지스톤 3사가 세계를 석권하고 있다. 이들은 문자 그대로 글로벌 기업이다. 그런데 각각의 생산·판매 전략을 볼 때, 아

....

178) T. Levitt, "The Globaligation of Markets", Harvard Business Review, May-June, 1983.

직도 나라별로 세분화된 채라고 말할 수 있겠다. 이 산업에서는 아직 소위 멀티 도메스틱한 태세를 견지하고 있으며, 글로벌한 규모에서의 제품 단순화, 따라서 규모경제를 완전하게 활용하고 있다고는 결코 말하기 어렵다. 그러면서도 이들 3사는, 글로벌 지향의 기업임을 만인이 인정하는 바이며, 거기에서 전개되고 있는 경쟁은 분명히 글로벌이다. 왜 그럴까?

덧붙여 가전산업을 보기로 하자. 미국 시장이 이 산업계 최대의 시장임은 누구나 인정하는 바이다. 규모의 경제를 살펴보면, RCA, GE, 제니스와 같은 미국의 가전 업체가, 미국에서 거액의 연구개발·생산설비에 대한 투자가 쉽게 정당화될 것이다. 그런데 현실은, 비디오 녹화기, 8미리 비디오·카메라 등의 인기상품 중 이 나라에서 개발된 적은 매우 적다. 아울러 다른 텔레비전, 라디오 카세트 등의 전통상품에 대해서도 대부분은 일본, 한국 등 아시아 NIEs의 라이벌 회사로부터의 OEM 방식에 의한 제품제공에 의존하고 있다. 왜 이와 같은 사태를 맞이하기에 이르렀을까? 이와 같은 라이벌 기업 간의 **전략적 제휴**·동맹(Strategic Allianace /Collaboration)은, 어떻게 해석하면 좋을 것인가? 코스트나 품질, 규모의 장점만으로는 이와 같은 기업행동을 충분히 설명할 수 없다.

글로벌 경쟁시대의 국제비즈니스 전략을 고찰하는 데는, 상기의 비용, 품질, 규모의 경제를 주요 변수로 하는 정태적(情態的) 분석만으로는 그 전모를 파악할 수 없다. 좀 더 동태적인 다이나믹한 고찰이 불가결하게 등장한다.

< 제 2 절 >

국제비즈니스와 비교우위
~ 전통적 어프로치로부터의 재출발 ~

1 코굿(B. Kogut)의 국제경쟁전략

코굿은 다국적기업의 자원을 탄력적으로 운용할 수 있는 세계적인 네트워크(global network)를 가지고 있기 때문에 국내기업보다 훨씬 더 유리한 위치에 있다고 주장하고, **국가의 비교우위**(comparative advantage)와 **기업의 경쟁우위**(competitive advantage)를 결합하여 글로벌 경쟁전략모형을 개발하였다.179)

그는 글로벌 전략에 있어서 제기되는 두 가지 기본적인 문제, 즉 국제경영활동을 전개하는 경우 부가가치의 사슬을 전세계적으로 어떻게 배열해야 할 것인가, 그리고 기업의 자원을 가치사슬 내의 어떤 활동에 집중시켜야 할 것인가에 관한 문제를 비교우위와 경쟁우위로 나누어 설명하고 있다.

비교우위란 국가간의 요소비용의 차이에서 발생하는 **입지특유적 우위요소**(location-specific advantage)로서, 기업이 자원을 '어떤

179) B. Kogut, "Designing Global Strategies: Comparative and Competitive Value-Added Chains," Sloan Management Review, Summer 1985, pp. 15~28.

지역(where)'에 투입하여 기업활동을 수행하는 것이 가장 최선일 것인가를 판단하는 데 기초가 된다. 그리고 경쟁우위란 기술, 상표, 정보 등 기업간의 차이에서 발생하는 기업특유의 우위요소(예, 기술적 능력, 제품차별화, 마케팅 능력)로서, 기업이 '어떤(what)' 투자활동과 경영활동을 수행해야 할 것인가를 판단하는 데 중대한 영향을 미친다.

국가의 비교우위와 기업의 경쟁우위를 결합하여 전개할 수 있는 글로벌 경쟁전략에는 [그림 8-1]에서와 같이 세 종류의 유형이 있다.

첫째, 국가의 비교우위는 있으나 기업의 경쟁우위가 없는 경우이다. 이 경우에는 국가간 비교우위의 차이에 따라, 산업간 무역을 전개하거나 국제적인 수직적 통합전략으로 전·후방의 연계효과를 취하는 것이 효과적이다.

둘째, 국가의 비교우위는 없으나 기업의 경쟁우위가 있는 경우이다. 이 경우에는 당해 기업이 산업내 무역이나 국제적인 수평적 통합전략을 구사할 수 있다.

셋째, 국가의 비교우위도 있고 기업의 경쟁우위도 있는 경우이다. 이 경우에는 시장침투와 원료조달 입지를 다르게 배열하여 국제적인 수직적·수평적 통합을 추구하는 것이 효과적이다.[그림 8-1 참조]

		국가의 비교우위	
		없음	있음
기업의 경쟁우위	없음	· 국내의 세분화된 시장에서 활동	· 산업간무역 · 기업의 국제적인 수직적 통합
	있음	· 사업내무역 · 기업의 국제적인 수평적 통합	· 시장침투와 조달입지를 달리 배열하여 기업의 국제적인 수직적 · 수평적 통합

자료 : B. Kogut, "Designing Global Strategies : Comparative and Competitive Value-Added Chains." Sloan Management Review, Summer 1985, p. 26.

그림 8-1 국가의 비교우위와 기업의 경쟁우위

코굿의 이론은 국가의 비교우위와 기업의 경쟁우위가 결합되어 경쟁우위의 유무에 따라 기업의 글로벌 경쟁형태와 비즈니스 전략이 결정된다는 것이다.

코굿의 이론은 기존의 무역이론과 해외직접투자이론에서 비교우위와 경쟁우위의 개념을 도출하여 이를 결합한 것으로서, 새로운 국제경쟁의 양상과 이에 상응하는 전략을 제시하였다는 점에서 그 의의가 있다.

그러나 세계적으로 글로벌화가 이루어지면서 기업이 국제화되면 국제화될수록 국가의 비교우위보다는 기업의 경쟁우위가 더 중요하게 등장한다는 것을 간과해서는 안 된다.

2 포터의 글로벌 경쟁전략

마이클 포터(M. E. Porter)는 글로벌 산업(Global Industry)을 "주요 지역시장 또는 국가 시장에서의 위치설정에 있어서 경쟁기업들의 전략적 위치에 상당한 영향을 받는 산업"으로 정의하고, 이러한 세계적인 산업에 속하는 기업이 추구할 수 있는 범글로벌적인 경쟁전략모형을 다음과 같이 제시하고 있다.[180)]

즉 그는 글로벌적인 산업에 속하는 기업은 기업활동의 세계적인 배열(configuration)과 조정(coordination)을 통하여 세계적 전략을 수립함으로써 **기업특유의 경쟁우위**를 창출할 수 있게 되고, 이러한 경쟁우위가 국제경쟁력을 결정한다고 주장한다. 즉 기업은 기업활동의 배열과 조정을 통하여 비용우위와 차별화를 실현할 수 있으며, 이러한 비용우위와 차별화를 통하여 글로벌적 경쟁에서 이길 수 있다고 주장한다.

그리고 포터는 어떤 특정 산업이 글로벌 산업(global industry)으로 성장하고 있을 때, 기업이 그 산업 내에서 선도적인 의치를 차지하기 위해서는 가치 창출활동의 적절한 배열과 조정을 통하여 경쟁우위를 확보해야 한다고 주장하고, 글로벌 산업의 경쟁전략 대안으로서 [그림 8-2]에서 볼 수 있는 바와 같은 다섯 가지의 전략을 제시하고 있다.[181)][그림 8-2 참조]

180) M. E. Porter, "Competition in Global Industries: A Conceptual Framework," in M. E. Porter (ed), Competition in Global Industries (Boston, Mass.: Harvard Business School Press, 1986), pp. 19~42.

<table>
<tr><td colspan="2" rowspan="2"></td><td colspan="2">지리적 영역</td></tr>
<tr><td>글로벌적 전략</td><td>특정 국가 중심의 전략</td></tr>
<tr><td rowspan="2">산업세분화 영역</td><td>여러 부문으로 세분화</td><td>글로벌 저원가전략 또는 차별화전략</td><td>보호받는 시장을 추구하는 전략</td></tr>
<tr><td>극소수 부문으로 전략</td><td>글로벌 세분화전략</td><td>현지국 시장에 부응하는 전략</td></tr>
</table>

자료 : M. Porter, Competition in Global Industries 1986, p. 46.

그림 8-2 글로벌 산업의 전략 대안

여기에서 가치창출활동의 배열이란 기업이 그 활동을 어떤 국가 또는 어느 지역에서 수행해야 하고 또 그 수는 얼마만큼으로 해야 할 것인가 하는 것이며, 가치창출활동의 조정이란 국가 또는 지역별로 이루어지는 자회사들의 활동을 어느 정도로 조정할 것인가 하는 것이다.

배열의 경우 선택범위는 집중과 분산으로 나뉘는데, 통상 활동을 몇 개 국가에 집중시키게 된다. 그리고 조정의 선택범위는 영(0)에서 다수까지로서, 배열의 경우보다 선택의 폭이 훨씬 더 넓다.

1) 글로벌적인 저원가전략(global cost leadership strategy)

이 전략은 제품의 차이나 국적 등에 별로 관심을 갖지 않는 고객을 대상으로 하여 폭 넓은 제품라인을 판매하고 시장활

181) Ibid., pp. 45~54.

동을 전개하는 전략이다. 이 전략하에서 기업의 경쟁우위는 저원가를 중심으로 한 가격경쟁력에 있다. 일례로, 도요타(Toyota) 자동차와 같이 원가면에서 우위에 있는 기업들은 표준화된 제품을 판매함으로써 규모의 경제 우위를 획득하고 있다.

2) 글로벌적 차별화 전략(global differentiation strategy)

이 전략은 세계 도처에서 여러 가지 제품을 판매하되 제품의 품질이나 기술 등을 차별화하여 가격을 높게 책정하는 전략이다. (IBM)이나 카터필러(Caterpillar)와 같은 거대기업들은 규모의 경제와 학습우위를 이용하여 다양한 모델을 출시하거나 모델을 수시로 변경하여 차별화 비용을 낮추고 브랜드의 위상을 높이고 있다.

3) 글로벌 세분화 전략(global segmentation strategy)

이 전략은 특정 산업의 세분화된 시장을 대상으로 글로벌적인 판매활동을 전개하는 전략이다. 일례로 도요타(Tcyota)와 벤츠(Mercedes-Benz)는 각기 리프트 트럭(lift truck)과 승용차와 같은 특정 산업부문을 범세계적으로 공급하는 전략을 택하고 있다. 이 전략은 글로벌 전략의 이점을 살리면서 동시에 활동을 특정 산업부문에 집중시켜서 자원의 낭비를 줄일 수 있다.

4) 현지국 보호시장 추구전략(protected market strategy)

이 전략은 피투자국이 특정 산업을 보호하기 위하여 고율의 관세나 쿼터 또는 현지부품 사용의무 등의 무역제한 조치를 취하는 경우, 이러한 현지 정부의 보호정책을 활용하여 현지국이 보호하고 있는 시장을 추구하고자 하는 전략이다. 이 전략은 보호주의적인 산업정책을 취하고 있는 개발도상국을 그 대상으로 하는 경우가 많다.

5) 현지국 시장상황에 부응하는 전략
(national responsiveness strategy)

이 전략은 비록 산업이 세계화 되고 있기는 하지만, 각국은 각기 독특한 특성과 차이가 있기 때문에 이 점을 고려하여 산업을 각 국가별 상황에 맞게 세분화하고, 제품이나 마케팅 활동을 현지국의 요구에 부응하게 전개하는 전략이다. 이 전략은 제품, 유통, 마케팅 관행 등에 있어서 독특한 특성을 갖는 산업부분의 규모가 커야만 적용이 가능하다.

3 부가가치 활동의 사슬과 국제비즈니스

글로벌 경쟁에 관한 다이나믹한 고찰에 앞서서, 우리들은 먼저 보다 전통적인 시야에서 본 국제비즈니스 전략론을 개관함으로써,

논리적 기초가 필요하다고 생각한다.

원래 기업경영활동이란, 단순화해 말하면, 다양한 경영자원을 투입하여, 그것들에 부가가치를 부여하여 산출한다는 제반 활동(부가가치활동)의 사슬(chains)을 의미한다고 정의할 수 있겠다. 따라서 경영의사 결정자, 즉 경영자는, 의식적 혹은 무의식적이던, 항상 어떤 종류의 모델 내지 프로세스를 뇌리에 그리면서, 가능한 한 조직적으로 고려하여 행동한다고 생각한다.

그런데 그들의 모델 프로세스는, 로빈슨(R. D. Robinson 1987)에 의하면 다음의 다섯 가지의 지속적이고, 상호 작용적인 스텝을 밟아간다고 한다.[182]

① 기업이 부가가치를 만들어 내는 사슬작용 속에서 개별역할을 의식한다.

② 규모의 경제성과 범위의 경제성, 이들 양자를 감안하면서, 상기 역할의 맥락에 따라, 그 기업의 경쟁 우위가 어디에 있는가를 결정한다.

③ 기업의 내외에 존재하는 부가가치 사슬 활동 간의 거래 비용에 대한 차를 확인하여, 거래 비용의 최소화를 기획하여, 비용이 최소가 될 방식을 채택한다.

182) Richard D. Robinson. ed, Direct Foreign Investment-Cost and Benefits, Praeger, 1987.

④ 부가가치 사슬을 구성하는 각 활동의 창설 및 그것에 따른 거래 비용과의 사슬에서 본 각국의(기업의 모국까지도 포함) 비교우위를 결정한다.

⑤ 경영 의사결정과 조직설계의 양면에서, 적당한 유연성을 키운다. 이렇게 하여 매우 동태적인 기업의 경쟁우위와 각국의 비교우위의 변화에 대하여, 기업이 교묘히 대응할 수 있도록 노력한다.

이 다섯 가지 스텝에는 약간의 설명과 확장이 더 필요하다.

기업의 최종제품은, 그것들이 상품이든 서비스이든 관계없이, 앞서 말한 바처럼 부가가치의 사슬에 의해 구성되고 있다. 그들 활동의 일부 내지 대부분은 그 기업 내(intra-firm)에서 수행되고 있다(즉 내부화 되어 있다). 그러나 일부는 외부 관계자로부터 구매하거나, 계약에 근거한 제공을 받는다(즉 외부화 되어 있다). 따라서 기업에서 법적으로, 혹은 지리적으로 자사와는 거리가 있는 외부기업으로부터, 어떤 활동이 입수가능한가는 이론적으로 보아 검토할 가치가 있다. 그와 같은 작업을 통하여 기업은, 자사의 경쟁력에 대한 실상을 파악할 수 있다.－즉 어느 활동이 우리 회사에서 이익의 원천이 될 수 있는가가 판명된다.

그리고 사슬로 연결되어 있는 중요한 부가가치 활동에 먼저 주목하여 보면, 여섯 가지 아이템으로 된다.

① 정보의 수집과 처리·분석 … 아이디어·프로젝트의 발견
기술적·직무적·마케팅상의
적합가능성 분석, 평가

② 연구·개발 … 제품 디자인, 공정 디자인

③ 테스트 생산 … 브랜드 디자인, 건설, 감독,
구매, 관리자의 고용·훈련

④ 시장 테스트 … 시장에 대한 식별,
테스트 디자인, 분석

⑤ 제품 도입 - 풀 생산 … 관리자의 고용·훈련, 구매,
품질관리, 재무관리

⑥ 시장개발 … 수요의 창조, 유통 채널 설정,
물류 컨트롤

국제경영의 시점에서 보면, 여기에서의 주요과제는 이들 여섯 가지의 주요한 부가가치 활동을 언제, 어디에서, 누구에게 시키는 것이 가장 경제적으로 보아 합리적인가 라는 사실이다.

글로벌 경쟁시대에 있다고 말해지고 있는 오늘날에는, 상기의 여러 활동에 대한 입지와 담당자의 선택, 개시할 타이밍 결정 때, A) 본국인가 해외인가, B) 자사 그룹 내인가, 밖으로 부터인가, C) 지금인가, 혹은 반년 후, 1년 후 … 5년 후인가, 라는 다양한 포트폴리오를 생각할 수 있다.

4 기업 특유적 우위와 국가 특유적 우위

그런데 여기에서 주목해야 할, 상기의 링크(부가가치 활동)는, ①에서 ⑥으로 그 사슬을 내려감에 따라, 상대적으로 자본집약적인 활동에서 보다 노동집약적인 것으로 질적으로 변화해 가는 것이다

기업 경영자에게 중요한 것은, 이들 링크 중에서 자사가 어느 아이템에서 뛰어난가, 또한 어느 면에서 타사에 뒤떨어져 있는가를 정확히 판별하는 일이다. 즉 자사의 「**기업 특유적 우위**(Firm Specific Advantage)」와 「**열위**(Disadvantage)」를 식별하고, 그 결과 「우위」를 최대로 활용하고, 「열위」가 최소로 되도록 하는 전략체제를 구축하는 일이다.

기업이 지닌 경쟁우위는, 라이벌 회사와의 상대적 관계에서 환경과 더불어 변화한다. 그 변화에 신축성 있게 대응할 수 있는 기업문화·본질을 배양해 놓는 일의 중요함은 말할 필요도 없다. 다음에 주목해야 할 것은, 글로벌 시대를 맞이했다고는 하나, 세계전체가 경제적으로 보아 동일 수준으로 발전한 것은 아니다. 혹은 세계 고객이 질적으로 완전히 균등화한 것도 아니다. 세계에는 아직 다양한 격차와 상위가 존재하고 있다. 그것들의 격차와 상위는, 기업 측에서 보면, 각국 '**국가의 특유적 우위**(Country Specific Advantage)'나 '열위'를 의미한다. 혹은 보다 고전적인 표현을 사용하자면, '**비교 우위**(Comparative Advantage)' 내지 '비교 열위'가 존재한다. 그리고 비용적 관점에서 보면 일반적으로는, 선진 공업국은 자본, 기술에 보다 비교우위이며, 신흥공업국,

발전도상국은 생산·노동면에서 보다 비교우위라고 한다.

글로벌화가 심화된 현재, 기업은 자사가 지닌 '기업 특유적 우위'를 활용하며 문자 그대로 글로벌 전략을 모색하여야 한다. 즉 격변하는 경제·경영환경 '국가 특유적 우위'에 신축성 있게 대응하여, 비용이 최소가 되도록 부가가치 사슬의 글로벌 믹스를 계속하여 추구하여야 한다.

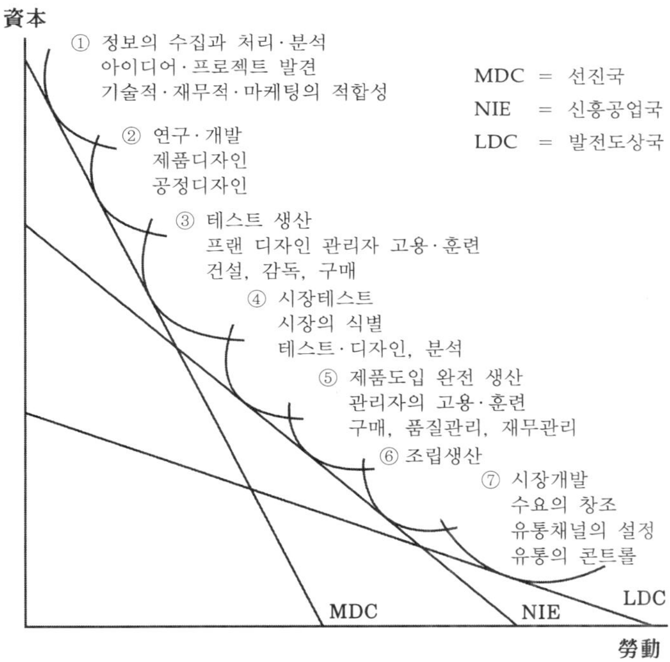

자료 : Richad & Robison 1987, p.11

그림 8-3 나라의 비교우위와 부가가치 활동사슬의 변화

[그림 8-3]은 선진공업국, 신흥공업국, 발전도상국, 각각에서의 자본과 노동의 상대적 코스트 차가 세 갈래 직선으로 표시되어져 있다. 또한 ①-⑥의 부가가치 사슬행동의 비용이 이론적으로 최소가 되는 위치가 어디인가가 나타나 있다. 이 표는 글로벌 지향의 경영자에게, 자사의 어느 행동을 어디에, 언제부터, 어떤 방식으로 입지 전환해야 하는가, 그 전략전환(Transilience) 계획을 입안할 때의 기본 스케일로서 유용하다.

물론 그 때의 포인트는, 각각의 링크는 자사에서 수행될 경우도 있으며, 타사에 일부 의뢰하는 일도 있고, 그 입지가 국내뿐만이 아닌 해외로 될 경우도 간혹 있다는 사실이다. 요는 경영의사 결정자가 어느 행위를 언제, 어떤 방식으로, 어떤 나라에 입지 전환하는 것이 자사에 최소 코스트 믹스가 되는가라는 자각이다.

< 제 3 절 >
국제비즈니스의 뉴 패러다임

1 「범위 경제성」과 「연결의 경제성」

글로벌 경쟁시대에서 경영전략전환을 생각할 때에 유효한 두 가지 개념이 있다. 「규모의 경제성」과 「**범위의 경제성**」이 그것이다.

전자, 「**규모의 경제성**(Economies of Scale)」은 기능적으로 특정한, 혹은 제품 특수적인 여러 요소를 고용하여, 단위당 생산비용을 최소화하는 것이 그 의도이다(최적 이용집약도의 달성).

전문화된 대량생산·소비 등은 바로 「규모의 경제」에 대한 산물이라 할 수 있겠다.

다른 한편 「범위의 경제성(Scope Economies)」은 특정 기능이나 제품 안에서는 비특수적 요소의 이용에 관련된 것이다. 생산단위의 총 비용의 최소화가 그 목적이다. 따라서 이 경우의 의도는, 최적 이용의 폭(Spread) 또는 범위(Scope)의 달성에 있다. 여기에서 말하는 비특수적 요소란, 광범위한 상대적 고정비를 의미하나, 전자의 경우와 달리, 특정한 혹은 기능이나 제품으로 식별되지 않는다. 따라서 생산함수의 일부로 간주할 수 없다고는 하나 실제로, 어떤 활동의 경제가 규모에 의한 것인가, 범위에 의한 것인가, 그 경계는 매우 애매하다.

[표 8-1]은 범위의 경제성의 원천으로서 고샬(S. Ghoshal)이 주장하는 물적자산(생산설비, 현금, 브랜드)의 공유, 외부관계(고객, 재료공급자, 유통업자, 정부)의 공유, 학습의 공유가 있다.[183]

....

183) Sumantra Ghoshal, "Global Strategy: An Organizing Framework," Strategic Management Journal, 1987, September-October, pp. 434~435.

표 8-1 제품·시장 다양화의 범위의 경제성

	범위의 경제성 원천	
	제품의 다양화	시장의 다양화
물적자산의 공유	다양한 제품을 생산하기 위한 유연성이 있는 FA (포드)	글로벌적인 브랜드 (코카콜라)
외부관계의 공유	다양한 제품에 대한 공통의 유통채널의 활용 (마츠시타)	다수국의 고객에의 글로벌적인 서비스 (시티뱅크)
학습의 공유	C&C 사업에서의 R&D 공유 (일본전기)	서로 다른 시장에서 개발된 지식의 공유 (P&G)

자료 : S. Ghoshal, Global Strategy, Strategic Management Journal, 1987, p. 435.

따라서, 만약 어떤 기업이 본국에서 개발한 어떤 학습 성과를 글로벌하게 이전 가능한 능력이 있어 그것에 성공했다고 하자. 그렇다면 그것은 그 기업에게 매우 중요한 하나의 「**범위의 경제성**」이며, 주요한 경쟁우위를 구성하는 것은 말할 필요도 없다. 예를 들면, 「범위의 경제성」을 키우는 능력에는 다음의 것이 포함된다고 한다.

- ▷ 생산 계획과 믹스에서의 보다 큰 유연성
- ▷ 시장 변화로의 민첩한 응답
- ▷ 낭비의 감소
- ▷ 보다 신속한 처리 능력
- ▷ 용이하게 재생 가능한 소프트웨어에 의한 분산적 처리능력

최근의 글로벌 경쟁은 고객의 욕구나 희망을 신속하게 제품이나 서비스에 반영함이 요구되고 있을 정도이다. 고객의 욕구는 변화하고 글로벌화에 의해 세계 각국의 고객은 동질적인 기호를 갖지 않기 때문에 과거의 대량생산, 대량소비를 기초로 대응하는 것은 한계가 있다. 시장경쟁의 환경에 빠르게 유연하게 경영을 변화시키는 것이 오늘날 경쟁의 포인트라 할 수 있다. 최근에는 "스피드", "유연성"을 실현하기 위한 기업경영이 요구되고 있다. 따라서 '범위의 경제'에 이은 새로운 경쟁 패러다임이 등장한다.

파인(B. J. Pine)에 의하면[184] 매스 커스터마제이션(mass customization)이라는 패러다임을 제시, 제품과 서비스를 고객별로 대응하기 위해 기업은 다이나믹하게 네트워크를 구축하고 제품 프로세스 구축을 모듈화 하는 것을 제창하였다.

또한 미야자와(宮沢健一)는[185] 복수의 주체간 네트워크를 묶는 경제성으로서 '연결의 경제성'이라는 패러다임을 등장시켰다. 고객욕구의 대응에는 네트워크의 필요성이 나타나고 있다.

2 글로벌 경쟁과 상호지원 활동

이제까지 우리들은 기업을 각국 단위로 사업전개를 생각하는 '멀티 도메스틱'인가, 혹은 '글로벌'인가로 명확히 분류하는 데 집착

184) B. J. Pine, Mass Customazation, Harvard Business School press, 1993.
185) 宮沢健一, 制度と情報の 経濟學, 有斐閣, 1988年.

한 경향이 있다. 그 때문에 현재 진행하고 있는 글로벌 경쟁의 진상이 정확히 해명되지 않은 채로 있다.[186)]

실은, 글로벌 기업인가, **멀티 도메스틱**인가라는 것과 경쟁이 글로벌인가 아닌가 라는 사실과는 전혀 별개 차원의 문제임에 유의하여야 한다. 결론부터 말하자면, 국가별 경쟁전략을 전개하고 있는 (멀티 도메스틱) 기업이라도, 그 전략적 의향 여하에 따라서는 그것은 틀림없이 글로벌 경쟁이라 간주되는 케이스가 있다.

그와 같은 경우의 글로벌화의 과정이란, 다음과 같은 경쟁 행동과 그것에 대한 대항적 행동의 반복에서 시작된다. 즉,

① 먼저 공격적인 기업이, 본국 시장에서 얻은 현금흐름을 이용하여, 라이벌 회사에 대해, 라이벌 기업의 모국 시장에서, 자사의 관련 기업(자회사 등)이 공격을 가하는 활동을 상호지원(Cross-subsidisation)한다.

② 방어하려는 그 상대 기업은, 공격을 받은 자국 시장이 아닌, 현금흐름의 입장에서 보아 그 공격 기업의 커버가 가장 약한 듯한 제3국 시장에서 보복(Retaliation) 활동에 들어간다.

이와 같은 흐름은 국가별로(Country-base) 전개되는 공격 반격에 대한 반복이 결과적으로는 경쟁의 글로벌화를 촉진한다.

하멜과 프라할라드(G. Hamel & C. K. Prahalad, 1988)에 의하면,[187)] 경쟁이 글로벌화 하는가 혹은 국가별 전개로 끝나는가는,

186) M. Potter, Competition in Global Industries, Harvard University, Press pp. 17~19.

187) G. Hamel and C.K. Prahalad, Creating Global strategic Capability in Neil

이제까지의 통념이었던 국제제품의 유동성이나 초국가적인 규모의 경제, 시장의 동질성에 의존하기보다는, 오히려 기업이 지닌 국제 현금흐름의 능력에 의존하여 결정되는 케이스가 많다고 한다.

이렇게 생산과 기술면에서 보아 글로벌 기업이라 주목받고 있던 기업이, 서서히 지역 기업화하는 케이스에 대해서도, 그 전략적 의향을 살펴보면, 그들 기업이 글로벌 경쟁을 전개하고 있다는 사실에는 변화가 없음을 정확히 판단할 수 있다. 예를 들면 마츠시타, 혼다, 닛산, 소니와 같은 일본을 대표하는 기업은, 보호주의의 태두에 호응하여 통합을 느슨하게 하여 주요 시장에 생산·조립기지를 분산시키기 시작했다. 생산은 현지화 중심이 되었다고 해도, 이들 기업의 경쟁에 대한 전망은, 글로벌함에는 변화가 없다, 따라서 기업을 「멀티 도메스틱」인가 「**글로벌**」인가로 분류하는 일 자체가 이미 무의미해졌다고 할 수 있다.

여기에서는 오히려 라이벌 기업끼리 서로, 그 국내·해외에서의 강한 시장 지배 지위에서 얻은 현금흐름을, 국제적인(제3국) 시장점유 쟁탈에 이용할 때 글로벌 경쟁이 발생하고, 그리고 이와 같은 기업 그룹 내에서의 상호 지원활동이, 서로 공격·반격의 범위(전망)를 국제화시킴과 동시에 각국의 시장 점유·위치간의 상호 의존성(글로벌라이제이션)을 더해감에 주목하고 싶다.

그 의미에서 상호지원 활동의 유무와 강약이, 기업의 경쟁전략의 글로벌성을 규정하는 요소라고 할 수 있다.

....

Hood & Jan - Erik Vahlne. ed Strategic in Global Competition, croom Helm 1988, pp. 9~10.

< 제 4 절 >
글로벌 경쟁우위 전략의 구축
~ 그 기본적 견해 ~

1 경쟁우위를 구성하는 제요소

이제까지의 고찰에서, 글로벌 경쟁시대에서의 국제비즈니스 전략의 구축을 생각하는데, 기업의 장기적인 '전략적 의도'와 '상호지원능력'이 얼마나 중요한가가 명확해졌다.

자사와 라이벌 회사의 '전략적 의도', '상호 지원능력'을 정확히 분석·판단하는 일 없이는, 즉 먼저 무엇보다도 우선하여 자타의 '기업 특유적 우위'의 정확한 식별 없이는, 뛰어난 경쟁우위 전략에 대한 구축은 바랄 수도 없다.

그래서 이하에서, 하멜·프라할라드에 의해, 글로벌 경쟁우위 전략 구축에 관한 기본적 개념을 제시하도록 하면 다음과 같다.[188] 이 개념은 두 가지 요인으로 구성되어 있다. 즉, 1) 세 타입의 국제경쟁우위 원천과, 2) 세 가지 전략지향이 그것이다.

1) 세 타입의 국제경쟁우위 원천

기업이 지닐 수 있는 국제경쟁우위로서는, 적어도 다음과 같은 세 가지 유형을 생각할 수 있다.

188) G. Hamel and C. K. Prahalad, 1988, pp. 12~18.

· 요소 비용의 국제간의 상위에 기인한 입지 특수적 우위 (Location Specific Advantages) … 비용 우위의 추구
· 국제적 규모의 대량생산·마케팅에 의한 초국가적 규모의 경제와 그 경험효과 … 규모의 경제성 추구
· 비용 우위에 간섭하여, 새로운 참여 장벽을 만들어 내는 글로벌 유통 시스템 … 범위의 경제성 추구

이미 서술해 왔듯이, 이들 중, 비용과 규모는 '규모의 경제성'에 관련되고, 범위는 '범위의 경제성'에 관련된다. 또한 이제까지 자칫하면, 비용과 범위의 장점이 지나치게 강조된 경향이 있어, 글로벌 시대에 범위의 장점에 대한 주목이 요청되어 온 것도 보아온 그대로였다.

2) 라이벌 기업의 전략적 의향

개념 요소의 다른 한 차원을 구성하는 것이 상대 기업의 '전략적 의도'이다. 그것도 세 타입으로 대별할 수 있다.

① 글로벌 지배 구축형

일본 기업에서 많이 볼 수 있는 이 타입의 기업 의도는, 현재 갖고 있는 경쟁우위를 지렛대로 한, 장기적인 글로벌 브랜드의 지배·유지에 있다. 적극적 선행 투자, 신속한 제품도입에 의한 시장 확대, 제품 세그먼트의 확장(제품 차별화), 지역시장 간의 상호지원 활동(기업 내 거래와 외환 가격 조작) 전개 등을 통하여 이 타입의 기업은, 글로벌에 그 유통 채널

의 지배·확대 (상권의 유지·확장)를 꾀하려 한다. 더 나아가 투자 타이밍을 잡는 데도 매우 적극적이며, 상업 리스크에 대하여 도전적 동기·태도를 취하는 것을 특징으로 하고 있다. 따라서 라이벌 기업의 출현방식에 따라서는, 이 타입의 기업은, 상기 세 타입의 경쟁우위를 자유롭게 구사하여 대응한다. 그 전략적 지향성에서 보아 하멜·프라할라드는, **글로벌 지배 구축형**(Building Global Presence)이라 부르고 있다.

② 국내지배방어형

국내지배방어형(Defending Domestic Dominance)이라 불리는 기업이다. 외국의 라이벌 기업의 코스트 공격에 대응하기 위해, 스스로도 저 코스트를 지향하여 해외생산을 시작한다. 더 나아가 라이벌 기업의 대량투자나 공정기술개발에도 대응하려고 노력한다. 그것에 실패하면, 정치적 해결 또는 협조상대를 찾아 제휴한다(최근 미국 기업에서 많이 볼 수 있다).

③ 국가별분산형

소위 다국적 기업이 국제적으로 유통(상권) 개발을 하고 있으나, 그 활동은 각국·시장마다 그 재외 자회사에 분담시키고 있기 때문에, 자회사에 상당한 자율성이 주어져 있다. 따라서 이들 자회사는 각각의 시장에서 성공을 이루는 일은 적지 않다. 따라서 한때 라이벌 기업(특히 A타입 기업)으로부터의 공격을 만나면, 조직 전체가, 조정 면에서 곤란에 직면하는 일도 적지 않다. 전통적으로 나라별의 자율성을 중시해 온 유럽의 다국적 기업이 여기에 해당하며, **국가별분산형**(Overcoming National Fragmentation)이라 부를 수 있다.

이렇게 하여 우리들은 상기의 '세 가지 경쟁우위의 원천'과 '세 타입의 전략적 의향'에 의해, [표 8-2]와 같은 2차원 매트릭스를 제공할 수 있다. 이하에서는 이 표를 참조하면서 새로운 글로벌 경쟁시대의 각 타입의 기업이 채택할 수 있는 대체적 대응전략을 개관하겠다.

표 8-2 글로벌 경쟁전략의 차원

	전략적 의도		
경쟁우위의 제요소	글로벌·프레젠스의 구축	국내지배 방위	나라별 분산화의 극복
요소 코스트의 상위	규모에 역점	코스트에 매치	각국 자회사에서 코스트 삭감
글로벌 스케일	코스트 / 볼륨 관계의 재점검	국내에서의 합리화	생산의 합리화
글로벌 유통	세계제패를 지향하는 상호 지원활동	보복 능력을 갖는다.	전 회사적 규모에서의 전략적 직책배분의 재점검

자료 : G. Hamel and C.K. Prahalad, 1988, p. 14.

2 글로벌 경쟁우위와 국제비즈니스의 관계

본 장에서 우리들은, 경쟁우위를 구성하는 요인으로서, 이제까지 너무 상대적으로 비용 구조나 이노베이션, 제품차별화 등의 하드적 요소에 지나치게 집중한 것에 대한 반성을 촉구해 왔다. 다른 한편 소프트적 요소를 중시하고, '범위의 경제성'을 주요 개념으로 하는 글로벌 브랜드 지배가 얼마나 중요한가를 강조해 왔다.

그렇다고는 하나 글로벌 경쟁우위를 유지·확대하기 위해서는, 상기의 하드와 소프트의 어느 한쪽에 편중한 전략 채택이어서는 안 된다는 사실도 중요하다. 하드와 소프트를 하이브리드화 하여 경쟁우위 전략을 구축하는 데는, 어떻게 하면 좋은가? 그것에 답하는 것이 과제이다.

여기에서는, 다음과 같은 세 가지의 어프로치가 그 방도에 관련됨을 간결하게 나타내는 것으로, 본 장의 결론을 대신하기로 하겠다.

① FMS(플렉시블 생산체제), 컴퓨터 지원의 디자인과 생산, 로보틱스 등에 투자를 집중하여, 제품 속성의 다양화를 꾀한다.

② 스케일 메리트를 유지하면서, 스케일에 의존하는 제품의 '핵심' 부분과, 의존도가 비교적 적은 '주변' 부분으로 확실하게 나눈 '모듈 어프로치(Modul Approach)'를 제품 디자인으로 도입한다.

③ 양적으로 시장에 관한 지식의 획득이나 로컬 마케팅 활동에 인풋트하여, 마케팅·믹스의 '하드'를 형성하는 제품 면뿐만이 아닌, '소프트'에 속하는 포지셔닝에도 그것을 응용한다.

Part 9 글로벌 마케팅 전략

< 제 1 절 > 국제마케팅 계획과 전략의 수립

해외시장에 진출하려는 브랜드는 체계적인 **국제마케팅계획**의 수립을 필요로 한다. 해외시장에 브랜드를 성공적으로 진출시키기 위해 필요한 국제마케팅계획의 수립과정은 [그림 9-1]과 같다.

국제 마케팅 환경의 평가
↓
대상국의 결정
↓
해외시장의 결정
↓
해외시장 진출방법 결정
↓
국제 마케팅 프로그램 결정
↓
조직 결정

그림 9-1 글로벌 마케팅 계획의 수립과정

첫 번째 단계는 국제마케팅환경의 변화가 우리 기업에게 제공하는 시장기회와 위협정도를 평가하는 것이다. 이는 마케팅계획의 다음 단계인 특정 해외시장에의 진출여부와 진입방법 등의 결정에 직접적인 영향을 준다는 점에서 중요하다. 세계에서 가장 규모가 큰 생활용품 기업인 Procter & Gamble은 동유럽 시장 진출 · 확대의 교두보를 확보하기 위해 1991년 체코 내에서 가장 큰 세제업체인 Rokona를 4,500만 불에 인수하였다. 이러한 결정을 내리기에 앞서 P&G는 동유럽 국가들의 세제에 대한 수요량, 미래의 소비자 구매력, 광고 및 유통기관, 매출에 장애가 될 수 있는 무역규제, 정치적 분위기 등을 평가하였다.

국제환경에 대한 분석이 이루어지면, 마케터는 해외시장에서의 시장점유율, 매출, 이익 등의 전반적 **마케팅목표**를 결정하는 두 번째 단계로 들어간다. 환경 분석과 마케팅목표를 토대로 마케터는 특정 해외시장에의 진입여부를 결정하는 세 번째 단계로 넘어간다. P&G는 다양한 환경적 제약요인들이 존재함에도 불구하고 **미래의 성장 가능성**(기회)을 보고 동유럽 시장에 진출하기로 결정하였다. 단기적으로 제품을 판매하는 데 어려움이 예상되지만, 헝가리, 폴란드, 체코 등의 여러 동유럽 국가들의 자유시장경제체제로의 전환은 소비자 구매력의 증가, 주요내구재 시장의 성장, 세제수요의 증대를 유발할 것으로 판단하였다. 네 번째 단계는 **시장진입전략**을 결정하는 것이다. 시장 진입전략은 해외공장의 설립, 현지기업의 인수, 현지기업과의 합작투자, 기술제휴, 혹은 현지유통경로를 이용한 제품수출 등을 포함한다.

다섯 번째 단계는 **제품마케팅 전략**을 수립하는 것이다. 이는 진출하려는 시장에서 표준화 전략과 현지적응화 전략 중 어느 것을 선택할 것인지를 결정하는 것이다. P&G 생활용품에 대한 욕구와 선호도에서 국가별 차이가 존재함을 고려하여 적응화전략을 처택하였다. 인수시점에는 Pokona가 생산하는 세제가 체코 내에서만 판매되었으므로, P&G는 폴란드와 헝가리 시장에 대해 제품의 수정이 필요한지를 결정하기 위해 소비자 욕구와 제품용도에서 국가간의 차이가 있는지를 조사하였다. 만약 폴란드와 헝가리 시장에 대해 별개의 세제상표를 도입하기로 결정한다면, 제품관리자는 각 상표에 대한 가격, 광고, 유통전략도 함께 결정해야 한다. 국제마케팅 계획수립과정의 마지막 단계는 제품의 성과를 평가·통제함으로써 차기의 마케팅 전략수립에 반영한 것이다.

< 제 2 절 > 국제마케팅 환경

1 국제마케팅 환경

글로벌화 시대, 정보화 시대에 살고 있는 우리는 국제시장에 진출하려면 국제마케팅 환경을 철저하게 이해하여야 한다. 앞에서 언급하였던 바와 같이 지난 20년간 그러한 환경에 커다란 변화가 있었고, 이에 따라 새로운 기회와 문제점들이 발생하였다. 세계경제가 글로벌화 되고 세계무역과 투자가 급격히 증가함에 따라, 서구와 동구,

중국, 태평양 연안 국가 및 러시아 등 세계 도처에서 새로운 시장이 개방되어 다국적 기업들에게 매력적인 시장으로 등장하였다.

다른 한편으로는 선진국들을 중심으로 자국의 산업보호를 위하여 보호무역주의 정책을 강화하고 있는 추세에 있고, 우리나라는 미국을 비롯한 선진국으로부터 수입시장 개방 압력을 받아 대부분의 상품시장과 금융 및 서비스 시장을 개방하지 않을 수 없게 되었다. 따라서 국내기업의 입장에서 보면 기업 간의 경쟁이 국내에서 그치는 것이 아니라 국제적으로 무한대의 경쟁을 하지 않으면 안 되게 되었다.

이러한 상황변화는 우리나라가 해외 의존적인 경제체질을 지니고 있는 특징과 함께 단순상품 수출의 형태로 경제를 유지해 오던 방식을 탈피하여 근본적으로 새로운 접근 방법이 필요하게 되었음을 시사하고 있다.

국제마케팅 환경은 [그림 9-2]의 해외시장 환경 분석에서 나타나듯이 복잡하고 다양한 환경요소들로 구성되어 있다. 키건(Keegan)은 시장환경특성을 시장특성과 마케팅하부구조의 마이크로적 요소와 법률적 환경, 산업특성, 정부의 정책 및 태도, 자원보유현황, 재무적 환경 등의 마크로적 요소로 구별하고 있다. 해외시장환경을 마이크로적 접근과 마크로적 접근이 있는데 어느 한 쪽만 치우치게 되면 일방적인 요인만 보게 되므로 효율적인 국제마케팅 전략의 전개를 이룰 수 없다. 예를 들면 맥도널드에서 저녁을 먹는다는 것은 뉴욕에서는 돈을 더 벌기 위허 대충 식사를 때우는 것을 의미하지만 모스크바에서는 지위와 부를 과시하는 수단이 되기도 한다.[189]

189) Fons Trompenarrs, Riding the ware culture, Nicholas Brealey publishing 1993, p. 20.

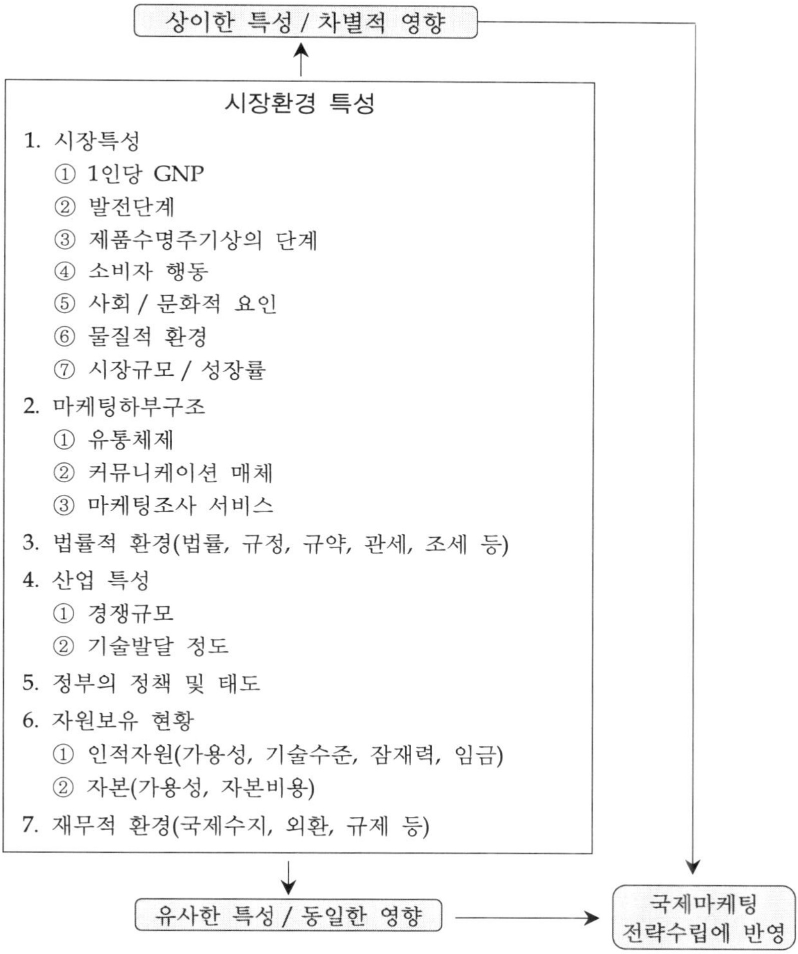

자료: W. J. Keegan, Global Marketing Management, 4th ed. (Englewoods, N. J.: Prentice Hall, 1989), p. 47.

그림 9-2 해외시장의 환경분석

세계적 재봉틀회사인 싱어사(Singer Machine Company)의 이슬람문화권의 재봉틀 판매경험은 해외시장환경의 제품정책의 대응을 보여주는 좋은 예이다. 싱어사는 이슬람권국가에서는 부인의 지위가 낮고 판매원이 접하기가 쉽지 않다는 점을 고려하여 부인들에게 접근하지 않고 남편들에게 접근하여 재봉틀이 얼마나 많은 작업을 하고 손쉽게 하는가를 교육시킴으로써 회교권 국가에 판매에 성공하였다.190) 국제마케팅 환경 분석의 중요성을 보여주는 한 예이다.

해외시장의 환경 분석에는 시장특성, 마케팅하부구조, 법률적 환경, 산업 특성, 정부의 정책 및 태도, 자원보유 현황, 재무적 환경 등이 포함된다.

2 글로벌·마케팅 환경과 전략

1) 표준화와 세분화 현지적응

글로벌·마케팅에서는 글로벌 표준화와 현지적응과의 밸런스와 논의의 요점이 된다. 일찍이 레비트는 소비자 기호는 수렴한다고 하여 글로벌 시장의 도래를 예측했다.191) 그러나

190) J. A. Lee, "Cultural Analysis lin International operation," Harvard Business Review, 1966, Mar-Apr, pp. 104~114.

191) Levitt. T, The Golbalization of Marketings, Harvard Business Review, 1983, 61(3), pp. 92~102.

아직도 나라 사이의 기회의 차이는 존재하고 앞으로도 결코 사라질 것 같지도 않다.

그러나 이러한 소비자 기회의 나라마다의 차이는 시장의 분할에서의 하나의 측면에 지나지 않는다. 그 밖에 세대, 성별 등 나라를 넘어 성립되는 세분화(segment)가 있다. 또한 나라의 차이는 소비자 기회 외에도 유통 시스템의 차이, 광고 선전의 차이, 가격 정책의 차이 등 다양한 측면에서 인정된다. 그리고 그러한 어느 것에서도 이러한 글로벌 표준화와 세분화(현지 적응화)의 밸런스가 중요하다. 예를 들어 세계 표준의 선전 광고는 경제적으로는 효과적이지만 각국 고유의 문화나 규제에 대응할 수 없다. 가격 정책도 때로는 나라마다 차별화 하는 것으로써 이익을 주기도 하지만, 시장이 국제적인 상호의존, 상호침투의 관계에 있는 오늘에는 나라마다의 시장 정보의 격리는 극히 어렵다. 어느 나라에서 과격한 가격 전략(가격 인하 정책)으로 진출하여 타국에서 경쟁 타사의 참가를 단념시키는 등 혹은 경제의 상호의존의 현실을 교묘하게 파악한 전략도 필요하다.

또한 마케팅이라는 기능 중에서도 제품 브랜드 전략처럼 글로벌 전략이 보다 적합한 것에서 판촉 활동처럼 현지 적응 전략이 전적으로 중요한 것까지 다양하다.

현지시장에 대한 진출의 진전과 함께 마케팅 정책이 중요해진다. 수출 시에는 수출업자를 통하는 간접 수출, 해외 수입업자를 통하는 직접 수출의 어느 경우도 기업은 현지국에 대해 직접적으로 마케팅 전략을 실시하는 경우는 없다. 그러나 현지에의 수출의 확대와 함께 현지국에 대한 직접투자를 실시하여 자회사를 설립하여 현지 시장과의 접점을 갖게 된다. 처음에는 현지 유통 업자에 의한 판매를 실시하지만 이윽고 판매 자회사를 시작해 직접 판매에 진전한다.

이 단계에 이르러서는 현지 시장에서의 마케팅 정책이 중요한 경영상의 논점이 된다. 제품은 본국으로부터 수입, 현지 생산 혹은 그 외의 나라에서의 수입이라는 선택이 있다. 현지의 판매 회사를 스스로 설립할 지 혹은 업자를 매수할지의 선택도 있다. 현지 기업과의 합작을 취하는 경우, 현지시장의 요구 및 현지 유통 시스템에 대한 보다 세밀한 배려가 가능해진다. 세계대형할인점의 선두주자인 월마트와 까르푸는 지금까지 중남미, 동유럽, 남유럽, 아시아와 같은 지역에 진출해 북미나 서구에서는 거의 성공했지만, 한국에서는 철회할 수 밖에 없었다.

또한 1995년에 일본에 진출한 미국의 스타벅스·커피도 처음에는 엄선된 커피콩 사용, 마음을 안정시키는 공간 등 시애틀풍 스타일이 일본에서도 통용될지 불투명했다. 1996년에 긴자에 출점한 해외 1호점은 미국식 그 자체였지만 그 후 일본풍 메뉴도 매년 내놓았다. 사자비와의 합작에 의해 일본 고객기회에 대한 적응이 잘 된 예라고 할 수 있다. 전 세계 공통의 브랜드 이미지와 현지 특유의 상황에 대한 적응 밸런스를 잡기 위해서 얼라이언스 전략을 잘 활용한 예이다.[192)]

192) 日本經濟新聞. 2002년 7월 4일, 朝刊.

2) 글로벌 · 브랜드의 구축

기업이 자사 제품 브랜드를 전 세계 규모로 구축하려고 시도할 경우 글로벌 · 브랜드 팀을 활용하는 경우가 있다. 그 팀은 통상 각국에서 다양한 그랜드 개발 단계에 종사하고 있는 브랜드 립(brand representatives)으로 구성된다. 또한 광고선전, 시장 소비, 판촉 등의 담당자도 더해지는 경우가 있다.

이 글로벌·브랜드 팀이 갖는 문제점으로서는 전 세계적인 규모로의 브랜드에 관한 의사결정의 책임자가 갖는 애매한 점으로 여겨진다.[193]

아카 등은 듀퐁의 Lycra 브랜드를 문제 삼아 다음과 같이 설명하고 있다. 이 합성 섬유는 오랜 세월 전 세계에서 사용되어 왔지만 그 응용범위의 넓이 때문에 브랜드 전략에서 고생해왔다. 수영복 디자인을 리드하고 있는 브라질, 파션 관련에서는 프랑스와 같이 듀퐁은 각 응용 제품에서 가장 강한 나라의 매니저에 그 권한과 책임을 위양해 왔다. 그리고 Lycra의 글로벌 · 브랜드 매니저의 역할은 이러한 다양한 응용 제품의 브랜드 전략이 전체적으로 정합성을 유지하도록 지켜보는 것이다.

193) Aaker. D & E. Joachinhales, The lure of Grobal branding Harrvard Business Review, 1999, Nov.

< 제 3 절 > 시장세분화와 제품 포지셔닝

1 시장세분화

1) 시장세분화의 개념

시장세분화(market segmentation)란 글로벌 표준화 개념과 달리 각 시장에 따라서 소비자들의 기호와 욕구가 다르고 그 결과 특정 제품에 대한 수요도 시장에 따라 다를 것이라는 가정하에서 출발한다. 따라서 여러 가지 환경변수를 이용하여 시장을 마케팅 활동에 반응을 보일 것으로 예상되는 세분시장(market segment)으로 구분하는 것을 말한다. 결국 여러 시장을 동질적인 특성을 갖는 여러 세분시장으로 나누는 일이라 할 수 있다.

시장세분화는 표준화와 달리 특정 제품에 대한 특정 시장 소비자들의 기호가 전혀 이질적이고 나아가 이러한 이질적인 소비자들을 어떤 동질적인 세분시장(homogeneous segment)으로 모아서 분류할 수 있으며 동시에 이렇게 세분화된 시장이 특정 제품이나 특정 마케팅 믹스에 대해 전혀 다른 반응을 보이게 될 때 그 의미를 갖게 된다.

2) 글로벌시장 세분화 전략

글로벌시장 세분화는 소비자들이 전 세계 여러 지역에서 산재해 있음에도 불구하고 유사한 소비자 반응(구매특성)을 가지고 있으면 그들에 대한 동일한 마케팅 전략을 적용할 수 있다는 사고를 기초로한 것이다. 사실, 글로벌 기업이 서로 다른 기호와 욕구를 가지고 있는 상한 환경하의 모든 소비자를 다 만족시킨다는 것은 불가능한 일이다. 이런 경우 시장을 각 변수들에 따라서 세분화하고, 동질성을 가지고 있는 이들 세분시장의 소비자 욕구를 만족시키는 방안을 강구하는 것이 훨씬 더 바람직하다. 예를 들면 기후, 지역, 도시규모 등의 지리적 세분화에 의해 의류나 음료수의 욕구의 동질성이 있을 수 있으며 연령, 성별, 소득수준에 의해 소비자 욕구가 유사할 수 있다는 것이다.

글로벌시장세분화는 가전업체 및 소비재 시장 모두에 있어서 대단히 중요한 마케팅 전략이다. 가전업의 경우 냉장고를 생산하는 기업은 전 세계 시장을 냉장고를 사용하여 생산하는 여러 가지 제품의 생산업자 별로 세분화할 수 있다. 또 스카치위스키나 뉴스위크와 같은 소비재의 경우 시장을 동일한 기호를 가진 소비자를 기준으로 세분화 할 수 있다. 결국 글로벌시장 세분화는 전 세계 시장을 유사한 제품이나 가격, 촉진 그리고 유통에 대해 동일한 반응을 보일 것으로 생각되는 세분시장으로 나누는 것이다.

글로벌 기업은 시장세분화를 통해 특정시장에 대한 침투를 극대화하고 전략적 우위를 확보함으로써 마케팅 효율을 증대시킬 수 있다. 또 특정 소비자 그룹의 기호와 욕구에 부응할 수 있도록 마케팅계획을 수립할 수 있을 뿐 아니라 특정(세분)시장에서 선도 기업으로 발돋움 할 수 있는 기회를 포착할 수도 있다. 시장세분화는 보다 더 높은 수준의 소비자 욕구를 충족시키고 동시에 기업의 자원을 보다 더 효율적으로 극대화 할 때 가장 효과적인 전략이 된다.

2 제품 포지셔닝(product positioning)

1) 제품 포지셔닝의 개념

제품 포지셔닝이란 자사의 제품이 타 경쟁 회사의 제품과 비교하여 아주 특별한 어떤 고유한 특성을 가지고 있다는 점을 고객의 마음에 확고하게 심어주는 것을 뜻한다. 이것은 자사의 제품을 경쟁회사의 제품과 차별화하기 위하여 제품의 특성, 즉 상표, 포장, 가격, 유통, 광고 등을 변화시키는 것을 뜻한다.

특정 제품의 포지셔닝은 고객들이 그 제품의 속성, 즉 가격, 기능, 품질, 스타일, 디자인 등에 대해 어떻게 평가되고 있는가를 조사하여 그 결과를 이차 평면이나 그 이상의 공간에 표시함으로써 파악이 가능하다.

이렇게 표시된 제품의 포지셔닝은 고객이 생각하는 그 제품의 특성을 나타내게 되는데, 그것은 또한 그 기업의 차별적 우위를 나타내는 것이기도 하다. 자사 제품의 포지셔닝이 경쟁회사 제품의 포지셔닝과 근접하게 위치할수록 비슷한 특성을 가진 경쟁회사가 되고, 반대로 멀리 떨어져 위치할수록 직접적인 경쟁대상에서 제외됨을 의미한다. [그림 9-3]은 요한슨과 트로렐리의 소형 승용차의 미국 소비자들이 경제성과 성능을 기준으로 평가한 포지셔닝을 나타내고 있다. 혼다 어코드와 포드무스탕, BMW320i와 VW Rabbit의 포지셔닝을 의미해 볼만하다.

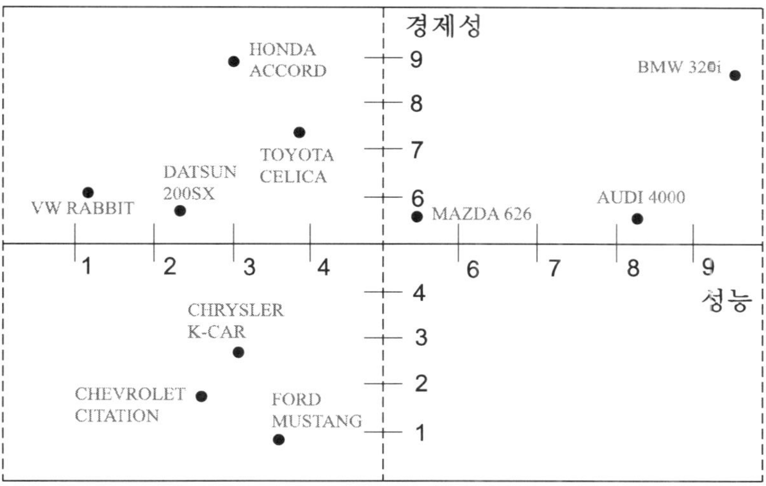

자료 : J. K. Johansson and H. B. Thorelli, "Internationnal Product Positioning," *Journal of in ternationnal Business Studies*, Vol. 16, No. 3, Fall 1985, p. 59.

그림 9-3 소형 승용차의 포지셔닝 (미국)

2) 제품포지셔닝 관리

기업이 제품을 성공적으로 수출하기 위해서는 제품의 포지셔닝 전략을 분석 개발하는 것이 대단히 중요하다. 이를 위해서 먼저 자사제품을 포지셔닝 하는 것이 필요한데 제품의 포지셔닝은 다음의 절차를 통해 이루어지게 된다.

첫째, 자사 제품의 특징을 분석한다. 이때 제품의 특성은 가격, 기능, 품질, 스타일, 디자인 등으로 나타낼 수 있는데 그 특징은 제품마다 그리고 시장마다 다르게 된다. 예컨대 자동차의 경우 안전성, 경제성, 내구성, 스타일, 운전의 안락성, 색상, 마력 등의 특성이 특히 중시된다.

둘째, 제품의 여러 가지 특성 중 현지의 잠재적 소비자가 가장 중요하게 고려하는 특징을 파악해야 한다. 예를 들면 자동차의 경우 현지 소비자들이 자동차를 구입할 때 안전성, 경제성, 스타일, 색상 중 어떤 특성을 가장 중요하게 고려하는가를 파악한다.

< 제 4 절 >
글로벌 경쟁구조

글로벌 전략의 다른 측면은 경쟁적 산업구조의 성격이다. CAD/CAM(컴퓨터지원설계/제조)의 결과로서 고객수요에 적응할 수 있는 유연한 제조기술이 상당히 진보되고 있다. 그러나 실천적으로는 종래 생각되었던 것 이상으로 어려운 것으로 알려져 시장경쟁의 중요한 특징으로서 지금 또한 규모의 경제성에 중요성이 남아 있다.

이론적으로는 **규모의 경제성**이 크면 클수록, 큰 시장 점유율을 갖은 기업의 이점이 더욱 커진다. 그 결과 많은 기업은 경쟁상대 보다도 더 욱 큰 시장 점유율을 획득 하려고 경합한다. 규모의 경제성은 더욱 큰 공장은 보다 효율적으로 운영되고, 그 큰 공장의 제품 1 단위당의 비용은 간접비가 더욱 대량의 생산물에 배분되기 때문에 더욱 낮기 때문에 발생한다.

또 하나의 규모의 경제성은 학습효과에서 발생한다. 즉 시간의 경과와 함께 기업의 누적생산량이 증가 한다면 점점 증가하는 누계적 경험에 의해 기업은 보다 효율적인 생산 방식을 학습한다. 이러한 효과의 전부가 점유율 확대 경쟁을 격화시킨다. 일단 높은 레벨의 규모의 경제성이 달성 되면은, 그것이 이 시장의 신규 진입자에 대한 강력한 장벽이 된다. 규모의 경제성을 기초로 해서 자기의 경쟁 우기를 확립하는 기업은 코스트 리더십 전략을 채용하는 기업으로 불려진다.

그러나 **코스트 리더십**이 계속되는 보증은 없다. 프렉스 제조와 고객의 요구와 같이 생산이 충분이 실제적으로 되기까지는, 고객의 엄밀한 욕구에 보다 좋게 적응하기 위해서는 제품 차별화 전략을 취하는 기업에 대해 코스트 리더는 약점이 될지 모른다. 보다 낮은 비용은 타 시장분리에서 고객을 유인한다고 말하고 있지만 어느 종류의 고객은 자기들이 원하는 독특한 제품 특성의 제품에는 플레미엄 가격을 기꺼이 지불할 것이다.

제품의 독특함은 사용의 쾌적성, 고급성능, 미적감각, 신분상징, 자기 이외는 소유하지 못하는 우월감도 등장한다.

자동차산업의 BMW와 볼보는 자동차 시장의 **고급세분화**로서 그들의 경쟁력이 유지되었다. **니치(Niche) 전략**을 취하는 기업은 시장의 고도에 전문화 한 세분화만으로 초점을 맞춰 이 세분화에서는 우월한 지위를 확립하려고 한다. 자동차 산업의 폴셰(porsche)와 사브(saab)는 도전하려고 한다. 자동차 산업의 폴셰(poorsche)와 사브(saab)는 高마력의 스포츠카의 애호자 세분화에서는 경쟁력을 유지했다. 그러나 글로벌경쟁의 시대에는 특별히 나치기업은 글로벌 스케일로 경쟁하는데 필요한 규모의 경제성이 없다는 점으로 대규모기업에 대해 약점은 가질지 모른다.

< 제 5 절 >
하이퍼 경쟁

어떠한 산업에서도 일정의 고객과 구매자, 대체를 출현의 위협 및 이 산업에의 장벽을 주었다고 한다면, 이 산업내의 여러 기업은 보다 좋은 경쟁지위를 요구하여 경합한다.

팩스와 복사기 업체인 리코(Ricoh)는 새로운 디지털 제품으로 등장했지만 이러한 제품기능은 종래와는 다른 기술을 사용하며 캠코더와 무비카메라의 역할을 하였다. 리코는 캠코더와 무비카메라 업체와 직접적으로 경쟁했는데 이런 일은 10년 전에는 생각할 수 도 없던 일이었다. 경쟁에 관한 이러한 관점은 끝없는 변화를 가정하고 있고 이 가정은 하이퍼 경쟁 전략의 배후에 있는 기본적인 것으로 기업활동의 최대의 초점을 시장을 교란하는데 있다는 견해이다.

하이퍼 경쟁의 기본전제는 모든 기업이 침략적 경쟁의 한 형태로 직면하고 있다는 점이다. 그 경쟁형태는 과점적 또는 독점적 경쟁보다도 격화되어있지만 개별기업이 원자적으로 시장 수요에 어떤 영향력을 갖지 않는 완전 경쟁일수록 엄격하지 않다.

하이퍼 경쟁은 많은 기업이 4가지의 무대에서 경행할 것을 규정하고 있다.

1) 비용과 품질

일본의 기업은 미국의 경쟁기업과 유럽의 경쟁기업에 저비용과 고품질이 동시에 달성가능하다는 점을 확인시켰다. 첫 번째 무대는 가격과 품질의 양면에서 경쟁한다. 이 경쟁은 코스트 리더십, 차별화, 니치 전략의 형태를 취한다.

시간 경과와 함께 경쟁에 승리하기 위해 시장에 있는 기업은 가격과 품질의 양면에 서로 유사하다. [그림 9-4]에서 나타내는 것처럼 모든 기업의 최종의 가치점보다 좋은 품질과 보다 낮은 가격이라는 점에 이동하려고 한다. 제조기술의 전보에 의해 이전보다도 여러 기업이 고품질, 저가격 전략에 접근하는 것이 가능하게 되었다.

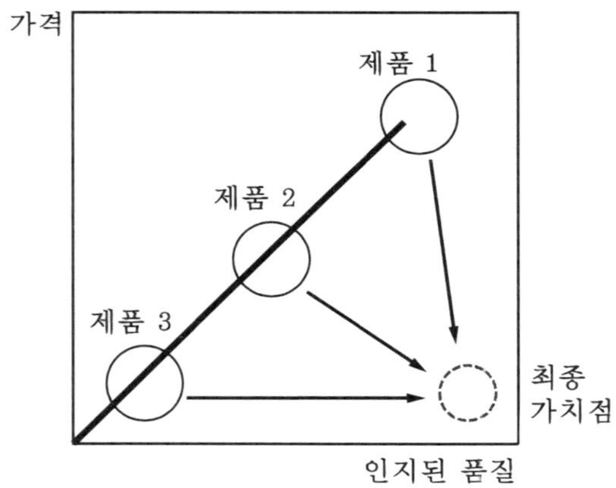

출처 : *Triad Power : Hypercompetition : Managing the Dynamics of Strategic Maneuvering*, p. 62, Copyright ©1994 by Richard A. D'Aveni.

그림 9-4 가격/품질 트레이드오프 및 최종 가치점

2) 타이밍과 노하우

이 전략은 시장에 제일 처음 진입한 기술리더가 되는 여러 요인에 관계한다. 우선 경쟁이 타이밍과 노하우 분야에 이전하면 기술, 마케팅기법 및 기업이 소유하는 타 자산이 시간면에서의 우위를 획득하기 위해 경쟁자에 대한 무기가 된다.

지금은 기업이 자사가 공급하는 제품분야의 시장에서 개척자가 되려고 한다.[194] 이 신제품의 전부가 시장에 성공한 것은 아니지만 워크맨, 8미리 비디오, DVD 등을 판매하여 개척자적 우위를 추구한 회사는 소니이다. 그러나 현실적으로는 개척자적 열위도 존재한다.

3) 강력한 시장거점

자사가 강한 지리적 시장 세분화나 타 시장 세분화를 의미하는 강력한 시장거점을 지칭한다. 기업이 어느 시장 세분화에서 강력한 경쟁우위를 갖기 위해서는 그 기업이 경쟁상대를 별도의 세분화로 공격하는 능력을 주는 것이 된다.

4) 재무재산

재무재산은 최신의 기술을 달성하였거나 타 기업의 기술을 샀거나, 또는 자사의 경쟁상대가 어디에 있건 간에 선 돌파하거나 회피하기 위해서는 재무재산이 필요하다. 예를 들면 스웨덴

194) Gerard J. Tellis and Peter N. Golder, First to market, First to Fail? Real Causes of Enduring Market Leadership, Sloan Management Review, 37, Winter, 1996, pp. 65~75.

의 에이시아(Asea)와 스위스의 브라운 보베리(Brown-Boveri)의 합작은 그 경영자원과 글로벌진출능력이라는 점에서 미국의 GE와 세계적으로 경쟁할 만큼의 초 글로벌기업을 탄생시켰다.

< 제 6 절 > 글로벌 마케팅전략

다국적 기업은 점점 글로벌 마케팅을 실행하여 성공하고 있다. 예를 들면 네슬레는 모든 국가에서 많은 제품에 공통브랜드를 사용하여 코가콜라와 광고 테마를 제록스와는 글로벌 라이센싱 정책을 그리고 델 컴퓨터와는 **직매전략**을 채용하고 있다.[195] 그러나 글로벌 마케팅은 무엇이든 글로벌 베이스로 마케팅 프로세스를 표준화 하는 것은 아니다. 마케팅 프로세스의 가각의 요소, 즉, 제품디자인, 제품브랜드 포지셔닝, 브랜드명, 포장, 가격설정, 광고 전략과 광고실시, 판매촉진과 마케팅 경로는 표준화 후보에는 들어가지만 표준화는 글로벌 마케팅 전략의 일부분이면서 표준화는 제품, 시장의 여러 조건, 시장발전의 여러 단계 및 다국적 기업경영자의 성격 등의 조합기업이 채용하거나 한다. 예를 들면 마케팅의 한 요소는 그 내용과 시장커버 범위에서 100% 통일되지 않더라도 글로벌화 되어 있다고 하겠다.

195) Silvia Ascarelli, Dell finds U.S Strategy Works in Europe, Wall Street Journal, Feb. 3, 1997.

[그림 9-5]의 글로벌 마케팅의 내용과 범위의 다양성에서 시장의 커버 범위와 통일내용의 양면에서 50% 이하의 크기를 갖은 유통경로에 대해 살펴보기로 하자.

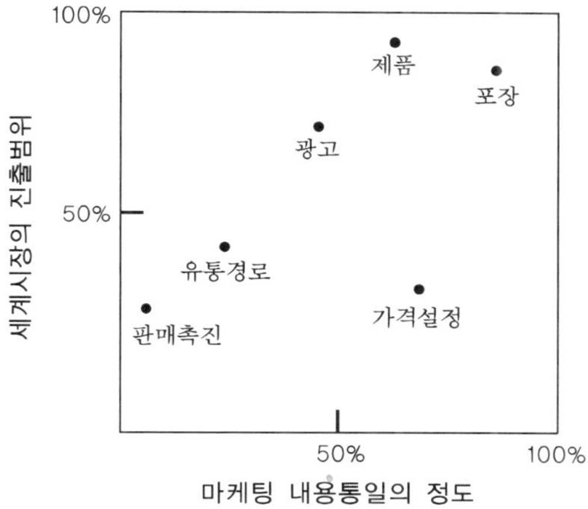

출소: George S. Yip, *Total Global Strategy : Managing for Worldwide Competitive Advantage* (Englewood Cliffs, N. J. : Prentice Hall, 1992), p. 136, N.

그림 9-5 글로벌마케팅의 내용과 범위의 다양성

이 도표에 대표되는 기업이 그 제품을 판매하는 각국시장별로 제품설비를 갖고 있지 않다고 가정한다면 그 기업이 여러 시장에서 공통된 마케팅 내용을 갖으며 아마도 유사의 활동을 하고 있는 한 그 기업은 자사의 글로벌 네트워크내의 한 곳을 제품설비간의 조정을 할 필요가 있다. 그리고 마케팅 내용이 공통되지 않는 곳에서는 유통경로가 공통으로 되어 있어 필요한 무엇인가의 변경은 그것이

상응하는 제품 및 또는 포장 면에서 변경을 할 필요가 있다. 따라서 글로벌 마케팅 전략은 그 기업 내의 직능부문, 예를 들면 연구개발, 제조 및 재무부문과의 더욱 긴밀한 연계를 필요로 한다.

바꾸어 말하면 글로벌마케팅전략은 글로벌전략의 한 구성요소에 지나지 않는다는 점이다. 비유로 생산을 최적화하기 위한 단일의 제조공장에서 이용되고 있는 JUST IN TIME 재고와 제조시스템을 생각해도 좋다. 이 JIT라는 사고를 재무와 마케팅에 확장하여 세계 중에 산재하는 모든 자회사를 포함하기로 한다. 이 경우 글로벌전략을 책정하고 실행하려는 경영자가 하여야 할 과제의 크기와 복잡함을 상상할 수 있다. 이것이 의미하는 것의 하나는 이 회사의 글로벌마케팅전략의 요구하는 여러 가지 요소와 맞물리는 연구 개발부문, 제조부문 및 제조부문의 글로벌전략 없이는 이 기업은 마케팅전략을 최선의 방법으로 실행할 수는 없다.

1 글로벌 마케팅의 이점

글로벌 마케팅 전략은 4개의 주요 글로벌화의 잠재적 이점, 즉, 비용 삭감, 제품과 판매 프로그램의 질적 개선, 고객선호의 향상 및 경쟁우위의 하나 또는 그 이상을 실현할 수 있다.[196] GM과

196) George S Yip, Total Global Strategy, Managing for Worldwide Competitive Advantage, Prentice Hall, 1992, pp. 21~23

Ford는 글로벌 마케팅에 대해 서로 다른 접근 방법을 취하고 있다. 이러한 전략상의 차이는 미국 자동차 업체인 2회사가 글로벌 마케팅에서 서로 다른 이점을 획득하려고 하기 때문이다.

1) 비용삭감

비용삭감은 노동력과 원재료의 상방의 절약에서 나타난다. 多數國에 걸친 마케팅 직능이 통합되면 마케팅 제 활동의 중복회피에 대해 인건비가 삭감된다. 비용은 글로벌광고나 광고제작, 판매촉진자료의 작성, 그리고 포장 면에서 삭감된다. 표준화된 포장에 의해 경비절약과 재고비용의 삭감을 포함한다. 매출액 20%라는 전형적인 재고보유비용의 경우는 재고량이 어느 정도 삭감되더라도 판매에 큰 영향을 준다. Exxon의 '당신의 차에 타이거 표 가솔린' 운동은 다수국의 같은 광고 테마를 사용하기 때문에 타이거의 위력과 우아함을 연상시키고 있다.

2) 제품과 프로그램 유효성의 개선

이것은 글로벌마케팅전략의 최대의 이점이라고 할 수 있다. 사업 활동의 무대에서 좋은 아이디어는 비교적 많지 않다. 따라서 좋은 마케팅을 보급시키기 위해 현지의 반대를 극복하는 글로벌화 프로그램은 그 유효성을 세계기준으로 하여 사용했을 경우 증대한다. 전통적인 연구개발은 글로벌회사의 본사 소재국에 집중하고 있다. 이것이 세계에서 좋은 아이디어의 융합이라는 시너지 효과를 저해하고 있다.

3) 고객선호의 향상

세계에서 어느 제품이 인지되어 판매되면 그 제품의 가치를 높인다. 글로벌마케팅전략은 강화작용을 통해 고객선호인지를 높이는데 일조를 한다. 글로벌시대의 통일된 마케팅 메시지는 브랜드건 포장이건 간에 제품의 서비스에 대한 지각, 인식, 태도를 보강하고 있다. 펩시는 세계의 마케팅커뮤니케이션에서 일관된 테마를 추진하고 있다. 그것은 젊음과 세계의 어느 곳에서도 펩시를 마실 수 있는 즐거움이기 때문이다.

4) 경쟁우위의 증대

소수의 마케팅 프로그램에 경영자원을 집중함으로써 글로벌전략은 이 프로그램의 경쟁력을 증대시킨다. 기업규모가 큰 경쟁자는 국별로 고품질 프로그램을 전개할 수 있는 경영자원을 갖고 있지만, 소규모 기업은 이러한 자원을 갖고 있지 못하다. 집중적 글로벌 마케팅 전략을 이용하면, 소기업도 대기업에 대해 효과적 방법으로 경쟁할 수 있다. 그러나 글로벌 전략의 가장 중요한 이점은 기업조직전체가 하나의 아이디어 하에 집결하여 이 아이디어의 성고의 찬스를 증가시킬 수 있다는 것이다. Avis는 우리 회사 업계 넘버 투이다. 그렇기 때문에 우리 회사는 더욱 더 노력한다는 아이디어를 고객만이 아니고 종업원에게 전달하는 글로벌캠페인을 처음으로 만들었다.

< 제 7 절 >
글로벌 마케팅의 한계

국제비즈니스의 심리적, 물리적 장벽을 양면에서 보면, 국경의 중요성이 없어졌지만 현지 환경의 중요성, 특히 문화적, 정치적, 법제적환경은 지금 더욱 글로벌 마케팅 전략 책정의 촉진요인이 아니고 오히려 저해요인으로 역할을 하고 있다. 사실 우리는 30년전에 환기되었던 문제를 지금도 논하고 있을 정도이다. 그 문제는 가치사슬에 의해 전략을 책정할 때 일극집중 대 다극분산이라는 상반되는 견해에 부딪히고 있다는 점이다.

물론, 지금도 **표준화 대 적응화**, 글로벌화 대 현지화로 이어지고 있지만 다국적 기업이 직면하는 전략딜레마의 본질은 변하고 있지 않다.

따라서 여기에서의 문제는 성공하는 다국적 기업이 현지 환경의 다양성의 충격을 어느 정도까지 회피할 수 있느냐 하는 데 있다. 제품표준화와 현지적응화의 문제가 여기에 있다.

10 글로벌화와 한류의 등장

다국적 기업은 국제비즈니스에서 자원의 이동과 결합과정을 거치게 된다. 이때에 다국적 기업은 특정국가의 문화에 적응해야 하는 수동적 위치를 지닐 뿐만 아니라, 그 국가의 문화를 일부 변화시킬 수 있는 능동적 입장에서 비즈니스를 전개할 수 있다. 스타벅스, 맥도널드, 타이타닉 등은 세계의 문화침투라는 말을 듣지만, 다른 의미에서는 문화적 변화의 중개인(change agent)으로서의 역할을 한다.

< 제 1 절 >
글로벌화와 민족정체성, 다국적 기업의 문화마케팅

1 글로벌화와 민족정체성

지금은 말 그대로 글로벌화의 시대이다. 국경의 벽과 이념의 벽이 허물어진 지 이미 오래다. 엄청난 양의 자본, 정보, 상품이 민족, 문화, 종교의 경계를 자유롭게 넘나들며 이동하고 있다. 냉전에서 승리한 서구식 자유-자본주의 체제의 확산이 가져온 결과다. 이러한 현상은 과거에는 이념과 종교, 문화의 장벽에 의해서 고립되어 있던 민족, 국가, 인종, 문화권 사이의 교류를 급속히 확산시키고 있다. 그리고 그 결과 과거의 이념대립 대신에 '문명' 간의 대립과 갈등을 야기한다.

혹자는 이러한 현상을 놓고 **'문명 간의 충돌'**을 예견하고 있다. 서로 다른 종교, 문화, 민족 그리고 인종을 하나로 묶어 주던 이데올로기가 더 이상 기능할 수 없는 상황에서 종교, 문화, 민족, 인종에 따른 각각의 정체성(政體性)을 내세우게 되는 것은 당연한 일이다. 그런 의미에서 르완다와 보스니아 사태는 문명 간의 거대한 충돌을 알리는 전조에 불과하다. 그리고 9・11 사태는 이러한 예측이 정확하였음을 보여준다.

문명충돌을 예견하던 사람들은 9・11 사태야말로 기독교 문명과 이슬람문명 간에 새로운 전선(戰線)이 구축되고 있음을 가장 드라마틱하게 보여준 예라고 말한다. 미국과 그 동맹국들은 이슬람과의 전쟁을 문명과 테러리즘 사이의 전쟁으로 규정하려 애쓰지만 많은 사람들은 그 전쟁을 문명 간의 전쟁으로 파악하고 있다. 이스라엘과 팔레스타인 간의 끊임없는 유혈사태 역시 이러한 견해를 뒷받침해 주고 있다.

반면 우리는 글로벌화로 인하여 문화들이 충돌되기보다는 수렴되어 가는 현상을 볼 수 있다. 특히 아이들과 젊은이들은 디즈니의 동화를 보고 맥도널드 햄버거와 도미노 피자를 먹으면서 자라난다. 그들은 닌텐도와 소니가 만든 전자게임을 즐기고, 메이저리그 야구, NBA 농구를 시청하고, 터미네이터와 타이타닉을 감상한다. 또한 버버리를 입고 벤츠를 타는 욕구의 공통화도 나타난다.

전 세계의 모든 공항에는 샤넬과 구찌가 있다. 이러한 현상은 문명의 충돌을 걱정케 하기보다는 오히려 문명의 동질화, 심하게 말해서는 '획일화' 내지는 '흡수'에 대한 우려를 갖게끔 한다. 그렇다면, 글로벌화의 급속한 추세 속에서 한국인들의 **문화적 정체성**(identity)이라고 말할 수 있는 것은 무엇일까? 한국문화는 글로벌화에 단순히 압도돼 버리는 것은 아닐까? 또, 문화 민족주의자들은 글로벌화는 곧 총체적인 미국화를 의미하며 이를 무비판적으로 수용할 경우 한국의 고유한 문화적 정체성이 파괴될 것이라고 말한다. 이러한 우려 속에 나타난 한류는 일시적 현상인가? 아니면 우리의 특징으로 나타날 수 있는가?

이러한 맥락에서 문화변화의 수많은 중개인들 중에서 문화를 이용한 다국적 기업의 전략적 실제를 논의하는 것은 필요하다.

2 문화변화의 중개인으로서 다국적 기업

다국적 기업은 비즈니스 활동을 통해서 신상품, 새로운 인사관리제도, 마케팅기법, 종업원의 훈련과 기타 정보와 지식의 확산을 하는 긍정적인 측면이 있는 반면, 불필요한 소비의 조장, 전통적인 가치관의 파괴를 가져올 수도 있는 부정적인 측면이 공존한다.

그렇다고 특정국가의 문화적 변화가 다국적 기업에 의해서만 영향을 받는다고 할 수는 없다. 문화의 변화는 수많은 주체들에 의해서 발생하며, 현재와 같이 글로벌화가 급속하게 진행되는 가운데, 외국문화를 인터넷, 대중미디어 등을 통해서 간접적으로 체험하거나 외국에서의 직접적인 경험은 그 사회의 가치관과 행동양식에 영향을 주게 된다. 물론 특정국가의 **문화적 흡수역량**(absorptive capacity)에 따라서 다르겠지만, 특정 국가의 문화적 변화가 다국적 기업의 의도적 접근에 의해서 발생하는 것은 아니다. 다국적 기업은 문화를 그냥 이용하는 것이며, 중개인일 뿐이지, 문화변화에 대한 긍정적인 측면과 부정적인 측면에 주체로서 판단되는 것은 옳지 않은 것이다.

따라서 다국적 기업이 문화변화에 대한 영향력이 존재한다고 하더라도 절대적인 것으로 판단해서는 안 되며, 긍정론과 부정론에 대한 규범적 논의가 글로벌 시대의 논쟁이 될 수는 없다. 이미 세계의 문화변화 그 자체는 자연스러운 현상이며, 우리는 보편적인 변화의 시대에 살고 있기 때문이다. 다국적 기업은 문화변화의 중개인일 뿐이다. 즉 다국적 기업은 문화를 적극적으로 이용할 뿐 강요하지는 않는다고 하겠다.

3 다국적 기업의 비즈니스 전략으로서 문화마케팅

다국적 기업은 문화를 변화시키는 주체라는 설명보다는 문화를 제품 및 서비스화 하는 비즈니스 전략을 활용한다. 이러한 비즈니스의 적극적인 양상은 문화마케팅으로 나타나고 있다.

기업의 문화마케팅은 문화를 마케팅에 활용하는 방식에 따라서 5가지 유형으로 구분된다.197)

① **문화판촉**(sales) : 문화를 광고, 판촉수단으로 활용

② **문화지원**(sponsorship) : 자사를 홍보하거나 이미지를 개선하는 방법으로 문화활동 · 단체를 지원

③ **문화연출**(synthesis) : 제품(서비스)에 문화이미지를 체화해 차별화

④ **문화기업**(style) : 새롭고 독특한 문화를 상징하는 기업으로 포지셔닝

⑤ **문화후광**(spirit): 국가의 문화적 매력을 후광효과로 향유 등이다.[표 10-1 참조]

197) 삼성경제연구소(2002), 문화마케팅의 부상과 성공전략, CEO Information (제 372호).

표 10-1 5S의 개념과 대표사례

문화마케팅의 유형(5S)	유형별 개념	사 례
문화판촉	문화의 광고, 판촉	태평양 (코카콜라, BMW, 도요타, 벤츠)
문화지원	문화를 지원하는 기업	삼성전자 (마이크로소프트, 삼성전자)
문화연출	문화의 제품, 서비스화	맥도널드, 스타벅스 (할리 데이빗, 몽블랑 만년필, 포르셰, 롤렉스)
문화기업	문화의 상징자	디즈니
문화후광	특정국가의 문화적 후광	미국, 프랑스(한류, 韓流)

자료 : 삼성경제연구소(2002), 문화마케팅의 부상과 성공전략, CEO Information (제 372호).

대표적인 사례를 말하면 다음과 같다.

첫째, 문화판촉 : 태평양은 화장품을 판매하는 것이 아니라 문화에 초점을 둔 광고를 통해 성장하였다. 일례로 프랑스에 진출할 때, 프랑스 현지에서 광고를 제작하고, 여성다움(femininity)을 강조하여 고급향수 '로리타 렘피카'가 현지시장에서 브랜드가치를 향상하였다.

둘째, 문화지원: 삼성전자는 러시아의 문화적 자존심인 볼쇼이 발레단을 지원함으로써 러시아문화를 존중하는 기업으로 인식되었다. 삼성전자의 제품은 러시아에서 신뢰할 만한 제품으로서 그 위치를 차지하고 있다.

셋째, 문화연출 : 한 잔의 커피가 아니라 한 잔의 이미지를 판다는 것에 초점을 두었다. 커피 이상의 분위기, 멋, 문화를 상징하는 대명사로 통하게 만들었다.

넷째, 문화기업 : 디즈니는 아이들만의 흥미를 유발하는 기업에서 남녀노소 모두 즐길 수 있는 복합적인 엔터테인먼트를 지향하였다. 즐거움에는 남녀노소가 없다는 인식하에 고객층을 넓혔다.

다섯째, 문화후광 : 프랑스는 문화품위를 유지하고 있다. 프랑스 vs. 비프랑스 명품으로 구분될 정도로 국가 및 국민 전체가 문화적 품위를 유지하고 있다.

상술한 가운데에서 문화를 문화판촉과 같은 수단(instrumental)으로 활용하기보다는 문화지원, 문화연출, 문화기업, 문화후광과 같은 가치(value)로서 접근하고 있는 경우로 나누어진다. 또한 가치적 접근에 있어서는 문화지원이나 문화기업과 같은 '보편적인 문화'로서 접근하기보다는 문화연출과 문화후광과 같은 '특정문화(국가문화)'를 가치적으로 활용하여서 비즈니스 전략을 전개하는 특징을 보인다.

따라서 국가 또는 민족정체성과 다국적 기업이 활용하는 문화적 속성의 결합현상은 단연 '**문화연출**(synthesis)'과 '문화후광(spirit)'의 범위에서 나타나고 있다. 이것은 다국적 기업이 문화자체를 상품/서비스에 종합적으로 체계화시키는 예술적 수준에 까지 이르렀다는 특징을 보여주고 있다. 즉 햄버거라도 다 같은 햄버거가 아니며, 특정의 햄버거가 존재하며, 커피라도 다 같은 커피가 아니라, 특정의 커피가 존재한다. 영화도 마찬가지로 다 같은 영화가 아니다.

< 제 2 절 >
다국적 기업과 문화연출(synthesis)

1 미국적 자본주의의 문화적 침투와 패스트푸드(Fast-Food)

미국을 상징하는 음식으로 우리는 맥도날드의 햄버거와 KFC의 치킨을 꼽는 데 주저하지 않는다. 맥도날드는 오늘날 전 세계 100여 개 국의 2만 4500여 매장을 통해 하루에 1000억 개가 넘는 햄버거를 판매하고 있다. 이미 1982년에 진출하여 반미 감정으로 무장되어 있던 공산권 국가들을 무참하게 무너뜨린 맥도날드는 오늘날 러시아의 모스크바와 중화인민공화국의 광저우매장에서 각각 하루에 1만 6000명의 고객을 맞이하여 세계 최고를 자랑하고 있다.

KFC 역시 맥도날드와 앞서거니 뒤서거니 하면서 전 세계로 퍼져 나간 미국의 대표적인 패스트푸드점이다. 세계적으로 70여 개국에 9700개 이상의 매장이 있으며 650만 명 이상이 켄터키프라이드 치킨을 먹는다고 한다. 이들 미국의 패스트푸드점에서 판매하는 음료 중 콜라는 모두 미국 회사 제품이기 때문이다. 패스트푸드는 말 그대로 빠른 음식이다.

20세기의 인류가 살아온 역사는 전화와 컴퓨터로 상징되는 속도의 시대라 할 수 있다. 특히 미국을 중심으로 이루어진 대중 자본주의는 모든 사람을 속도 속에 빨려 들어가게 한다. 해가 뜨면 일하고 해가 지면 일을 멈추었던 시대는 이미 구시대로 치부된다. 패스트푸드는 이러한 속도 시대에 걸맞은 음식으로 순식간에 전세계를 점령해 버렸다. 시간이 돈이라는 논리는 패스트푸드에 의지할 수밖에 없도록 사람들의 입맛을 조장하고 있기도 하다. 그러나 단맛을 주로 한 이들 패스트푸드는 '외제' 혹은 '미국제'라는 의미까지 담고 있기 때문에 더욱 강력하게 제 3세계를 점령한다. 여전히 사회주의 노선을 견지하고 있는 중화인민공화국에서도 맥도날드와 KFC는 고객 창연한 고대 중국의 건축물을 밀어내고 버젓이 제자리를 잡고 있다.

몇 년 전 중국의 한 방송국에서 조사한 바에 따르면, 중국의 어린이날인 6월 1일에 어린이들이 가장 가고 싶어 하는 곳 중 맥도날드가 80%라는 응답이 나왔다. 중국의 맥도날드마다 설치되어 있는 깨끗하고 안락한 놀이 기구는 중국 정부도 미처 생각하지 못한 것이었다. 주택 개량에 한창 열을 올리는 중이기 때문에 아직까지 일반 주택가에는 어린이 놀이 시설이 태부족이었는데, 이를 간파한 맥도날드가 매장 중 3~5평에 미국산 놀이 기구를 설치함으로써 '위생+청결+놀이기구+외제=문명'이라는 도식을 아이들에게 심어 주었다.

한 마디로 맥도널드는 새로운 문명, 그것도 미국화로서 자리 잡기 시작한 것이다.

2 헐리우드 영화와 해외진출

1) 스크린쿼터와 헐리우드, 문화 정체성

전 세계 영화가 헐리우드 폭풍 속에서 헤어나지 못하고 있지만 그나마 자국영화시장을 20% 이상 갖고 있는 나라는 우리와 프랑스, 일본뿐이다. 영화인들은 프랑스 역시 **스크린쿼터**의 힘이라고 말한다. 그러면 아무 장치도 없는 일본은 어떻게 설명해야 할까. 일본영화는 20년이 걸렸지만 스스로의 힘으로, 독창성을 살린 경쟁력으로 다시 일어섰다. 문화는 무너질 때는 하루아침이지만 되살리려면 엄청난 고통과 시간이 필요하다.

레오나르도 디카프리오의 '타이타닉'이 개봉될 때 분분했던 논쟁을 기억해 보고 그 논쟁의 결과를 상기해 보자. 하나의 영화에 대해 무역역조, 이데올로기, 민족적 자존심까지 거론되어 논쟁한 결과가 아무런 변화도 낳지 못한 채 흥행성공으로 마무리되었음을 기억해야 한다. 다만, 상품영화의 유형으로 전형화 된 헐리우드영화가 각 나라의 문화정체성을 띤 영화산업에 심각하게 영향을 주는 현상을 우려하는 것이다.

2) 다국적기업으로서의 헐리우드 영화

헐리우드 영화는 문화나 예술이기보다는 산업에 속하며 최대 목표는 이윤창출이다. 따라서 산업의 관점에서 영화를 보면 제작/배급/상영으로 나누어지며 이것은 경제 구조상 생산/도매/소매와 같다고 할 수 있다. 이미 미국의 영화 산업은 군수 산업에 이어 두 번째로 미국 경제를 유지해 주는 산업이 되었고 국가의 절대적인 개입을 볼 수 있다.

한때 람보와 록키를 보면서 '헐리우드 영화가 미국의 이미지를 세계에 심어준다'라고 우려했던 적이 있다. 하지만 그것은 벌써 옛날 이야기가 되어버렸다. 독립 영화들과 다큐멘터리 영화들이 철저히 미국을 고발하였고 더 중요한 이유는 이제 헐리우드의 영화사는 미국 것이 아니라 다국적 기업이 되었기 때문이다. MGM은 대부분 프랑스 주식이고 COLUMBIA는 RCA와 SONY의 합작 회사이며 UNIVERSAL은 마츠시타의 것이다. 이미 헐리우드는 더 이상 미국의 시상과 꿈이라는 허황된 생각을 심어주지 못한다. 오로지 그들의 목표는 최대의 이윤창출이다. 따라서 그들은 영화 제작 이외에 마케팅 분야에서도 투자를 아끼지 않는다. 우리나라 대기업 총 자산과 맞먹는 경비를 투자하는 영화도 많다.

결론적으로, 헐리우드는 영화를 만드는 곳이 아니라 영화를 파는 곳이다. 영화의 생산은 이제 군소 프로덕션(다수의 생산자)으로 넘어가 있고 헐리우드는 이곳들에서 만든 영화를 그들의 인지도와 자본을 바탕으로 국내와 세계에 배급하는 유통 배급망의 역할을 맡고 있는 것이다. 또한, 헐리우드는 이제 더 이상 이데올로기의 배급처나 미국정부의 대변인이 아닌 다양한 국적의 자본(미국, 일본, 유럽 등등)을 바탕으로 첨단미디어 테크놀로지를 기반으로 이윤의 극대화를 추구하는 자본주의의 거대 집단이라 규정할 수 있다. 헐리우드 영화시장에서 해외 시장의 중요성은 갈수록 커져가고 있다. 첫째, 제작비의 천문학적 상승 때문에 이제 미국 국내시장만으로 투자액 회수를 기대하는 것은 위험한 일이다. '람보 3'은 6,300만 불의 제작비를 들여 국내 시장에서 고작 5,400만 불의 수입을 올렸으나, 해외 시장에서 거뜬히 2억 불을 챙겼다. 둘째, 미국 내에서의 '보조시장'의 개척은 80년대 비디오는 의외로 "황금알을 낳는 거위"로 판명되었고, 여기에 네트웍 TV, 케이블 TV, 위성 TV 등의 보조 시장이 추가의 수익을 보장해 주었다. 그리고 90년대 미국 국내 시장에서 더 이상 개척할 여지가 보이지 않자 헐리우드는 지금까지 '보너스' 정도로 간주해 왔던 해외 시장으로 시선을 돌리기 시작하였다.

3 스타벅스의 문화연출

스타벅스의 성공이 돋보이는 이유는 무엇보다도 주변에서 흔히 볼 수 있는 커피라는 아이템을 가지고 세계적인 성공을 거두었기 때문이다. 그리고 이러한 성공은 슐츠 자신이 쓴 책에서 언급한 것처럼, 고객들의 커피 잔에 커피가 아닌 '진심'을 따라 주었기 때문에 가능했던 것이다.[198)]

1) 새로운 기회의 발견

1982년 지분참여로 스타벅스에 합류한 슐츠는 마케팅 부서를 책임지게 되었다. 그는 처음부터 단순한 원두 소매업이 아닌 커피를 만들어 판매함으로써 스타벅스를 키워낼 야심을 가지고 있었다. 슐츠는 이를 위해 세계를 돌아다니며 아이디어를 모으기 시작했다. 1983년 이탈리아의 밀라노를 방문한 그는 유럽식 커피판매에 흥미를 느끼게 되었다. 그는 스타벅스가 차별성을 확보하기 위해서는 이탈리아의 커피바와 같이 커피만이 아닌 커피 고유의 분위기와 느낌을 함께 팔수 있어야 한다고 생각했다. 슐츠는 이를 위해서 이탈리아 특유의 배리스타 시스템[199)]을 스타벅스에 도입했다.

---

198) 삼성경제연구소, WORLD CEO 편.

199) 배리스타(baristar)란 바 안에서 음식을 만드는 사람이라는 의미를 가지고 있는 이탈리아어이다. 슐츠는 밀라노에서 커피를 마시러 온 이탈리아인들이 커피바에서 배리스타들과 매일 이런 저런 이야기를 나누며 친밀한 관계

2) 시장세분화를 통한 문화연출의 실행

스타벅스(Starbucks)가 커피시장에 진출했을 때 커피 제조업자들은 쇠퇴해가는 시장에서 경쟁하기 위한 방법으로 원두의 재배 방식에 의한 뛰어난 맛과 같은 합리적인 이익(rational benefit)에 초점을 맞추고 있었다. 이와 반대로 스타벅스는 다양한 커피 종류와 매장 분위기를 통해 고객들이 커피를 마시는 행위를 즐기도록 하는 체험을 창조해 내었다. 커피를 물처럼 마시며 어디든지 공짜 커피가 당연시되는 미국적 상황에서 소비자에게 커피라는 제품보다 체험을 재정의함으로써 엄청난 성공을 거둔 것이다.

3) 새로운 비즈니스 개념의 창출 및 전개

1980년대 중반까지만 해도 미국에서 커피란 그저 레스토랑에서 후식으로 판매되는 것이라고 생각했었다. 그러나 슐츠는 스타벅스 매장을 단순히 커피를 마시러 오는 것이 아니라 재충전과 사교를 위한 장소로 탈바꿈시키기 위해서 매장 분위기에 무엇보다 공을 들였다. 다양한 고객 취향을 만족시키기 위해 수많은 메뉴를 개발해냈고, 제품의 진열 및 내부 인테리어 하나하나에 스타벅스만의 고유한 분위기를 낼 수 있

를 유지하고 있는 것에 영감을 얻었던 것이다. 그는 배리스타 시스템을 스타벅스에 도입함으로써 고객과 스타벅스 사이에 강한 유대감이 형성되도록 하는 것이 성공의 열쇠라고 확신했다. 단순한 커피숍이 아닌 독특한 문화공간으로서의 차별성을 가짐으로써, 고객들이 계속해서 스타벅스를 찾게 할 수 있을 것이라는 생각에서였다.

도록 했다. 커피 자체의 품질을 위해서도 노력을 아끼지 않았다. 언제나 최고급의 원두만을 수입해 왔으며, 당일 볶은 커피만을 판매했다. 공기와 습도로 인해 원두가 상하지 않도록 진공 상태로 보관하는 방법을 개발했으며, 최고의 커피맛을 낼 수 있도록 수질관리도 철저히 했다. 이러한 모든 노력이 모아져 스타벅스의 커피는 독특한 차별성을 가질 수 있었던 것이다.

스타벅스 고객 마케팅의 핵심전략은, 고객들이 스타벅스의 커피를 마시면서 어떤 느낌을 갖느냐에 초점이 맞추어져 있다. 다시 말해 그저 2달러짜리 음료를 마시는 것이 아니라, 고급스런 취향의 커피를 소비한다는 느낌을 가질 수 있도록 하는 것이다. 이를 위해 감각을 이용한 마케팅에 주력했는데, 최상의 커피를 제공함으로써 미각과 후각을 만족시키고, 스타벅스 특유의 따뜻한 매장 인테리어로 시각을 만족시키도록 했다. 더불어 매장 분위기와 어울리는 음악을 선정하여 들려줌으로써 고객들의 청각을 만족시킬 수 있도록 했는데, 이러한 음악 마케팅은 엄청난 효과를 거두었다. 고객들의 스타벅스 매장에서 선곡한 음악 리스트에 대한 문의가 빗발치면서, 따로 CD를 제작해서 판매할 정도로 인기를 끌게 된 것이다. 이처럼 미각, 후각, 시각, 그리고 청각을 조화롭게 자극함으로써 고객들로 하여금 스타벅스를 다시 찾게 한 것이 성공의 비결이었다.

4) 종업원(조직)을 통한 문화연출

슐츠의 독특한 경영방식은 단순히 새로운 아이디어를 내는 것에 그치지 않는다. 그는 사업을 함에 있어서 무엇보다 종업원을 우선시하는 것으로 유명하다. 특히 파트타임 아르바이트 사원들에게까지 의료보험을 제공하고, 모든 사원들을 대상으로 스톡옵션제를 시행하고 있다. 종업원들을 기업 최고의 재산으로 치는 그의 경영방식은 사원들로 하여금 "스타벅스의 성공과 자신들의 성공을 동일시"하는 효과를 가져왔다.

5) 다각화를 통한 문화연출의 재정의

스타벅스의 성공은 문화 마케팅에서 경쟁의 경계는 무의미하다는 사실을 잘 보여주고 있다. 스타벅스가 판매하는 커피는 커피 산업에서는 여타 커피숍이 경쟁 브랜드이겠지만 스타벅스가 제공하는 공간은 사람들이 만나서 이야기를 나누고 데이트를 한다는 점에서 영화관, 서점 혹은 기타 만남의 장소와 경쟁관계에 있는 것이다. 얼마 전 스타벅스는 고객의 라이프스타일을 분석하여 출판업까지 진출하였다. 고객이 스타벅스 커피를 마시는 공간에서 책을 읽는 라이프스타일을 적절하게 활용한 것이다. 또한 최근에는 HP와 합작 하여 음원 사업까지 진출하였다. 스타벅스 고객에게 있어서 커피를 마시면서 음악을 듣는 것이 아주 자연스러운 생활이었기 때문이다. 지금 스타벅스는 고객이 원하는 음악을 듣고 책을 보면서 커피를 마실 수 있는 문화 공간으로 정착되고 있다.[200]

< 제 3 절 >
다국적 기업과 문화 후광(spirit)

1 특정국가(민족) 문화의 월경과 파급

특정국가(민족) 문화의 월경 및 국제화가 진행되고 있다. 이제까지 우리는 정치·경제적으로 우월한 위치에 있는 국가들의 문화들이 주로 파급되는 현상을 보아왔다. 미국, 일본, 프랑스 등의 국가 문화만이 세계적인 보편성을 지니고 있는 것처럼 생각해 왔다.

그러나 최근에 들어와서는 일명 선진국의 문화뿐만 아니라 특정국가의 문화가 월경을 하거나 파급되고 있다. 우리나라의 경우도, 미국, 일본, 프랑스 문화의 일부가 자리 잡은 것은 오래되었으며, 이슬람, 인도, 베트남 등의 문화도 주변에 존재한다. 한 때 다국적 기업의 국제화가 경제 산업적으로 성공한 국가의 다국적 기업만이 가능하다는 이론을 동아시아 국가, 특히 중진국이었던 한국의 기업들이 선진국으로 진출하여서 이론의 보완 및 수정을 이끌어내었던 만큼, 최근의 문화적 월경현상과 파급은 보편적 이론을 수정하고 있다. 하지만, 사회경제적으로 취약하였던 특정국가의 문화가 국경을 넘나들어서 다른 사회의 문화형성에 일부를 형성하였던 것은 오늘의 사실만은 아니다. 일례로, 한국의 태권도는

200) 박정현(2004), 상품이 아닌 문화를 팔아라, LG주간경제, 2004, 10. 27.

이미 많은 국가에서 생활문화로 자리 잡고 있으며, 브라질과 멕시코가 텔레노밸라라는 드라마 장르를 중심으로 유럽과 남미의 프로그램 수출국으로 부상하고, 그 외에도 인도나 대만, 홍콩 등의 새로운 수출중심지들이 등장한 적도 있다.[201] 문화란 국가 간에 서로 주고받으며, **인간의 요구와 욕구**(needs & wants)에 충분한 가치가 있다면 점점 수렴되는 현상을 보인다.

그러면, 이러한 문화를 중개하는 이들은 누구인가? 이미 언급했던 바와 같이 다국적 기업이 일부분을 담당할 것이다. 하지만, 정보통신기술 및 수송수단의 발달을 통해서 자연스럽게 월경하는 경우도 존재한다. 특히 인터넷, 미디어 등의 정보통신기술의 발전은 특정 국가의 대중문화를 효과적이고도 빠르게 파급시키는 힘을 지니고 있다. 동아시아에서 불고 있는 **한류**(韓流)도 미디어의 힘에서 출발하였다. 즉 문화가 월경 및 파급되는 유통단계가 다국적 기업 및 해외체험을 하였던 국민들에게서 뿐만 아니라, 개방적인 대중매체가 주도권을 잡기 시작하였다는 의미이다. 예전처럼 다국적 기업이 진출해당국가에 문화를 전파하는 단일통로서 생각되어 왔지만, 이제는 미디어와 같은 물리적 경계가 희미한 공간(space)적 또는 **사이버 스페이스**(cyber space) 상에서 문화가 형성되고, 생활문화로 침투되는 현상을 보인다.

이러한 문화유통의 지배자로서 미디어의 유통역량에 대한 이론적 설명이 시도되어 왔다. 비록 텔레비전 프로그램을 중심으로 설

201) 송병우, 양은경(2003), "한국 대중문화의 현주소와 글로벌화 방안 : 한류현상을 중심으로", 사회과학연구, 제 14권(충남대학교), pp. 147~171.

명해왔던 것이지만, 현재까지는 「문화적 할인과 문화적 근접성」에 의해서 유통되는 특성을 일부 설명한다. Hoskins and Mirus (1988)[202]은 「**문화적 할인**(cultural discount)」이라는 특성을 설명한다. "한 문화에 뿌리를 두고 있고, 그 환경 속에서 흥미를 끄는 특정 프로그램은 그 밖의 다른 곳에서 시청자들이 그 프로그램 속의 스타일, 가치, 신념, 제도, 행위패턴과 동일시하기 힘들다고 발견함에 따라 소구력이 감소하게 된다."고 주장하였다. 따라서 문화의 국제적 유통이 오락, 특히 드라마 중심으로 이루어지는 이유는 이 장르가 국가 간 경계를 넘어서면서 나타나는 문화적 할인율이 다른 장르들에 비해 낮기 때문이며, 반면에 정보 프로그램은 훨씬 더 문화적 특수성을 갖고 있고, 따라서 할인율이 커서 국제적 유통이 잘 일어나지 않는 다는 것이다.

한편 Straubharr(1991)[203]는 「**문화적 근접성**(cultural proximate)」을 중심으로 설명하였다. 텔레비전의 수용자들은 일차적으로 국내 프로그램에 대한 선호도를 갖고 있고, 국내 프로그램들이 어떤 장르들에 대한 대중들의 수요를 충족시키지 못할 때, 남미 지역 내 인접국가의 프로그램 즉, 미국 프로그램들에 비해 상대적으로 훨씬 더 문화적으로 근접하거나 유사한 것들을 찾는 경향이 있다는 것이다. 여기서 문화적 근접성은 언어, 종교, 의상, 비언어적 코드, 유머 등

202) Hoskins, C. and Mirus, R. (1988), "Reasons for the US dominance of the international, trade in television programmes", *Media, Culture and Society*, 10, pp. 499~515.

203) Straubharr, J. (1991), "Beyond Media Imperialism: Asymmetrical Inter-Dependence and Culture Proximity", *Critical Studies in Mass Communication*, 8, pp. 39~59.

다양한 요소들이 언급되었다.[204]

그러나 이러한 설명은 폭넓은 지지를 받지는 못하고 있다. 문화는 분명히 논리적 체계를 지니고 있지만, 그 문화를 향유하고 사용하고자 하는 사람들은 논리와 감성의 벽을 뛰어넘어서 생활문화로서 수렴되는 것이지, 한 나라의 소비자들은 자국의 문화에 익숙해져 있어 자국문화에 대한 선호가 강하기 때문에 외국으로부터 유입되는 문화에 대해 익숙해지기까지는 외국문화에 대한 소비가 잘 이루어지지 않는다는 문화적 할인과 같은 미래가치를 따진다거나, 문화적 유사성이나 근접성에 의해서 설명하는 것은 한계가 존재한다. 세계는 점점 글로벌화 되어 가고 있으며, 특정국가의 문화는 더 이상의 특정국가의 문화 또는 외래문화라는 경계가 사라지고 있는 점이 없지 않다. 물론 특정국가의 독특한 문화가 존재하는 것은 사실이지만, 그것은 어디까지나 인간이 지니고 있는 보편적 가치, 즉 흥미와 지식(정보) 추구성향과 모방심리, 동경, 그리고 생활가치에의 적용에 의한 기능성 및 가치가 필요충분하기 때문에 특정문화와 글로벌문화가 혼합되어서 확산되는 것이다. 한류 또한 동아시아 국가에서 수단적(instrumental)으로 필요하거나(미디어 회사에서의 필요성, 한류에 대한 것을 알아야 한다는 무의식), 가치적으로 충분(가족애, 한국이란 무엇인가)한 혼합문화가 전개되고 있기 때문이라고 할 수 있다.

따라서 문화의 월경과 파급은 시대적인 가치를 함유하고자 하는 인간들이 생활의 보편적 수단과 가치에 글로벌문화가 혼합되

204) 송병우, 양은경(2003), 전게논문.

어서 적합한 특정국가의 문화가 결합된 新文化를 받아들이는 현상이다. 한류의 예를 들자면, 우리나라는 동아시아의 한류만큼이나 미국 및 일본의 보편적 가치를 수용하고 있으며, 그 보편적 가치와 우리문화가 혼합되어서 형성된 새로운 문화적 수단과 가치들이 파급되는 현상이라고 말할 수 있다. 이미 미국문화와 일본문화가 우리의 대중문화로 자리 잡고 있다는 현실에 비추어 볼 때, 미국문화든, 일본문화든, 프랑스문화든, 아니면 한류든 간에 18세기의 문화로서 가치가 형성되어서 서로 근접하는 것이 아니며, 21세기, 22세기의 문화적 가치로 발전해가고 있는 와중에서 수렴과 발산을 하고 있는 것이다.205)

205) 설사 대장금과 같은 우리나라의 전통적 드라마가 홍콩과 대만에서 인기가 있다고 하지만, 사실상 드라마 기법이나 기술 등은 전통 그 자체는 아니다.

2 글로벌화와 한류의 등장

'한류(韓流)'는 1990년 후반 중국 언론매체에서 처음 쓰기 시작한 신조어이다. 다른 문화가 매섭게 파고든다는 뜻의 '한류(寒流)'의 동음이의어인 '한류(韓流)'가 통용되기 시작하면서 본격적으로 자리 잡았다. '한류(韓流)'는 중국, 홍콩, 대만, 일본, 베트남 등지에서 젊은 청소년들을 중심으로 한국의 음악, 드라마, 영화, 패션, 게임, 음식, 헤어스타일 등 대중문화와 한국 인기 연예인을 동경하고 배우려는 문화현상을 말한다.

1) 우리나라 문화산업의 수출실적

우리나라 문화산업 수출실적을 보면 1998년 4억 1,285.8만 달러에서 2003년(추정) 7억 298.5만 달러로 약 1.6배 증가했으며, 전년 대비 성장률은 1999년 31.2%, 2000년 5.1%, 2001년 15.8%, 2002년 -10.4%, 2003년 29.5%이다. 2003년(추정) 문화산업 수출실적은 게임 2억 1,1000만 달러, 캐릭터 1억 700만 달러, 출판 7,800만 달러의 순으로 나타났다. 영화는 1998년 307.4만 달러에서 2003(추정)년 3,400만 달러로 9배 이상, 방송영상은 1,001.7만 달러에서 3,7450만 달러로 3.7배 이상 증가하였다.

문화산업 부문별 1위 수출국은 음악, 인터넷모바일, 영화, 애니메이션은 일본, 온라인게임과 캐릭터는 중국, 방송영상은 대만, 만화는 미국이다. 우리나라의 국별 문화산업 수출 구조는 한류와 관계가 깊은 부문인 음악, 영화, 방송영상은 일본, 중국, 대만을 중심으로 이루어져 있다. 음악은 일본이 241.5백만 달러로 중국의 5천 달러에 비해 압도적이며 이는 '보아'의 활약이 크게 작용한 것으로 볼 수 있으며, 영화는 일본이 392.5만 달러로 2위, 미국 72.2만 달러의 5.4배 규모이다. 방송영상은 대만이 146.8만 달러로 중국 58.2만 달러, 일본 9.9만 달러에 비해 압도적으로 높다.[표 10-2 참조]

표 10-2 국가별 문화산업 수출실적

(단위 : 천 달러)

분 야	1위 수출국(금액)	2위 수출국(금액)	3위 수출국(금액)
음악	일본(2,415)	중국(5)	-
인터넷모바일	일본(451)	미국(149)	영국(140)
온라인게임	중국(40,886)	일본(3,073)	대만(1,406)
영화	일본(3,925)	미국(722)	홍콩(178)
애니메이션	일본(207)	홍콩(48)	말레이시아(36)
캐릭터	중국(427)	미국(159)	일본(87)
방송 영상	대만(1,468)	중국(582)	일본(99)
만화	미국(70)	프랑스(27)	일본(5)

주 : 2002년 7월부터 2003년 10월까지 외화입금액 기준임. 애니메이션 부문은 OEM 제외.

자료 : 문화관광부, 「문화정책백서」, 2003년.

출처 : 현대경제연구원, 경제주평, 2004/12/24.

한류의 현황은 아시아 지역에서 한국 대중문화의 인기가 치솟으면서 촉발된 한류 붐이 계속 이어지는 가운데 최근 대만과 홍콩에서는 TV 드라마 '대장금'의 인기가 상승하였으며, 일본에서는 보아, 세븐 등의 국내가수들이 좋은 반응을 얻었다. 온라인 게임의 경우는 IDC가 발표한 '2004년 중국 온라인게임 인기순위'에 따르면 한국 게임이 1위와 2위를 포함하여 5개가 상위 10위 내에 포진하고 있다.

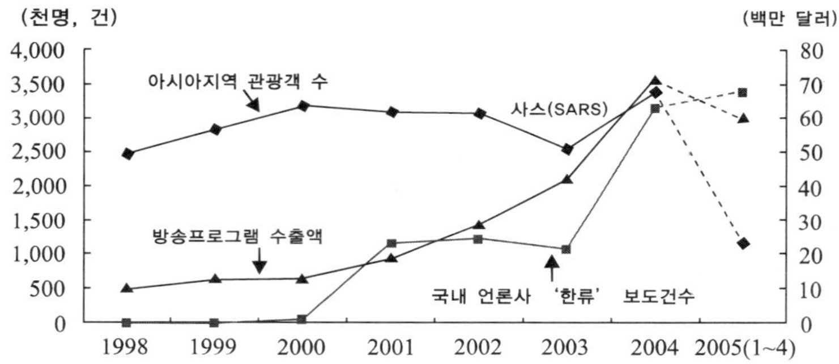

주 : 1) 관광객 수는 일본, 중국, 대만, 홍콩, 태국 등 아세아주 관광객을 집계한 것임
2) 2005년 1~4월 방송프로그램 수출액은 추정치

자료 : 한국관광통계 DB(2005. 5. 30), KINDS(한국언론재단) DB(2005. 5. 30), 문화관광부(2005), 「2004년도 방송프로그램 수출입 현황분석」.

출처 : 삼성경제연구소, 한류지속과 기업의 활용방안, 2005. 6. 1.

그림 10-1 한류 관련 주요 지표

이러한 한류에 대한 현재의 명제는 '아시아지역의 제반 상황과 맞아 떨어져서 발생한 일시적 유행이다' 또는 '대중문화 유행의 단계를 지나 하나의 사회문화 트랜드로 자리 잡고 있다'라는 명제가 대두되고 있다.

2) 국가별 한류와 기업들의 한류 활용

(1) 중국

중국에서의 한류 주역은 대중가요와 방송드라마이다[206]. 한국음악방송은 1996년부터 시작되었으며, 음반발매는 1998년의 H.O.T가 최초로 시판 한 달 만에 5만 장 판매를 기록, 이후 클론, 안재욱, 유승준 등이 음반발매와 동시에 현지 대형 콘서트를 통해 한류를 확대시켰다. 드라마는 1997년 6월에 중국 중앙 TV를 통해 '사랑이 뭐길래'로 이후 1999년 '별은 내 가슴에'의 히트로 안재욱이 중국 최고 인기스타로 부상하였다.

한국기업 뿐 아니라 중국기업들도 한류스타를 마케팅에 활용하고 있다. 중국의 무명 휴대폰 업체였던 TCL은 김희선을 광고모델로 채용한 이후 점유율이 비약적으로 높아졌고, 지금은 최대 업체로 성장하였다.

---

206) 이하의 국가별 내용은 현대경제연구원, 경제주평, 2004. 12. 24; 삼성경제연구소, 한류지속과 기업의 활용방안, 2005. 6. 1을 종합.

(2) 대만

대만에서의 한류 주역은 클론을 필두로 한 대중 가요로, 클론의 경우 한국어 앨범임에도 불구하고 45만장이 팔렸으며, 2000년 당시 민진당 천수이벤 후보가 총통 선거전 캠페인 송으로 사용하기도 하였다. 드라마의 경우, 1999년 이후에 본격 진출하여 '불꽃'과 '가을동화'가 시청률 1위를 기록하면서 '송승헌' 등이 인기스타로 부상한 바 있다.

드라마의 인기가 한국관광으로 이어져 2005년 1월~4월에는 대만인 관광객의 숫자가 전년 동기 대비 43.4%의 높은 증가율을 보였다.

(3) 베트남

베트남의 한류 주역은 '의가형제', '모델' 등 TV 드라마, '의가형제'는 1999년 베트남 전국으로 방영되어 공전의 히트를 기록, 주인공 장동건은 베트남 국민 배우라고 불릴 정도로 폭발적인 인기를 끌었다. '모델'의 김남주는 김남주 식 화장법, 패션 등을 유행시키면서 김남주 신드롬을 낳았으며 LG생활건강은 김남주를 드봉 브랜드 모델로 채용하여 드봉 브랜드를 베트남 국민브랜드로 만드는데 성공하였다. 드라마에 등장했던 한국제품들에 대해 관심이 높아졌고 현재 동남아 국가들 중 유일하게 한국 전자제품을 일본제품보다 선호하고 있다.

(4) 홍콩

홍콩에서는 1997년 '별은 내 가슴에'를 필두로 한 드라마뿐만 아니라, ATV의 Pops In Seoul을 통한 한국 대중가요, '쉬리', '반칙왕' 등의 영화에까지 다방면에 걸친 한류 현상이 발생하였다. 최근에는 TV드라마 '대장금'이 선풍적 인기를 끌었다. 드라마에 힘입어 한국 음식, 관광, 한복 등 관련상품이 유행하였고, 한국 촬영지 관광, 궁중생활 체험관관 등 관광상품이 등장하였다. 인천-홍콩 간 기내식 중 비빔밥이 인기가 많다고 한다.

(5) 일본

일본의 경우는 영화 쉬리가 일본 내 관객 130만 명 동원에 성공함으로써 일본 내 한국 영화 붐을 주도하였고, 보아의 성공과 같은 한류현상이 있었으나 본격적인 한류 붐은 드라마 겨울연가로부터 시작되었다. 2003년 4월 일본 NHK 위성방송의 후유노 소나타(冬のソナタ, 겨울연가)가 방영, 드라마의 대성공과 함께 주인공 준상 역 배용준의 인기가 급상승하였고, 욘사마 열풍[207]과 함께 한류열풍이 시작되었다.

한국 드라마 시청 및 영화관람, 음반구입 등 콘텐츠 소비가 늘어났고 일부는 한국의 드라마 촬영지를 직접 방문하고 있다. 일본에서 영화관람객이 가장 많은 5월 영휴기간에는 19편의 한국영화가 상영되기에 이르렀다.

207) 욘사마란 배용준의 이름자 용에 일본어 극존칭 사마(様)를 붙인 신조어로 2004년 일본 최고의 유행어이자 트랜드이다. 일본인 이외에서 축구스타 베컴 이후에 두 번째라고 한다.

3) 한류의 배경과 평가

(1) 배경

한류열풍이 일어나게 된 궁극적인 원인은 내적으로는 1990년대 이후 국내 엔터테인먼트사의 성장에 의한 한국 대중문화의 경쟁력 향상과 정부의 지원정책에 힘입었다. 일례로 댄스 음악을 중심으로 한 한국 대중음악의 경우 '보아'와 같이 일본 음반시장 1위를 차지할 정도로 서구적 스타일과 동양적 감성이 잘 어우러진 사람의 마음을 사로잡는 매력적인 문화상품을 제공할 만큼 성장하였던 것이 그 예이며, 정부차원에서는 우리 음반 산업의 해외시장 진출 및 중국 방송시장 진출을 위한 문화관광부의 지원이 있었다.[208]

(2) 평가

한류에 대한 평가는 긍정적인 평가와 부정적인 평가가 공존하고 있다. 긍정적인 평가는 관련 국내 제조업의 동반 성장 유도 효과, 문화콘텐츠 수출 첨병, 국내 산업구조 개편을 위한 자극제로서의 작용을 들 수 있으며, 한류로 인해 국내 제조업은 의류, 화장품, 가전제품, 휴대폰 등 소비재를 중심으로 긍정적인 영향을 받은 것으로 나타났다. 그리고 한류에 대한 긍정적 평가로는 동아시아에서의 한국과 한국인에 대한 이미지 제고 등이 이루어졌다.

한류에 대한 부정적인 평가로는 경제적 논리의 팽배, 미국

208) 중국어 음반 '한류'의 제작, 국제음반 박람회 참가지원, 영어, 일본어, 중국어로 된 한국 대중음악 및 음반 산업계 최신 동향 소개 책자 발간 등.

문화의 퓨전, 획일적인 콘텐츠 내용, 한류의 지속가능성에 대한 회의 등이 존재한다. 동아시아 지역의 문화 교류기반이 취약한 반면, 한류를 중심으로 한 일방적인 우리 문화컨텐트의 수출 증가 현상은 상대국의 문화상품 무역불균형 확대를 불러올 뿐 아니라 상대국 내의 반한 감정을 고조시킬 수 있지 않겠는가 하는 점이 대두되고 있다.

표 10-3 한류, 비 한류권 국가에 대한 소비재 수출 증가율

구 분 (전체수출 순위)		연도별 소비재 수출현황 / 단위: 백만$ 〈증감률〉				4년 평균 성장률 (%)
		2001년	2002년	2003년	2004년 (11월)	
한류	중국(1)	1,903 (6%)	3,501 (84%)	4,127 (17.9%)	3,753 (−0.3%)	26.9
	일본(3)	4,502 (−17%)	4,504 (−10%)	4,035 (−0.5%)	4,1359 (13.8%)	−3.4
	홍콩(4)	1,537 (3.8%)	2,0409 (32.7%)	2,808 (37.7%)	2,213 (−11.6%)	15.7
	대만(5)	605 (−10.4)	659 (8.9%)	905 (37.3%)	890 (10.7%)	11.6
비한류	미국(2)	15,381 (8.4%)	16,706 (8.6%)	19,204 (15%)	21,165 (23.1%)	13.8
	독일(6)	999 (−15.4%)	1,242 (24.3%)	1,929 (55.3%)	2,743 (60.7%)	31.2
	영국(8)	1,161 (−3.2%)	1,409 (21.3%)	1,797 (27.5%)	2,605 (61.1%)	26.7
	이태리(12)	898 (−5.3%)	949 (5.7%)	1,339 (41.1%)	1,988 (64.8%)	26.7

자료 : 대한상공회의소, 한류 열풍의 실체와 기업의 전략적 활용방안, 2005.

[표 10-3]은 한류와 비 한류권 국가에 대한 소비재 수출 증가율의 변화를 나타낸 것인데, 실제로 한류, 비한류 상위 8개 교역국에 대한 4년 평균 소비재 수출증가세를 살펴보면 비 한류권 국가인 독일(31%), 영국(26.7%), 이태리(26.7%) 등이 한류권 국가들보다 전반적으로 높고, 4년간 대 일본 소비재 수출은 오히려 마이너스 성장(-3.4%)을 기록했다는 점을 통해 한류가 제품 수출로 이어지는 효과는 아직까지는 미비하다는 것을 알 수 있다. 즉, '한류 열풍의 실체와 기업의 전략적 활용방안'(대한상공회의소, 2005)의 보고서에 의하면 한류현상으로 문화상품의 주변국 진출과 관광객 유입효과는 크지만, 유행에 민감한 소비재 수출 증가와의 관련성은 별 관계가 없는 것으로 나타났다.

(3) 한류의 새로운 발전적 가치: 3D[209](Digital, DNA, Design)

① 한류와 Digital

한국이 디지털 부분에서 경쟁력을 가질 수 있는 것은 IT라는 한류와 여기서 파생된 '자발적 참여'라는 새로운 한류에 의해서 나타난 것이라는 측면도 존재한다. '한국시장에서 Digital제품이 먹히면 세계시장에서도 성공한다.'라든가 인터넷 카페 및 블로그(Blog) 등에 의해서 이루어지는 네티즌 상호간 유대감 생성

209) 김화섭(2005), 한류의 확대와 新 3D, 산업경제분석, 산업연구원 (이어령은 2005년 1월 언론과의 인터뷰에서 新 3D라는 용어를 사용하였다.), 한류는 발전적 확대를 신 3D로 표현하여 사용하기로 하였다.

등의 효과가 기업들에게 새로운 마케팅(프로모션) 수단으로 활용되고 있다.

② 한류와 DNA

실제 한류에 긍정적인 수용태도를 보이고 있는 중국 20대들은 메이크업 기술을 한국의 대표적인 연상 이미지로 꼽고 있다. 이러한 메이크업 기술은 손재주에서 나온다고 하는데 우리 민족성은 간섭하고 참견하기를 좋아하는 만큼, 간섭하고 참견하기를 좋아하는 손재주를 발전시키는 것, 또는 한류와 Digital에서 보는 바와 같이 우리의 민족성이 간섭하고 참견하기를 좋아하는 특성의 DNA를 가지고 있으며, '인터넷을 통한 자발적인 의견 교환'이라는 측면에서 판단해 볼 수 있을 것이다.

③ 한류와 Design

한류와 디자인은 불가분의 관계에 있다. 실제로도 대중문화(특히 TV드라마)에 의해 디자인 분야가 발전하였다. 즉 디자인이라는 것이 문화의 속성으로서 산업의 자본재역할 또는 소비행태에 중요한 변수로 작용하고 있다는 점이다.

■ 참고 ■ 자포니즘(Japonism)

모네 등 많은 인상파 화가들이 작품에 일본풍의 우키요에(浮世繪)를 모방, 응용하면서 유럽 미술계에 일본풍의 유행이 나타났는데 이를 자포니즘이라고 한다. 일본은 19세기 말 유럽문화에서 큰 궤적을 남겼다. 1867년 파리, 만국박람회장에서 일본 도자기 등의 특산품을 포장하는 데 사용되었던 일본의 풍속화 우키요에의 판화그림을 모네(Monet)가 발견하고 이 포장지 그림을 자신의 작품에 응용한데서 시작되었다. 이후 고흐, 르네의 그림, 루이비통 가방 등 유럽문화에 큰 영향을 주었고, 작품뿐만 아니라 정원, 부엌과 식당, 독서실 등 많은 생활공간이 우키요에의 색상으로 장식되기도 하였다.

이것은 20세기 '일본풍', '니폰필(Nippon Feel)', '화류(和流)' 등으로 불리면서 일본문화의 세계화를 견인하였다.[210)]

210) 삼성경제연구소, 한류 지속과 기업의 활용방안, 2005. 6. 1.

11 글로벌 기업과 협상문화

협상(negotiation)은 정치, 경제, 사회의 모든 영역에서 기본적으로 갈등을 최소화하고, 개인과 개인, 개인과 기업, 기업과 기업, 기업과 국가, 그리고 국가와 국가 간에 각 주체가 목적으로 하는 자기이익을 기회 비용적 관점에서 극대화하는 수단으로 사용하는 기술이라고 바라보는 것이 일반적이다.

인간은 기본적으로 모든 일에 기회를 추구하며 협상 자체의 형태가 아닌 협상과정의 행동을 영위한다고 할 수 있으며, 점차 사회가 복잡·다양해지면서 이해관계가 얽혀 개인과 사회 간의 문제로 발전하게 되었다.

북한의 핵문제와 미국의 협상전략 등이 등장하였고, 론스타의 외환은행의 매입 전략 등이 우리 주변에서 등장하는 협상 전략이다.

특히 세계가 글로벌화 해가면서 이러한 관계는 국제적인 수준으로까지 확대되어, 기업을 매개로 개인과 국가 간의 제 관계가 이루어지고 있으며, 협상 시 그 타결점을 찾는 것은 매우 어렵다고 할 것이다.

따라서 본 장에서는 우선 협상의 정의와 그 이론은 국제기업에 어떠한 의미를 던져주고 있는가를 살펴보고, 국제기업의 협상문제와 국제기업 간 구체적인 협상을 이루어내는 당사자들에게 대두되는(물론 기업수준에서 문제가 되는 것이 이문화이지만 협상행위 당사자는 기업의 구성원이다.) 이문화적인 문제로 협상을 다루고자 한다.

< 제 1 절 >
협상의 정의와 이론

1 협상의 개념

일반적으로 협상이란 서로 갈등이 있는 둘 이상의 주체가 그들의 갈등을 해결하기 위해 상호작용하는 행위와 그 과정을 말하며, 이해당사자들을 서로 만족시키기 위해서 몇 천 년 전부터 여러 가지 방법의 협상(negotiation)과 **교섭**(bargaining)이 사용되어져 왔다. 이러한 협상에 대한 범위는 가정적인 일상생활에서부터 국제거래 관계 속에서 그 가능성은 언제나 존재하며, 특히 이 점에서 아담 스미스는 '國富論'에서 인간의 교환본능을 강조하고, 이러한 인간의 본능이 바로 협상욕구로 이어질 수 있다고 했다.

협상의 몇 가지 개념은 협상과정의 특별한 양상에 초점을 맞춘 사회학자들에 의해 제공되고 있는데, McGrath (1966)[211]는 타협의 특별한 형태를 만들어 내는 대표적인 행위. 즉 그룹의 위치, 협정 도달, 독창성 획득, 건설적인 해결 등을 강조하며 또한 **'상상력'**(representation: 개념작용)을 강조한다. David와 Triandis

211) McGrath, J. E. "A social psychological approach to the study of negotiation." in R. V. Bower(ed.), Studies on Behavior in Organization: A Reserach Symposium athens : Univ. of Georgia Press, 1966.

(1965)[212]는 협상과 교섭 사이의 차이를 강조하며, 협상은 **'태도와 가치'**에 있어 단체들의 차이를 해결하기 위한 것을 말한다. Ikle (1964)[213]은 협상을 교섭을 통한 '이익의 갈등'을 해결하는 것이라고 한 반면, Hammond와 Brehmer (1973)[214]은 '정책결정과정'의 불확실하고 확률적인 속성을 말하고 있다.

다음으로 연구방법론적인 논쟁에서 사회심리학적 접근을 들 수 있는데, 이는 주로 노사관계에 초점이 맞춰지는 것으로, Walton과 McKersie (1965)[215]는 시스템, 상황 그리고 태도적 변수 사이의 노사관계에서 집단교섭(collective bargaining)의 모델로 나타내고 있다. 그러나 이러한 집단교섭적 노사관계는 국제협상에서 쉽게 이전되지 않는 부분이라고 할 수 있는데 이는 법적인 면과 부수적인 목표의 상이성에서 오는 것이기 때문이다.

그렇다면 이러한 배경 속에서 협상은 어떠한 정의를 가지고 있는가?

212) Davis, E. E. and H. C. Triandis, "An exploratory study of inter-cultural negotiations." Urbana: University of Illinois Group Effectiveness Research Laboratory Technical Report 26, ARPA Contract NR 177-472, Nonr-1834 (36). 1965.

213) Ille. F. C. How Nations Negotiation, New York: Harper, 1964.

214) Hammon, K. R. and Brehmer, "Quasi-rationality and distrust : implications for international conflict", in L. Rappoport and D. A. Summers(eds) Human Judgment and Social Interaction, New York : Holt, Rinehart & Winston, 1973.

215) Walton, R. E. "Variables in Experimental games: toward a field theory." Psych. Bull. 71: 293~318. 1971.

Kapoor(1975)[216]는 "협상(negotiation)이란 주어진 상황에 최선의 접근법을 결정하기 위하여 기능(마케팅관리, 재무), 갈등의 문제(관리, 통제, 소유권의 보호), 커뮤니케이션과 통제시스템, 절차, 일반적인 환경, 다국적 기업과 상대정부관계들을 결합시키는 일종의 예술적 성격을 갖는 활동"으로 정의했으며, Harsanyi (1977)[217]은 "협상(bargaining)은 둘 이상의 행위자가 가능한 협조행위를 통하여 서로의 입장 차이를 양보함으로써 타협(negotiation)하는 것을 말한다."라고 했다.

그러나 Harsanyi의 입장에서 타협이라는 협상(negotiation)은 그 자체가 상태가 아니고 행위이라는 점에서 협상은 **타협**(settlement)과 구분되어야 할 것이다. 또한 Cohen(1980)[218]은 "협상(negotiation)이란 '원하는 상대로부터 원하는 무언가를 얻어 내는 일'이라고 정의하며, 긴장이 가득한 상황 속에서 정보와 힘을 사용하여 유리한 결과를 가져오는 것"이라고 하고, Raiffa(1982)[219]는 "행위자들의 공통이해를 증진시키고 상반된 입장을 절충하는 것"으로 정의하고 있다.

모든 학자들의 의견을 종합하여 정의를 내리면 필자는 '협상이란 주체적인 둘 이상이 상호작용을 가지며 주체들의 목적, 즉 이

216) Ashok Kopoor, Planning for International Business Negotiations, Cambridge, Mass : Ballinger Publisher Co., 1975, ch. 6.

217) Harsanyi, John, Rational Behavior and Bargaining Equilibrium in Games and Social Situations, Cambridge, UK: Cambridge Press, 1977.

218) H. Cohen, You Can Negotiate Anying, Toroto, A Bantam Books, 1980.

219) Raiffa, Howars, The Art and Science of Negotiation, Cambridge : Harvard University Press, 1982.

해관계에서 서로 불이익이 최소한 상태로 타협되도록 하는 행위와 과정'이라고 정의한다.

< 제 2 절 > 국제기업과 협상

국제협상이란 기본적으로 서로 다른 국적 혹은 문화적 배경을 지닌 당사자 사이의 이해관계를 조정하고 갈등을 관리하는 수단이다. 국제기업은 사업에 앞서 국제현상의 성격을 이해하고 현지기업 또는 정부와의 협상을 준비하고 협상의제를 이해하는 것이 중요하다.[220]

1 국제협상의 성격

1) 협상환경

국제협상이란 기본적으로 서로 다른 국적 혹은 문화적 배경을 지닌 당사자 간의 이해관계를 조정하고 갈등을 관리하는

220) 이장로, 신만수, 국제경영, 홍문사, 2003, p. 364.

수단으로써 다국적기업에게 있어서 절실히 요구되는 분야이다. 세계경제 및 경영환경의 변화는 협상의 성격을 복잡하고 이해하기 어렵게 하고 국제협상을 기업경영에 있어서나 일국의 경제운용을 위한 중요한 과업으로 만들었다. 이에 따라 효과적인 국제협상을 위하여 고도의 협상기술과 그 분석능력이 요구되고 있는 실정이다.

2) 협상 당사자

협상은 당사자의 수에 따라 양자 간 협상과 다자간 협상이 있다. 다국적기업의 협상 당사자는 주로 기업과 정부가 되지만 경우에 따라서는 현지 소비단체와 같이 협상 당사자가 확실치 않은 경우, 현지 협상 당사자들을 확실히 파악하는 것이 중요하다.

3) 협상의제

다국적기업의 협상은 당사자들의 이해관계를 조정하거나 갈등을 해소하려는 뚜렷한 목적을 갖고 있어야 하며, 당사자들이 행위 규범을 따르면서 상호작용을 통하여 합의를 유도하기 위한 체계를 갖추어야 한다. 이러한 과정에서 이해관계를 담고 있는 것이 협상의제인데 협상의 최종 대상이 되는 갈등 그 자체라고 말할 수 있다.

4) 협상준비의 중요성

파트너와 협상을 시작하기 전에 중요한 것은 사전 준비가 유리한 협상결과를 가져오는데 도움이 된다는 점을 인식하는 일이다. 협상은 실제 대인접촉을 통해서 이루어지며, 그 협상결과는 외부 환경적 변수 및 기업 내부적 여건이 항상 작용하게 된다. 협상을 성공적으로 이끌기 위해서는 이러한 환경 및 조직에 대한 충분한 이해가 있어야 한다.

본격적인 파트너와의 협상에 참여하기 전에 정부 또는 기업을 상대로 한 홍보 또는 사전 작업이 협상에서 중요한 결과를 가져오기도 한다. 따라서 협상에 임하는 당사자는 협상의 목표를 정확히 파악하고, 협상을 위한 사전 포석을 미리 준비하여 협상을 성공적으로 수행할 수 있도록 한다.

2 국제협상의 기초요건 - 5P·3S 이론

앞에서 협상의 기초적인 이론에 대해 논의를 하였다. 그러면 실제로 협상을 추진하는데 필요한 요건은 무엇인지 살펴보기로 한다. 이를 5P·3S 이론이라고 부르는데 이를 표로 정리하면 다음과 같다.

표 11-1 협상에 필요한 최저한의 요건(5P3S)

협상 전의 요건	strategy (전략) planning (협상계획) preparation (사전준비)	사업에 관한 장기 종합계획 타협 추진상의 구체적 작전계획 정보 사전의 입수와 조직화
협상 중의 요건	presentation (설득력) speed (빠른 의사결정) strength (협상력) patience (인내력) personality (협상자의 자질)	모순없는 논리적 설득력 빠른 결단 문제해결의 타협을 추진하는 의사력 적극적으로 협사을 추진하려고 하는 힘 유모아를 이해하여, 시련에 도전하는 적극적인 인간상

자료 : 山崎淸, 竹田志郎편 '텍스트북 國際經營', 有斐閒 選書, 1990, p. 192.

상기와 같이 국제협상은 수많은 기술의 통합적 표현이라고 볼 수 있다. 국제협상에 대해서는 5P·3S 이론의 조화와 관계된 기능이 요구된다고 하겠다. 협상의 대상으로 참여하는 사람이 많으면 많을수록 5P·3S의 조화된 기능이 더욱 필요해진다.

3 국제기업협상의 구성요소

1) 국제기업협상의 참여자

국제기업협상의 참여자는 매우 다양하다. 주요 참여자로는 다른 다국적 기업, 현지기업, 본국 혹은 현지국 정부, 국제기구, 소비자 집단, 노동조합, 시민조직 등을 들 수 있다. 그런데 이러한 주요 참여자는 국제기업협상의 주체인 다국적 기업과는 그 목적이 다르며, 이러한 목적의 차이 때문에 협상은 다국적 기업의 국제경영활동에 반드시 필요한 활동이다. 그리고 이러한 주요 참가자들 사이에는 상반되는 이익만이 존재하는 것이 아니라 공통되는 이익이 존재하기도 한다.

이상과 같이 공통이익과 상반되는 이익을 동시에 갖는 주요 참여자들은 그들의 목표와 그들 집단의 기능적 측면, 구조적 측면, 지위에 있어서 독특한 특성을 갖고 있다. 더구나 그들은 다양한 정치적 · 경제적 · 문화적 · 사회적 환경 속에서 존재한다. 이러한 환경은 국제기업협상에 있어서는 더욱 광범위하고 다양한 것으로 이러한 환경의 영향은 협상의 전 과정을 통틀어 협상 기술사용에 큰 영향을 미치게 된다.

2) 협상력의 원천

협상상황에 있어서 주요 참가자와 쟁점이 결정되면 협상과정과 결과는 주로 각 참여자의 협상력에 의해서 결정된다. 이러한 협상력의 원천을 기본적인 협상력의 원천과 인식된 협상력의 두 가지로 나누어 살펴보자.

첫째, 기본적인 협상력의 원천은 주로 힘과 시간, 정보이다. 힘이란 다른 사람 혹은 집단으로 하여금 힘의 행사자가 원하는 어떤 것을 하도록 시키거나 원하는 방향으로 행동이 일어나게 만들 수 있는 능력을 가리키는 것으로 보상의 힘,

강압적인 힘, 합법적인 힘, 준거적인 힘, 전문적인 힘 등의 다섯 가지가 있다. 시간은 자신의 한계선뿐만 아니라 상대방의 한계선을 파악하는 것이 중요하고, 정보는 자신과 상대방의 정보를 연계하여 파악하는 것이 중요하다.[221]

둘째, 인식된 협상력의 원천에는 기본적인 협상력의 원천 이외에 보다 실제적이고, 실제 협상상황에서 단기적으로 변할 수 있는 인식된 협상력의 원천이 있다. 어떤 점에서는 협상에서 중요한 협상력의 원천은 이러한 인식된 협상력이라고 볼 수 있다. 인식된 협상력의 원천은 주로 협상결과의 가치와 협상결과의 희소성, 각 당사자들이 협상에서 사용하는 협상기술의 세 가지로 구성된다.

먼저, 협상결과의 가치란 협상결과의 중요성에 대한 협상당사자들의 주관적인 평가를 의미하는 것으로 가치를 적게 두는 쪽이 가치를 크게 두는 쪽에 대하여 상대적으로 협상력의 우위를 가진다고 본다. 다음으로, 협상결과의 희소성이란 협상에서 얻고자 하는 목적을 그 협상 이외의 다른 곳으로부터 획득할 가능성을 의미하는 것이다.

마지막으로, 협상의 기술이란 협상과정에서 자신의 이익을 극대화시킬 수 있는 능력을 의미한다.

221) 장대환, 국제기업협상, 1992, 김영사, p. 153.

< 제 3 절 >
다국적 기업과 피투자국의 협상력

다국적 기업과 피투자국은 동일한 해외직접투자 프로젝트에 대해 [표 11-2]에서 볼 수 있는 바와 같이 전혀 다른 목적과 협상력 그리고 전술을 가지고 있다. 먼저 해외직접투자의 목적과 관련하여 다국적 기업은 제품판매, 현지 투입요소의 활용, 이익확보 그리고 선량한 기업시민 등과 같은 목적을 위해서 해외직접투자를 하고자 한다.

표 11-2 다국적 기업과 피 투자국 정부의 협상력

구 분	다국적 기업	피투자국
목 적	제품판매 및 현지 투입요소 활용 이익확보 선량한 기업시민	적정기술 이익확보 자주권 행사 국민 후생 증진(고용 등)
협 상 력	기술 마케팅 자본 시장접근 규모상 기업특유의 우위	시장접근 천연자원 인적자원 대안적인 공급원 인접국과의 지역연대
전 술	현지 소유권 현지기업 자극 고용 수출 및 기업 내 무역 사업 활동의 입지와 조직의 복잡성 법률적 방어 본국 정부의 지원	개입 및 규제

자료 : A. H. Rugman, D. J. Lecraw, and L. D. Booth, International Business : Firm and Environment, New York : McGraw-Hill, 1986, p. 299.

이에 비해 피투자국은 다국적 기업을 통해 적정기술을 습득하고 보다 더 많은 이익을 확보하며 국민의 후생을 증진시키기 위해 외국인투자기업을 받아들이게 된다. 이와 같이 동일한 해외직접투자 프로젝트에 대해 양 당사자가 서로 다른 목적을 가지고 있기 때문에 해외직접투자가 이루어지기 위해서는 해외직접투자와 관련된 여러 가지 조건에 대해 양 당사자 간의 합의가 절대적으로 필요하게 된다.

이때 양 당사자 간의 합의는 통상 협상을 통해 이루어지게 되는데, 협상의 결과는 양 당사자가 보유하고 있는 협상력에 의해서 좌우된다. 여기에서 다국적 기업과 피 투자국이 각기 상대방에 대해 가지고 있는 협상력을 살펴보면 먼저 다국적 기업은 피 투자국이 다른 방법을 통할 경우 훨씬 더 많은 비용을 지불해야만 획득할 수 있는 기술상의 우위, 마케팅상의 우위, 자본상의 우위, 시장접근상의 우위 그리고 규모상의 우위를 소유하고 있다. 그리고 피 투자국은 자국 시장에 대한 접근 통제 및 자국과의 천연자원 및 인적자원 등에 대한 접근 통제 그리고 대안적인 여타 공급원의 활용 및 인접국가와의 지역 연대 등과 같은 협상력을 가지고 있다.

다국적 기업과 **피 투자국**은 자신들이 가지고 있는 이와 같은 협상력을 배경으로 해외직접투자와 관련된 여러 가지 조건에 대해 서로 협상을 하게 된다. 그리고 각 당사자는 협상과정에서 자기의 협상력을 증대시키기 위해 여러 가지 전술을 활용하게 되는데, 다국적 기업은 현지의 소유권과 고용, 수출촉진 등과 같은 전술을 이용하고 피 투자국은 개입 및 규제와 같은 전술을 활용한다.

이와 같은 과정을 거쳐 양 당사자 간에 최종적인 합의에 이르게 되면 그 결과로서 다국적 기업은 피 투자국에 해외직접투자를 하게 되고 피 투자국은 외국인투자를 받아들이게 된다.

< 제 4 절 >
국제협상과 문화 충돌

1 문화적 이질성과 국제협상

국제협상에는 문화적 이질성 때문에 협상의 견해를 달리할 수 있기 때문에 보이지 않는 문화적 충돌을 다음과 같이 경험할 수 있다.

- 협상할 시기가 지금인가? 1주일 뒤인가?
- 의사결정자는 최고지위자인가, 연장자인가, 아니면 집단인가?

국제적 비즈니스 협상에서 성공을 거두기 위해서는 협상자의 상호 문화적 기술이 필요하다.[222] 오늘날 세계는 빠르게 변하고 있으므로 기술과 자금력이 협상 절차의 한 요소가 될 수 있지만, 협상

222) 파리드 엘라시 머위 필립 해리스(삼성 국재 경영연구소 옮김, 1997), 해외비즈니스 문화를 알아야 성공한다. 21세기 북스, pp. 267~273.

자의 문화적인 역량도 타 기업과의 경쟁에서 경쟁 우위 요소가 된다.

이 장에서도 역시 국제협상과 이문화에 초점을 맞추어 이들을 비교하면서 협상 절차를 설명할 것이다. 물론 여기에 제시되는 상황은 여러분의 문화에도 적용할 수 있다. 협상 요소에는 집단의 구성과 인원수, 시간 설정과 공간 설정의 중요성, 유대감 확립, 각 문화에서 사용하는 설득 수단 등이 포함된다. 그러한 요소들을 설명하기 위해 여기에서는 비즈니스 사례에서 직접 추출한, 경영자가 흔히 마주치게 되는 장면들을 살펴볼 것이다.

2 국제 협상과 문화충돌 사례

- 무엇을 협상하려는 것인가? 가격인가, 관계인가, 납품인가?
- 내가 지난주에 제시한 가격 조건에 대해 그들은 왜 아무런 응답도 없는가?
- 왜 그는 내게 자기 옆에 앉으라고 하는가?
- 협상자가 우리는 두 명뿐인데 왜 저쪽은 일곱 명인가?

다음은 협상 시에 일어나는 문화 충돌의 사례들이다. 이에 대한 적절한 대응이 협상의 성공여부에 영향을 준다.

상황 1

당신의 회사는 현지 배급업자와의 합작투자를 통해 일본에 생산 라인을 판매하려고 결정했다. 알맞은 배급업자를 찾기 위해서는 먼저 무엇을 해야 하는가?

(가) 도쿄에서 열리는 전시회에 참가한다.

(나) 일본의 업종별 전화번호부를 보고 배급업자를 찾는다.

(다) 『도쿄 비즈니스 투데이』 지에 낮은 가격으로 상품을 공급하겠다는 광고를 싣는다.

(라) 일본인 친구에게 현지 배급업자 몇 명을 소개해 달라고 요청한다.

서구의 기업들은 (1)과 같이 직접 대규모 전시회에 참가할 것이다. 왜냐하면 전시회를 통해 자기 상품의 하이테크 측면이나 낮은 가격을 폭넓게 과시할 수 있다고 생각하기 때문이다. 또한 전시회 현장에서 몇 가지 주문을 얻어 내는 것을 기대하기도 한다. 일본인은 정보를 얻기 위해 즐거이 전시회장을 찾을 것이다. 하지만 전시회에 참가한다고 해서 일본회사들이 자신과 함께 할 파트너 회사를 찾을 만한 관계가 생겨나는 것은 아니다. 가장 적절한 답은 (라)이다. 사람 소개는 관계를 시작하기 위해서 대단히 중요하다. 일본인은 먼저 사업 관계를 맺고 나서 상품이나 서비스를 고려하기 때문이다.

상황 2

지난 6개월 동안 당신은 아랍인 정부 대행업자와 합작투자를 논의해 왔다. 지난번 당신의 아랍 출장중에 그는 당신에게 역사 유적지를 관광시켜 주었다. 당신이 관광하는 동안 아랍인은 가격 문제에 관해 이야기를 시작했다. 그 이유는 무엇인가?

(가) 당신과의 사적인 유대감을 튼튼히 하기 위해
(나) 자기 나라의 역사적 전통에 대한 자부심을 보여주려고
(다) 가격을 내려 달라고 설득하기 위해
(라) 다음에는 자기를 당신 나라에 초청해 달라는 뜻으로

6개월의 기간이라면 이미 그 아랍인은 당신과 충분히 사적인 유대감을 확립했고 당신의 상품에 관해 정보도 충분히 얻었다. 따라서 이제는 당신을 설득한 단계이다. 그는 당신에게 가격 양보를 설득할 기회를 포착하기 위해 관광을 계획한 것이다. 가장 적절한 답은 (다)이다.

상황 3

남아메리카인과의 협상에서 성공하려면 당신은 어느 것부터 시작해야 하는가?

(가) 상대방에게 믿음을 주기 위해 거래 조건을 양보한다.
(나) 당신의 비즈니스에 관한 정보를 준다.
(다) 다신의 첫 번째 제의를 받아들이도록 설득한다.
(라) 사적 유대감을 형성한다.

남아메리카 문화에서 가장 적절한 답은 (라)처럼 시간을 들여 사적 유대감을 형성하는 것이다. 곧바로 비즈니스를 시작하면 만족스런 결과를 가져오지 못할 수 있다. 사적 유대감은 양보 단계에서 큰 힘을 발휘한다.

3 이 문화 간 국제 협상

집단이나 사회적 가치관에 대해 연구할 때에는 문화적 상대주의(cultural relativism)의 입장을 전제로 한다. 프랑스의 끌로드 레비스트로스(claude Lévi-Serauss)는 다음과 같이 주장한다.

문화적 상대주의는 한 문화가 다른 문화의 활동에 대해 "저속하다"거나 "고상하다"고 판단할 절대적인 기준이 없음을 인정한다. 그러나 각 문화는 자체의 활동에 대해서는 그런 판단을 내릴 수 있고 또 내려야 한다. 왜냐하면 한 문화의 구성원은 그 문화 안에서 관찰자일 뿐만 아니라 행위자이기도 하기 때문이다.[223] 즉 문화적 상대주의는 자신의 규범이나 자기집단의 규범을 다른 개인이나 집단에 적용하기 전에 한번 더 숙고해야 한다는 것이다. 사회간의 문화차, 2차의 근원, 그 결과에 대해 알고나서 판단과 행동을 취하여야 한다는 것이다.

223) Geert Hofstede 저, 차재호 · 나은영역, 세계의 문화와 조직, 학지사, 1995, p. 28.

일반적으로 이 문화 간 협상은 다음과 같은 과정을 거친다.

· 유대감 형성
· 정보 교환
· 설득

문화적 가치는 비즈니스에 관련된 모든 행위에 영향을 준다. 여기서는 이러한 문화 간 협상(반드시 국가 간 협상인 것은 아니다.)의 과정에 초점을 맞추기로 한다. 직원이나 회사가 상대방과의 사업 관계를 형성하고 상품/서비스 문제를 협상하는 전반적인 과정을 살펴보기로 한다.

상대방과 협상하는 동안에는 자기 문화의 가치들과 지금까지 논의된 타문화의 가치들을 늘 염두에 두고 있어야 한다. 그러한 문화적 가치들이 모든 사람의 행동에 어떠한 영향을 주는가를 알고 있어야 상대방의 요구를 이해하면서 좀 더 민감하게 대처할 수 있다.

다음의 [표 11-3]은 협상 과정에서 중요한 요소들을 보여주고 있다. 이 표에서는 미국, 일본, 아랍 문화 간의 문화적 대비를 보여준다. 중요한 요소로 포함되어 있는 것은 집단의 구성, 참가 인원의 숫자, 공간설정 및 기타 요소들이다.

표 11-3 이 문화 간 협상의 대비점

	미국인	일본인	아랍인
집단의 구성	시장 지향	기능 지향	전문가 위원회
참가 인원	2~3	4~7	4~5
공간 설정 연계 확립	정면 배치, 경쟁적 단기적, 과제에 직접 연관	조화 관계를 과시, 약간 장기적, 조화가 확립될 때까지	지위 장기적, 믿음이 생길 때까지
정보 교환	서류화, 조금씩, 멀티미디어	광범위, 주는 측에 집중	테크놀로지보다는 인간관계를 더 강조
설득 수단	시간의 압력, 기회 상실, 돈을 벌 수 있다는 유혹	관계의 틀 유지, 집단간 연결성	중개자, 우호감
언어 사용	개방적/직접적, 급박한 느낌	간접적, 평가적, 협동적	과장, 정서적, 종교적
최초 제의	적정선 +/-5에서 10%	+/−10에서 20%	+/−20에서 50%
둘째 제의	패키지 추가, 거래 조건을 부드럽게 한다.	−5%	−10%
최종 제의	토탈 패키지	더 이상의 양보는 없다.	−25%
의사결정과정	상층 경영진	집단적	담당 부서에서 권장
의사 결정자	상층 경영진	중간 관리진에서 부서 합의를 거침	상급 경영자
위험 감수	계산, 개인적, 권한	집단적 권한이 크지 않음	종교를 토대로 함

자료 : 파리드 엘라시머위, 필립헤리스, 해외비즈니스 문화를 알아야 성공한다. 1997, p. 273.

대부분은 어떠한 방식으로든 이 문화 간 협상을 하게 된다. 이 과정에서는 다음과 같은 점에 주의해야 한다.

첫째, 무엇을 협상하고 있는가? 가격인가, 관계인가, 상품/서비스인가, 물건 배달 시간인가? 각 문화는 나름대로의 문화적 시간표를 가지고 있다. 일본이나 아랍 같은 문화권은 비즈니스 논의를 시작하기 전에 먼저 인간관계를 확립하려 한다. 반면에 미국이나 서구에서는 상품/서비스 협상으로 직접 들어가며, 인간관계 확립은 나중으로 미루거나 신경을 쓰지 않는다.

이 문화 간 협상에서 논의 주제들이 등장하는 순서도 문화적으로 타당한 순서에 따른다. 예를 들어 서구인은 대개 아시아인이나 아랍인들보다 시간의 틀을 짧게 가져간다. 그래서 서구인의 협상 과정은 빠르게 진행된다. 하지만 비서구 문화권의 협상자들은 이렇게 빠른 협상방식을 고압전술의 하나로 여기고 협상에서 물러날 수도 있다.

비언어적 메시지도 협상 과정의 결과에 분명히 영향을 미친다. 이를테면 회의 장소, 설명회를 진행하는 방식, 좌석 배치, 대인 관계 등이 그것이다. 또한 옷차림도 협상의 환경과 비중에 영향을 미친다. 정장은 딱딱한 분위기를 자아내는 반면, 미국인들과 같이 실용적이고 행동 지향적이며 가벼운 차림은 기꺼이 양보를 할 듯한 의미를 띈다.

참석 인원, 지위, 연령, 팀 구성원의 기술 등과 같은 요소들도 형상의 각 단계와 밀접하게 관련되어 있으며 협상 과정에 중요한 영향을 미친다. 서구인들은 혹시 있을지 모르는 내부의 갈등을 최소화하기 위해 협상에도 최소 인원을 배치한다. 일본의 경우는 상대방 측 인원수의 절반 이상이 더 참석한다. 일본의 협상 인원들은 맡은 임무에 따라 교체되기도 한다. 반면에 아랍인 협상 팀은 상급자가 먼저 모습을 나타내고, 세부 사항들은 직급이 더 낮은 직원들이나 기술부서 직원들에게 맡긴다. 마지막 단계에서 상급자는 팀에서 자신이 차지하고 있는 강력한 위치를 과시하기 위해 다시 돌아와서 거래를 마무리 짓기도 한다.

1) 국제 협상과 감정표현의 정도

눈에 보이는 감정 표현의 정도는 문화마다 차이가 있다.

예를 들어 미국인은 표현하는 쪽에 가깝다. 이는 아마 엄청난 이민자와 거대한 땅덩어리 속에서 계속해 사회적 장벽을 깨뜨려 왔기 때문일 것이다. 애칭을 사용하는 버릇(찰스 대신 '처크', 로버트 대신 '밥' 등), 우스개 소리들, 노상 음식 판매차, 그리고 신속히 형성되는 비공식적이며 편안한 관계 등 이 모든 것이 평생 동안 여러 차례 새로운 이웃과 교제해야 하는 필요에 따른 것이다.[224)]

그러나 어릴 때부터 분노나 기쁨, 격렬함의 표현을 부도덕하게 치부하는 유교문화권(한국과 일본)에서 자란 필자는 미국으로 연구년 갈 기회가 있어 B대학의 William 교수를 만날 기회가 있었다. William 교수에게 professor William이라 했더니 그는 필자에게 Bill이라 불러 달라고 했는데 나이

224) Fons, Tronpemars, Riding the waves of culture, Nicholas, Brealey publing, 1995, pp. 110~120.

가 20년 이상 차이가 있어 처음에는 익숙하지 않아 상당히 힘들었다.

그리고 일본에서 유학한 필자는 석사과정과 박사과정 시 많은 일본인 교수한테 한국유학생들이 믿음직하다는 평을 들은 것을 기억하고 있다. '함부로 웃지 말고, 나서지 말고, 침묵은 금이다.'라는 한국식 사고로 임했기 때문이며 이는 유교권사회인 일본사회에서도 통했음을 알았다.

표 11-4 차이의 인식

중립 주의자	표현 주의자
1. 생각하거나 느낀 바를 드러내지 않는다. 2. (우연히) 긴장을 표정이나 자세에서 드러낼지도 모른다. 3. 억눌렀던 감정이 일시에 폭발할 수 있다. 4. 냉정하고 침착한 행동이 존중받는다. 5. 신체 접촉, 제스처 또는 강렬한 얼굴 표정은 종종 터부시된다. 6. 이야기는 종종 단조롭게 진행된다.	1. 생각이나 느낌을, 언어 또는 비언어적으로 드러낸다. 2. 마음을 여는 것과 풍부한 표정이 긴장을 해소시킨다. 3. 감정을 주저하지 않고 쉽고 풍부하게, 그리고 격렬히 방출한다. 4. 열정적이고 생동감 넘치는 표현이 잘 받아들여진다. 5. 신체 접촉, 제스처, 그리고 강렬한 얼굴 표정이 일반적이다. 6. 이야기할 때는 거침없이 드라마틱하게 진행한다.

자료 : Fons Trompenars, "문화와 세계경영", 이현우역, 21세기북스.

[표 11-4] 차이의 인식에서 나타나듯이 한국과 일본의 중립 주의자는 생각하거나 느낀 바를 드러내지 않고 냉정하고 침

착하게 말하며 제스처 표정을 금하는 반면, 서구의 표현주의자는 풍부한 표정과 제스처를 표현한다.

이러한 차이의 인식에서 나타나는 문화적 차이는 우리들을 협상에서 더욱 어렵게 만든다. 그러나 이러한 것을 인식하면서 문제를 해결하는 것이 국제경영인의 협상력이라 하겠다.

12 이문화간의 협상전략

<제 1 절> 국제비즈니스와 이문화간 협상

협상행위(negotiating / bargaining)는, 기본적 · 포괄적 인간행위 중 하나이며, 사람들의 일상 활동 · 노사관계 · 국제정치관계 · 국내 기업간 거래 · 글로벌 비즈니스 활동 등에 흔히 사용되고 있는 하나의 과정(a process)이다. 개인과 개인의 협상행위도 중요하지만 조직과 조직, 기업과 기업의 협상도 중요하게 나타나기 시작하였다.

특히 글로벌 시대를 맞이하여, 이문화간 비즈니스 협상이 등장하며, 국경초월, 이문화간 협상이 글로벌 기업의 중요 요인으로 등장하게 되었으며, 국제협상을 어렵게 만드는 요소들은 다음과 같다.[225)]

225) 반병길, 국제경영 4판, 박영사, 2000, pp. 273~276.

1 국제비즈니스

1) 정치적 및 법적 다원주의

특정 국가소속 기업의 국제경영자들이 국경초월 비즈니스 거래를 모색할 때, 그들은 여러 국가들의 정치적 및 법적 다원주의(political and legal pluralism)와의 접촉을 회피할 수가 없다. 그러므로 국제 비즈니스 협상을 할 때에도, 국제경영자들은 협상 상대의 소속 국가별 특유 정치적 · 법적 시스템을 분석 · 파악하고서 고려해 넣어야 한다.

2) 국제통화 변동 및 외환통제

국제경영자들이 국경초월 거래를 모색하는 국가들의 통화들 및 기타 주요 통화들의 가치는 당연히 변동하게 마련이므로, 또한 많은 국가들이 국경을 넘어 이동하는 외환을 어떤 형태로든 통제하고 있으니만큼, 국제경영자들은 그런 통화가치 변동 및 외환통제도 고려하여 어떤 통화를 기준으로 협상할 것인지 등을 결정해야 한다.

3) 외국 정부와 그 관료주의

기업과 그 활동을 규제하는 정도는 국가별로 큰 차이가 있다. 정부 관료의 관료주의가 기업과 그 비즈니스 활동을 간섭하고 제한하는 정도 역시 국가별로 다르다.

그러므로 국제경영자들은 국제협상을 할 때, 협상 상대의 (그리고 본사국의) 정부 및 그 관료주의도 고려해야 한다.

4) 불안정성

경제적 불안정성 · 정치적 불안정성 · 사회-문화적 불안정성 등 여러 형태로 나타나는 불안정성(instability)은, 국가별로 차이가 많은 가운데서도, 특히 과거/현재의 공산국가들과 저개발국들에서 흔히 발견할 수 있다. 예컨대 정치적 불안정성은 쿠데타 · 갑작스러운 정부정책 변경 · 지속되는 인종적 종교적 폭동 등을 포함하는 것을 뜻한다.

그러므로 국제경영자들은, 국경초월 비즈니스 협상을 하고 거래관계를 결정할 때, 협상 상대가 소속한 국가들의 현존하는 그리고 예견되는 불안정성/안정성 역시 정확히 분석 · 파악하여 고려해 넣어야 한다.

5) 이념

일반적으로 미국 등 선진국 소속 협상자들은, 개인의 권리 · 인 투자와 기업의 우월성 · 비즈니스에서의 이익창출 중요성 등에 대한 강력한 신념을 포함한 공통적인 개인주의 및 자본주의 이념을 공유하고 있다.

대조적으로 일부 여타 국가들의 일부 협상자들은, 개인의 권리보다는 집단의 권리 · 사적 투자보다는 公共투자 등을 더욱 강조하고, 이익을 창출하고 배분하는 방법에 대해 견해를 달리하는 경우도 있다.

그런 이념적 충돌(ideological conflict)은, 국경초월 협상 당사자들 간의 효과적 커뮤니케이션을 어렵게 만들고 무엇을 협상할 것인지부터 불일치(disagree)하게 만들 수도 있다. 그러므로 국제경영자들은 협상상대와의 이념적 충돌 역시 고려하면서 국경초월 협상에 임해야 한다.

6) 문화

문화는 최소한 아래와 같은 방식으로 국경초월 협상에 영향을 미칠 수 있다. 즉, 협상자들이 소속한 국가들 간의 문화적 이질성은, 협상자들이 ① 협상을 하는 것부터, ② 협상 언어, ③ 협상자 선정, ④ 협상 의례, ⑤ 협상 커뮤니케이션, ⑥ 협상시간, ⑦ 리스크 성향, ⑧ 집단 또는 개인 강조, ⑨ 합의의 성격들에 이르기까지 상이한 영향을 미칠 수 있다는 뜻이다.

문화적 이질성 때문에 협상의 정의(definition of negotiation)에 대해 관점을 달리하는 예로서, 미국인들은 협상하는 것을 일종의 "오퍼와 카운터 오퍼의 경쟁적 과정"(a competitive process of offers and counteroffers)으로 보는 경향이 있고, 일본인들은 협상을 일종의 "정보공유기회"(an opportunity for information-sharing)로 보는 경향이 있다는 것이다.

문화적 이질성이 합의의 성격(nature agreements)에 미치는 영향의 예로써 미국에서는 협상을 통해 도달한 합의는, 보편적으로 논리(logic)를 바탕으로 하고, 대개 공식화하고, 상대방의 합의 불이행시는 법률적 시스템을 통해 강행시킬 수 있다.

그렇지만 다른 문화권에서는 합의가, 법정을 통해 강행할 수 있는 협상의 성공적인 완성을 뜻할 수도 있고, 관계를 공식화하고 상호간 부탁하고 절충하는 핵심적인 협상을 시작한다는 신호일 수도 있고 이로우면 지키고 불리하면 안 지킬 수도 있다는 뜻 등, 여러 가지 다른 뜻을 지닐 수도 있다. 그래서 국경초월 합의는 빈번히 혼란과 오해를 불러일으킬 수도 있다. 그러므로 국제경영자들은, 국가들 간에 존재하는 이질적인 문화는 국경초월 협상에 서로 다른 영향을 미칠 수 있음을 역시 인식하고서, 국제비즈니스협상에 임해야 한다.

< 제 2 절 >
국제기업과 현지 기업과의 협상

1 합작 파트너에 대한 평가

합작투자의 성공은 파트너 선정과 협상에 달려 있다고 해도 과언이 아니다. 그러므로 합작이 가능한 현지기업들을 파악하고 그 기업들에 대해서 정보를 수집하고 평가하는 것이 중요하다. 무엇보다도 합작파트너에 대한 신뢰성을 검증하는 것이 중요하고 합작파트너와 상호이득을 얻을 수 있는 사업관계를 지속할 수 있을 것인가에 대해서 신중하게 평가해야 한다. 다음은 잠재적 파트너들에 대한 중요한 평가 항목이다.

- 합작선의 합작동기 및 목적
- 최고경영자의 관리능력
- 합작선의 기술능력
- 현지시장에서의 빠른 진입가능성
- 합작선의 자본능력
- 파트너와의 협상력 차이
- 합작선의 대정부 교섭력
- 합작선의 규모 및 성장 가능성
- 현지기업의 마케팅 혹은 유통망의 이용 가능성
- 합작선의 신뢰도 및 윤리성
- 현지정부에의 판매가능성

2 주요 협상의제

주요협상의제에는 ① 투자방식, ② 투자기업 명칭, ③ 투자기업 설립 장소 또는 소재지, ④ 사업내용, ⑤ 투자규모, ⑥ 투자기간 또는 합자/합작기간, ⑦ 출자 지분, ⑧ 경영방식, ⑨ 이사회 구성방식, ⑩ 생산규모 및 생산방식, ⑪ 설비 또는 기술방식, ⑫ 자금조달 방안, ⑬ 공장 확보 방안, ⑭ 원자재조달 방안과 이윤분배 및 분쟁해결 방식, ⑮ 제품판매 방안 등이 있으며 다음은 대표적으로 중요한 협상의제들이다.

1) 합자비율

합자비율은 현지에서 통제권을 행사하고 수익에 대한 배분 차원에서 중요한 항목이다. 따라서 합자비율을 결정하는 의사결정은 협상파트너의 중요한 의제이다.

일반적으로 합자비율의 51% 이상을 선호하는데 이는 기업경영활동의 통제권을 획득하기 위한 것이므로 파트너들은 협상에 있어 가장 예민한 의제라 할 수 있다.

2) 이사회구성

이사회구성은 현지국의 임원으로 구성할 것인가 또는 투자국의 임원으로 구성하느냐에 따라 기업 활동의 문화 또는 정책방향이 좌우된다. 따라서 이사회의 임원 선정에 있어서 협상당사자들은 자국의 임원을 최대한 많이 이사회에 참여시키려고 협상한다.

3) 상표와 유틸리티

상표와 유틸리티의 사용에 있어서 현지국의 정부 또는 합작기업은 투자국의 브랜드 이미지와 유틸리티를 이용하여 현지국의 이미지 상승효과와 이에 파급되는 로열티 지급과 사용을 최대한 저렴하게 또는 무료로 사용하려고 협상에 임한다.

4) 현지 주재원의 급여

현지 주재원의 급여주순과 지급화폐, 현지 종업원의 급여에 대한 화폐종류, 즉 현지국의 화폐로 할 것인가, 아니면 투자국의 화폐로 할 것인가 등 급여결정과 방식은 주요한 협상의제이다.

5) 자재구매와 기술료

자재구매와 기술료에 있어서 협상 당사자들은 생산에 들어가는 자재를 현지에서 구매할 것인가 아니면 수입을 본국 또는 제 3국 자재를 구매할 것인가를 협상하게 된다. 현지의 자재를 구매하여 사용하면 현지국의 입장에서는 수입대체효과와 외화유입의 양면적 효과를 거둘 수 있다. 기술료의 지급에 있어서는 선진투자국의 고급기술을 협의에 의하여 무료 또는 저렴하게 사용하기 위한 협상을 진행하며, 투자기업의 경우 기술의 유출문제 등 여러 가지 중요한 이슈에 대하여 협상을 한다.

6) 품질보증

품질보증 또한 중요한 협상의제로서 품질보증 즉 A/S 당사자 또는 제품하자의 경우에 있어서 책임의 소재여부를 명확히 하여야 한다. 그래야 분쟁의 소지를 미연에 방지 또는 해결할 수 있다.

<제 3 절> 외국인과 협상전략

최근, **합작사업**, M&A, 라이센싱과 **판매협정**, 제품과 서비스 매매 등, 기관간의 상호관계의 모든 중요 국면에서 직접협상이 행해지고 있다. 국내 거래에 비해 외국 거래가 증가하면, 다양한 나라 사람들이나 다양한 문화를 지닌 사람과의 상담도 빈번해진다. 비즈니스맨은 이러한 협상을 잘 추진하기 위해, 다른 문화와 그들과 사귀는 방법을 알고 있지 않으면 안 된다.

점점 글로벌화가 추진되면서 국제적인 협상 스타일을 연구하는 문헌이 점차 증가하고 있다. 예를 들면, 수많은 다양한 나라에 관한 연구에 덧붙여, 프랑스인, 러시아인, 캐나다인, 멕시코인, 브라질인, 중동 아랍인, 중국인 및 일본인의 협상행위에 관한 연구가 있다. 러시아인은 아랍인과 같은 기대와 어프로치를 갖고 협상의 장에 임하는가? 그렇지 않다. 아랍인의 교섭 스타일은 미국인과 같은 걸까? 이 대답도 역시 '노'이다. 러시아인, 아랍인, 미국인은 매우 다른 방법으로 협상을 행한다.

[표 12-1]에 나타나 있듯이, 러시아인은 일반적으로 협상에 대하여 공리적 어프로치를 사용한다. 그들은 이상을 주장하고, 그것을 기본으로 삼아 논의를 전개한다. 일반적으로 러시아인은 협상 상대와 계속적인 관계 확립을 바라지 않고, 관계 확립의 필요성도 거의 인정하지 않는다. 협상의 진전과 함께, 러시아인은 예를 들면, 양보할 일이 있어도 극히 적으며, 상대측의 양보를 약한 면의

표출로 간주한다. 러시아인은, 종종 과격한 자세로 협상을 개시하고, 최종기한을 무시하며, 그들의 권한이 매우 한정되어 있기 때문에 빈번히 본부에 문의를 한다.

표 12-1 나라별 협상 스타일

	북미인들	아랍인	러시아인
기본적인 협상 스타일과 과정	현실적 : 논리에 근거한 어필	감정적 : 감정에 근거한 어필	공리적 : 이성에 근거한 어필
대립 · 협상 상대의 논의를 반박할 요인	객관적 사실	주관적 감정	확증 내지 주장되는 이상
양보	관계 확립을 위하여 초기에 조금 행하는 양보	협상 프로세스에 따라 다니는 것으로, 시종일관하여 행하는 양보	양보가 거의 없는, 있다고 해도 조금
협상 상대의 양보에 관한 대응	일반적으로 협상 상대의 양보에 보답한다.	거의 항상 협상 상대의 양보에 보답한다.	협상 상대의 양보를 약점이라 간주하여, 양보에 거의 보답하지 않는다.
관계	단기	장기	관계 계속은 없다.
권한	광범	광범	좁다
맨 처음 자세	온건	과격	과격
최종 기한	극히 중요	무관심 (개의치 않음)	무시

출소 : International Journal of Intercultural Relation, Vol. I. E. S. Glenn; D. Witmeyer & K. A. Stevenson Cultural Styles of Persuasion, 1984, Pergamor Press.

대조적으로 아랍인은 일반적으로 협상에 대하여 감정적 어프로치를 취한다. 그들은 주관적 감정에 근거한 **감정적 어프로치**로 협상 상대의 논의를 반박하는 습성을 갖고 있다. 일반적으로 아랍인은, 협상 상대와 장기적 관계 확립을 바라고 있다. 따라서 그들은 협상 과정을 통하여 스스로 적극적으로 양보하는 일이 많고, 협상 상대의 양보에는 항상 보상하려는 경우가 많다. 대다수의 아랍인은 시간이나 권한에 따른 제약을 받고 있다고 생각하지 않는다. 따라서 그들은 최종 기한에 도달하는 일은 거의 없고, 협상에 대한 모든 쟁점의 논의나 협정에 필요한 광범위한 권한이 주어져 있지 않는 경우는 거의 없다. 홀(E. Hall)은 아랍인과 아시아인들을 사회적, 심리적, 시간적 환경 등의 Context(배경)가 커뮤니케이션 형성에 중요한 영향을 끼친다고 하여 고 배경 문화(High context culture)로 지칭하였다.[226]

미국인은, 러시아인과 아랍인과는 다르다. 미국인은 협상 시, 일반적으로 현실적 접근을 취한다. 그들은 객관적 사실에 기인한 논리적 어필로 협상 상대의 의견에 반론한다. 미국인은 관계를 확립하려고 협상 초기 단계에서 약간의 양보를 하며, 일반적으로 협상 상대에도 그렇게 할 것을 기대한다. 미국인은 시간과 권한에 무관심하지 않으며, 매우 엄격히 최종기한을 정하여 아주 광범위한 권한을 갖고 있는 것이 보통이다.

러시아인이 아랍인이나 미국인과 협상을 개시하면 어떤 일이 일어날까? 협상 스타일이 다를 때, 누가 누구를 설득할까? 협상과정

226) E. Hall, Beyond Culture, Anchor press Doubleday, 1976.

－진정한 의미의 게임 룰－ 이 다르게 정의될 때, 누가 승리를 얻을 것인가? 우리 회사와 내가 상대에게 기대하고 있는 사항을 어떻게 파악하면 좋을까? 국제환경에서 성공하기 위해서는 협상자는 이와 같은 문제에 직면하며, 이를 해결해 나가지 않으면 안 된다.

<제 4 절> 국제 협상

협상이란, 주체자가 상대의 생각이나 행동을 바꾸기 위해, 다른 사람을 설득하려는 과정이다. 또는 쌍방이 조금씩 양보하여 협의점을 찾는 과정이라고도 볼 수 있다.227) 협상은, 어떤 사람이 다른 사람에게 특정한 계약을 조인이나 특정한 의사결정을 하려는 일과 관련된 경우가 많다. 필자는 협상이란, 주체적인 둘 이상이 상호작용을 가지며 주체들의 목적, 즉 이해관계에서 불이익이 최소한 상태로 타협하는 행위와 과정으로 정의했다. 국제협상은, 그 당사자가 서로 다른 문화에 귀속하여, 동일한 사고, 감정 및 행동양식을 공유하고 있지 않을 때, 곤란한 문제로 등장한다. 국내협상 중에도, 두 가지 내지 그 이상의 민족 그룹에 이르면, 이문화적인 협상이 되는 일도 있다. 따라서 브라질인과 원료 조달계약을 협상하는 한국 비즈니스

227) Pierre Casse, Training for the cross-cultural mind and society for international education, Training & Research 1981, p. 152

맨, 아프가니스탄의 탈레반에 납치된 한국인질의 석방협상을 위한 한국정부, 합작사업의 협의에 들어 있는 멕시코인 경영간부와 스웨덴인과의 토의, 그리고 공용어 규제를 정하고 있는 프랑스어계 벨기에인과 플래미쉬어계 벨기에인, 이들은 모두 이문화적으로 협상을 하고 있다.

협상은 가장 중요한 국제비즈니스 기술의 하나이다.[228] 국제협상에는 문화적 다양성이라는 차원에 덧붙여, 모든 국내협상의 복잡함이 포함되어 있다. 워튼 비즈니스 스쿨의 **펄뮤터**(Perlmutter) 교수에 의하면, 국제 매니저는 협상에 50% 이상의 시간을 사용하고 있다고 한다.[229]

그러나 국제협상의 전문가인 데이빗 벌류(David Berlew)와 엘렌 레이더(Ellen Raider)에 의하면, '협상은 반드시 비즈니스의 최선의 어프로치는 아니다'라고 한다.[230]

때로는 최선의 전략이란 '받아들이느냐 마느냐의 양자택일'이며, 때로는 줄다리기이며, 어떤 경우에는 문제해결을 포함한 협상이 최적이 된다. 줄다리기나 양자택일의 어프로치에 비하여, 협상은 많은 시간을 필요로 한다. 매니저는 거래나 관계 확립에 대한

---

228) Feyweather J & Kappoor. A 'introduction to international Business Negotiation in strategy & Negotiation' for the international corporeion, Balliager 1976, pp. 29~50.

229) Perlmutter Howard, nore than 50 percent of international manager, statement made at Academy of management Meeting Dallas, Taxas 1983, August.

230) Ellen Raider, David Berlew, Positive programs situation management system, 1983.

가치가 중요한 경우에는 협상해야 할 것이다. 예를 들면 글로벌적 제휴가 증가하고 있는 경우에는, 매니저는 협상해야 할 것이다. 일반적으로 협상은 국제 면에서 유리한 해결책을 고안하기 위하여 선택되는 전략이다. 예를 들면, 비즈니스맨은, 다음 조건의 어느 것이 존재할 경우에 협상에 대한 선택을 검토해야 한다. 자신의 힘이 상대측보다도 약한 경우, 양 당사자에게 많은 종류의 요구가 있는 경우, 자원 및 선택 안을 검토할 시간이 충분히 있을 경우, 혹은 서로 관련된 사항이 협정 실행을 확실히 하는 데 중요한 경우이다. 문화적 다양성은 효율적인 커뮤니케이션을 한층 곤란하게 만든다. 외국인들의 말과 의미를 완벽하게 이해하는 것이 어렵듯이 외국인들이 이해할 수 있는 방법으로 이해를 전달하는 것은 무척 어렵다고 하겠다.

커뮤니케이션이 더욱 어렵게 되고 있는 한편 쌍방에 편리한 어떤 선택안을 만들어 내는 일은 보다 쉬워졌다. 협상자가 커뮤니케이션 문제를 극복할 수 있으면, 형편에 좋은 해결책 －양 당사자가 다가설 상호 편익 있는 해결책－ 을 확인하는 일은 보다 쉬워진다. 일반적으로 다양한 문화적 상황 하에서는 실질적인 상위 영역이 있으며, 따라서 상호이익의 실질적인 영역이 증대할 가능성이 있다.

협상자는 어떤 경우에는 서로에게 유익한 해결책을 넘어 시너지적인 협정을 고안한다. 서로에게 유익한 해결책은 비교우위에 초점을 맞추고 있는데, 시너지적인 해결책은 쌍방의 차이점을, 그러한 차이점 없이는 불가능한 새로운 해결책을 창조하는 원천으로 이용한다. 이문화 커뮤니케이션의 복잡함과 문제를 만들어 내는 원천인 상이점은, 궁극적으로는 서로에게 유익한 시너지적인 합의 창출의 주요한 원천이 된다.

<제 5 절> 협상의 성공영역

협상을 성공시킬 기초가 되는 개인의 능력, 예측할 수 없는 사태에 대한 대응, 전략 프로세스 등의 세 가지 영역은 문화에 따라 상당히 달리하고 있다는 사실이 입증되고 있다. 세 영역 모두가 중요하게 인식되고 있으나 협상자는 교섭 프로세스(전술과 전략)를 가장 중시하고 있다. 협상자는, 이 프로세스를 관리함으로써 가장 직접적으로 협상에 대한 성패를 좌우할 수 있다. 세 영역의 각각이 논의되어 문화적 다양성이 강조되고, 가장 효과적인 어프로치가 제시된다. 유능한 협상자는, 상황과 사람들의 특성에 근거하여 전략과 전술을 책정한다. 최고의 유일한 교섭방법이 있으면, 국제 매니저에게 편할 것이나 어떤 유효한 성공에 대한 정답은 존재하지 않는다.

1 뛰어난 협상자의 특성

뛰어난 협상자의 특성이란 어떤 것일까? 죤 그레함(John Graham)의 광범위한 연구에 의하면, 그 대답은 조사 대상자에 따라 다르다. [표 12-2]에 나타나듯이, 미국인 매니저는 유능한 협상자는 고도로 합리적이라고 확신하고 있다. 많은 미국인이 놀랄 일이나, 브라질인 매니저도 거의 같은 시각을 갖고 있다. 유일하게 다른 것은 경쟁이 아닌, 성실을 가장 중요한 특성의 하나로서 지적하고 있다는 점이다. 일본인은 미국인이나 브라질인과는 현저하게 다르며, 합리적이라기보다도 오히려 인간관계에 초점을 맞추고 있다. 미국인이 **언어표현력**만을 강조하는 것에 반해, 일본인은 언어에 의한 표현과 사람 말에 귀를 기울이는 능력 쌍방을 강조한다는 점에서 미국인과 다르다. 미국인, 브라질인 및 일본인과는 대조적으로, 대만의 중국인 매니저는 협상자의 합리적 능력과, 이것에 비하면 다소 떨어지나, 인간관계를 확립하는 능력에 중점을 두고 있다. 중국인에게 협상자는 흥미를 일으키게 하는 사람이 아니면 안 되며, 인내력과 결단력, 존경과 신뢰를 획득할 능력, 준비와 계획 작성 능력, 풍부한 제품지식, 올바른 판단력 및 지성을 함께 지니고 있지 않으면 안 된다.

표 12-2 협상자의 주요한 개인 특성

미국인 매니저	일본인 매니저	중국인 매니저	브라질인 매니저
기본 준비와 계획 작성 능력	일에 대한 헌신	인내력과 결단력	기본 준비와 계획 작성 능력
압박하에서의 사고	권력에 대한 지각과 이용	존경과 신뢰에 대한 획득	압박하에서의 사고
결단과 지성	존경과 신뢰에 대한 획득	기본 준비와 계획 작성 능력	말로 표현
제품 지식	사람의 말에 귀를 기울이는 능력	관심	제품 지식
권력에 대한 지각과 이용	넓은 시야	판단과 지성	권력에 대한 지각과 이용
성실	말로 표현	×	경쟁력

자료 : D. John Graham, Brazilian Japanese and American Business Negotiation, *Journal of international Business Studies*, 1983, pp. 47~61.

개인의 특성이 해내는 역할은 문화 간에 따라 다르다. 그레함의 연구에 의하면, 좋은 결과가 나오는가, 아닌가는 주로 브라질에서는 협상자 자신의 성격, 미국에서는 협상 상대의 성격, 일본에서는 역할(사는 쪽이 항상 좋은 결과를 얻는다), 그리고 대만에서는 협상자와 그 상대의 성격이 혼합된 것에 의해 좌우된다. 구체적으로 말하면, 브라질인 협상자는 그가 거짓말쟁이이고 이기적이며, 보다 자존심이 셀수록, 그리고 협상 상대가 성실하면 성실할수록, 보다 많은 이익을 올린다. 미국인 협상자가 잘 추진해 나가는 것은, 협상상대가 성실하며, 이기적이 아닌, 내향적으로 특히 인간관계를 이러쿵저러쿵 말하지 않으며 협상자의 행위에 의해 압박감을 받는 경우이다. 대조적으로 일본에서는 매수인이 항상 매도인보다도 좋은 결과를 손에 걸머쥔다. 일본의 매수인도 매도인도, 모두 협상상대를 기분 좋게 함으로써 스스로의 입장을 개선할 수 있다. 대만에서는 협상자가 좋은 결과를 얻는 것은, 그들이 거짓말쟁이이고 협상상대가 이기적이 아니며 특히 매력적인 성격도 갖고 있지 않은 경우이다.

< 제 6 절 > 국제 협상 전략

협상 프로세스는 협상의 성공 여부를 예측하는 데 유일하고 가장 중요한 요인이다. 효과적인 협상 프로세스에는, 협상의 전체적인 전략이나 어프로치, 그 단계 및 구체적인 전술 관리가 포함된다. 협상의 다른 국면처럼 협상 프로세스는 문화에 따라 현저하게 다르다. 효과적인 전략에는 상황 특성과 협상자의 개인적 배경이 반영된다. 그 전략에 따라, 입장, 절차, 타이밍 및 협상 중개자 역할에 대한 밸런스가 취해진다.

1 협상 전략 : 이문화 시너지 어프로치

하버드 인터네셔널 협상 프로젝트의 연구에 기반을 둔 '승낙의 획득(Getting To Yes)'이라는 훌륭한 저서 중에, 피셔(Fisher)와 유리(Ury)는 교섭의 기본적 어프로치를 제시하고 있다.[231)]

[표 12-3]에서 보이는 바와 같이 이 어프로치에는 세 종류가 있으며 단계별로는 다음의 네 단계가 있다.

제 1 단계 : 인물과 문제를 분리한다. **제 2 단계** : 입장이 아닌, 이익에 초점을 맞춘다. **제 3 단계** : 객관적 기준을 주장한다. (결코 압력을 가하지 않는다) **제 4 단계** : 상호 이익이 될 선택 안을 고안한다.

231) Fisher Roger. Ury William, Getting To Yes, Houghtion Mifflin Company, 1981.

표 12-3 국제교섭 단계에 대한 세 가지 어프로치

전통적 어프로치 (경쟁적)	기본적 어프로치 (협조적·개인적)	시너지적 어프로치 (협조적·문화적)
준비 경제문제의 명확화	**준비** 이익의 명확화	**준비** 이 문화에 대한 훈련 이익의 명확화
관계 확립 교섭상대의 평가	**관계 확립** 인물과 문제의 분리	**관계 확립** 인간과 문제의 분리 스타일과 페이스에 대한 적응
정보 교환 일 관련 정보 교환 입장의 명확화	**정보 교환** 일·교섭참가자 관련 정보 교환 이익의 명확화	**정보 교환** 일·교섭참가자 관련정보 교환 이익의 명확화 관습적 어프로치의 명확화
설득	상호 이익을 위한 선택안 고안	상호 이익을 위한 선택안 고안 양쪽 문화에 대한 타당성
양보	**최선의 선택안 선별** 객관적 기준 채용 주장; 압력행사 금지	**최선의 선택안 선별** 양쪽 문화에 적절한 기준 채용 주장
협정	**협정**	**협정** 협정의 번역과 협정내용 파악을 강화하기 위한 번역 : 필요한 경우에 재교섭

자료 : Fisher Roger. Ury William, Getting To Yes, Houghtion Mifflin Company, 1981.

이 기본적 어프로치는, 국제교섭에 간단히 이용될 수 있을까, 그렇지 않으면 어려울까. 그런데, 이 기본적 어프로치를 이문화 간의 시점에서 분석해 보자. 문화적 상위는 커뮤니케이션을 한층 어렵게 한다. 따라서 제 1단계, 제 2단계, 제 3단계는 한층 어려워진다. 즉 교섭상대 및 그들의 이익이나 그들의 평가기준을 이해하는 것은

한층 복잡해지며, 이문화 커뮤니케이션의 함정에 빠질 가능성이 크다. 대조적으로 제 4단계는 간단해 진다. 서로에게 이익이 될 선택 안을 고안하는 데는 상위를 인식하고, 그것을 이용할 필요가 있다.

쌍방의 협상단이 요구하는 협상 항목이 동일하지 않으면 않을수록, 쌍방의 요구를 동시에 만족시킬 찬스가 늘어난다. 문화 간의 차이가 인식되고, 명백히 전달되어, 이해된다면(제 1단계, 제 2단계, 제 3단계), 그 상위는 쌍방이 만족할 해결책을 구축할 큰 기초가 될 것이다. 예를 들면, 인도네시아산 바틱 염색[232]을 수입하는 서구제국은, 그것이 노동집약 상품이기 때문에 선진국 시장을 개방하고 있다. 유럽에서는 바틱 염색을 생산할 수 없으며, 한편 인도네시아에서는 자국 내에 안정된 통화로 그것을 좋은 가격으로 팔 수가 없다. 문화적 차이를 조직 활동의 장애물이라기보다 오히려 자원으로 이용하기 때문에 이 이문화 시너지 어프로치는, 국제협상의 모든 당사자의 편익을 최대화할 수 있게 된다.

232) 염색법의 한 가지로 천에 백랍과 수지를 섞은 방염제로 무늬를 그려 천을 염색한 다음 방염제를 제거하여 무늬만 남도록 하는 것.

< 제 7 절 >
국제 협상 전술

협상에는 언어를 중심으로 하는 언어전술과 표정과 문화 등의 비언어 전술 두 가지가 있다. 대부분의 미국인이 언어전술을 가장 중요하다고 생각하고 있는 것에 반해, 그 외의 다른 나라 사람들의 대부분은 그와 같이 생각하지 않는다. 어떤 연구에 의하면, 언어는 그 의도하는 바의 겨우 7% 밖에 전하지 않으나 목소리 상태는 38%, 얼굴 표정은 55%나 전한다. 언어 행동도 비언어 행동도 문제를 일으킨다. 국제협상 전문가인 데이빗 벌류와 엘렌 레이더에 의하면 '언어를 모르면 벽에 쓰여진 문자를 읽는 것은 어렵다'고 주장하였다.[233] 더구나 그 벽을 어디에서 발견하는가는 더욱 어렵다. 다음 절에서는 가장 일반적인 언어·비언어적 협상전술의 몇 가지를 검토하기로 하겠다. 일연의 '더러운 수법'도 개설하고 있으나, 이것은 일반적인 방식이라고는 하나, 서로에게 유익한 협정 체결에는 크게 도움이 되지 않는다.

1 언어 전술

협상에서는 다수의 언어 전술이 사용된다. 조사에 의하면 협상자가 성공하는 －이익의 증대－ 것은 다음과 같은 경우이다. 즉,

233) Komorita S & Bernner A: "Bargaining & Concession", *Journal of Personality and Social Psycholgy*, 1968, vol. 9, pp. 15~20.

(a) 질문수가 많다, (b) 최종 협정단계에 앞서 계속 내보내는 언질수가 적다, (c) 당초 요구액이 많은 －즉 매도인은 많은 금액을 요구하고, 매수인은 적은 금액을 제시한다－ 경우이다. 그 결과 대부분의 문화에서, 유능한 협상자는 먼저 큰 기대와 높은 제시(혹은 요구)로 협상을 시작하고, 많은 질문을 하면서 상담을 추진하며, 그리고 협상의 최종단계에 접어들면 많은 언질은 삼간다.

2 올림픽 보도에 대한 협상

1984년에 로스엔젤레스의 올림픽 위원회는 다양한 나라와 텔레비전 방영권을 협상했다. 미국의 ABC에서 올림픽 위원회는 2억 2500만 달러를 받았다. 일본에서 위원회는 1850만 달러를 받았다. 왜 일본은 이렇게도 금액이 적었는가?

일본은 당초, 방영권에 대하여 600만 달러를 신청했는데 올림픽 위원회는 9000만 달러로 대응했다. 위원회의 목표는 1억 달러였다. 일본은 자국의 시장이 미국 시장보다도 적다고 주장하고, 게다가 일본은 한 곳의 방송국이 입찰에 참가했을 뿐이었다. 미국은 3대 네트워크가 거기에 참가하고 있었다(ABC, CBS, NBC). 큰 기대(낮은 가격에 대한), 납득할 수 있는 주장(소규모 시장) 및 경쟁사가 없음이 미국 회사의 12분의 1이라는 일본 방송망에 대한 최종가격을 낳은 것이다. 한국도 올림픽 중계와 월드컵 중계 시에 너무나 많은 가격을 지불해서 그 피해를 보도한 적이 있다. 과도한 경쟁이라고 보기에는 국제적 협상 능력의 부재로 보아야 한다.

1) 전술 범위

협상에서 이용되는 일반적인 전술에는, 약속, 협박, 권고, 경고, 보상, 처벌, 규범적 어필, 언질, 자기개시, 질문 및 명령이 있다. 이러한 많은 전술 이용이나 의미는 문화 간에서 상위하다. 아시아(일본인), 북아메리카(미국인) 및 남아메리카(브라질인) 출신 협상자는 협상에서 각각 다른 언어전술을 사용하고 있다. 예를 들면, 브라질인은 미국인보다도 「노」라는 언어를 9배나 많이 말하나 이것은 일본인의 거의 14배에 상당한다. 똑같이 브라질인은 미국인에 비하여, 초기에 양보를 많이 하나, 미국인은 일본인보다도 많이 양보한다.[234)]

협상 성공자의 행동을 실증하고 있는 영국의 허스웨이트의 연구에서는, 숙련된 협상자와 보통 협상자의 언어행동이 분석되었다. 가장 숙련된 영국 협상자는, 자극적 언어, 반대제안 및 공격·방어의 악순환을 거의 이용하지 않고, 또한 논의를 희석시키지 않으며, 행동의 시그널, 적극적인 청취, 질문 및 감정 설명을 많이 이용하고 있다.[235)]

234) Grahan, John, 'The inflwences of culture on process of Business negotiations', Journal of international business studies, 1995, Spring, pp. 81~96.

235) Raider Ellen, International Negotiation A training program for corporate executires and diplonats, situation management system inc. 1982.

3 비언어 전술

비언어적 행동은, 협상자가 무엇을 말하는가 보다도, 그들이 무엇을 하는가 라는 사실과 관련된다. 그것은 언어자체가 아닌, 협상자가 말을 어떻게 풀어가는가 라는 사실도 포함된다. 비언어 행동에는, 목소리 상태, 얼굴 표정, 사람과의 간격, 복장, 몸짓, 타이밍, 침묵, 상징이 있다. 비언어 행동은 복잡하고 다면적이다 – 그것은 다양한 메시지를 보내며, 그 대부분은 반정도 무의식적으로 대응한다. 협상자는 언어 메시지보다도, 비언어 메시지에 대하여, 감정적임과 동시에 위압적으로 대응하는 일이 많다.

언어행동(말)과 똑같이, 비언어적 행동도 문화 간 현저하게 다르다. [표 12-4]에 나타나 있듯이, 일본인, 미국인 및 브라질인이 협상 중에 침묵, 대화의 중복, 안면응시, 신체적 접촉을 이용하는 정도는 상당히 다르다.

표 12-4 비 언어행동의 문화 간 상위

행동(전술)	일본인	미국인	브라질인
침묵시간(30분당 10초를 넘는 회수)	5.5	3.5	0
대화의 중복(10분당 회수)	12.6	10.3	28.6
안면 응시(10분당 몇 분 응시했는가)	1.3	3.3	5.2
신체적 접촉(30분당 악수는 제외한다)	0	0	4.7

자료 : Grahan, John, "The Inflwences of culture on process of Business negotiations", Journal of international business studies, 1995, Spring, pp. 81~96.

1) 침묵

일본인은 가장 침묵을 지키며, 미국인은 중간 정도이며, 브라질인은 거의 침묵하지 않는다. 미국인은 교섭 상대가 반대하든, 제안을 거절하든 상정(想定)하여 침묵에 대응하는 일이 많이 있다. 더욱이 그들은 침묵에 대해서는, 논의하여 양보하는 경향이 있다. 이와 같은 대응은 브라질인과의 교섭에서는 문제를 일으키지 않으나, 일본인과의 거래인 경우에는 미국인에게 심각한 타격을 준다. 일본인은 미국인의 제안을 냉정히 고려하는 것에 반해, 미국인은 그 침묵을 거부로 해석하여 양보(예를 들면, 가격 인하)로 대응한다. 같은 역학은, 영어를 모국어로 하지 않는 사람이 영어로 교섭할 때에도 일어난다. 영어를 모국어로 하지 않는 사람은 영어의 의미를 완벽하게 이해하기 위하여 조금 더듬거리기 때문에, 미국인은 그들이 자신들의 의견을 거절하고 있다고 가정해 버린다. 더욱이 그들은 침묵을 거부로 오해하여 불필요한 양보를 하는 경향이 있다.

2) 안면 응시

안면 응시란, 상대의 얼굴을 직접 응시함을 말한다. 시선을 맞추는 일은 안면 응시 중에서도 가장 정도가 심한 형태의 하나이다. 시선을 맞추는 일이나 안면 응시 회수가, 인간관계의 친밀도 수준을 전하는 일이 많다 – 시선을 맞추는 일이 많으면 많을수록, 친밀도도 증가한다. 혼란이 생기는 것은,

어느 문화에서 적절한 회수의 시선이 다른 문화권 사람들에게는 친밀도의 많고 적음으로 되는 경우이다. 그 어느 경우도 외국인 교섭상대는 불쾌함을 느낄 것이다. 브라질인은 일본인의 4배, 미국인의 1.5배나 안면 응시를 한다.[236]

3) 신체적 접촉

교섭자가 교섭 장에서 서로 신체를 접촉하는가 안 하는가는, 문화에 따라 다르다. 악수를 제외하고, 브라질인 교섭자는 30분에 거의 5회 비율로 서로 접촉하나, 미국인과 일본인 교섭자간에는 신체적 접촉은 거의 없다. 안면 응시와 같이, 신체적 접촉은 친밀도를 전한다. 멕시코에서의 포옹 -2번의 포옹- 은 신뢰 관계의 진전을 전하지만, 이것과 동일한 몸짓이 독일인에게는 다른 감정으로 표현된다. 독일에서는 그와 같은 몸짓은 부적절하게 높은 친밀도를 전하는 것이기 때문이다.

236) Grahan, John, 'The inflwences of culture on process of Business negotiations', Journal of international business studies, 1995, Spring, pp. 81~96.

< 제 8 절 >
국제협상과 설득전략

로마에 가면 로마법을 따라야 하지만 실상은 그렇지 않다. 로마, 베이징, 혹은 동경에 있다고 해도 그 나라의 법을 따르긴 어렵고 유능한 외국인처럼 행동해야할 것이다. 루시안 파이(Lucian Pay)는 그의 저서 '중국인 상담 스타일(Chinese Commercial Negotiating Style)'중에서, 중국인과 비즈니스를 하는 외국인에 대하여, 다음과 같은 충고를 하고 있다.

(1) 인내심 있게 할 것
(2) 하등 움직임이 없는 연장기간을 감수한다.
(3) 과대한 기대를 억제하고, 장래 전망에 관한 중국식의 허풍스러운 화법을 감안하여 듣는다.
(4) 중국인이 부끄러워하는 마음으로 움직인다고 예상한다.
(5) 자기 자신의 실수에서 곤란한 일이 발생했다고는 생각하지 않는다.
(6) 중국의 문화적 특징을 이해하는 데 유념하는 것은 좋으나, 외국인이 중국인보다도 그 특징을 준수할 수 있다고는 생각할 필요 없다.

루시안 파이는 상대가 다른 문화의 일원이 되도록 주의하라고 말하는 것이 아닌, 문화적 상위를 인식하여, 이해할 것을 권하고 있다.[237)]

237) Lucian W Pye, Chinese Negotiating style; Commercial approaches and Cultural principles, Quorum Books, 1992.

일본인과 협상을 하려면 일본인의 가치의 우선순위를 알아야 하는데 '엘라쉬머위(Farid Elashmawi)'와 '해리스(Phillip Harris)의 Multi-cultural management(다문화 경영)'이란 책에서 일본인은 ① 인간관계, ② 집단적 조화, ③ 가족의 안정, ④ 자유, ⑤ 협동 등의 순서로 가치의 우선순위가 있다. 이러한 것을 보고 일본인과의 협상 전략을 정할 수 있다.[238]

상술한 바와 같이 협상 스타일은, 명백히 문화 간 서로 다르다. 본국에서 사람들을 효과적으로 설득하는 말과 행동은, 해외 협상 상대에게 영향을 줄 수 없다. 협상의 문화적 배경은 '누가 교섭단 멤버가 되어야 할 것인가, 협상은 어디에서 해야 하나, 협상자는 어떤 전략을 채용해야 하나' 하는 점에 상당히 큰 영향을 미친다. 국제 협상자는, 날카로운 관찰력 및 국내 이상으로 사물에 대한 의미를 이해하기 위한 잠정적 어프로치를 취하는 일이 필요하다. 국제협상은 '한 번에 결론에 달하지 않는 것'은 것은 물론 협상자에게 협상을 정확히 매듭짓게 하는 일도 거의 없다.

국제협상을 준비할 때, 협상단 멤버는 외국의 문화, 협상패턴 및 특히 외국인과의 협상 스타일에 대하여, 가능한 한 많이 학습해야 하며, 그 후 가능한 한 폭넓은 자유 재량권과 대체 안(행동과 실질 면에서)을 갖고 현실의 협상 테이블에 임하여야 한다. 맨 처음 회합에서 협상자는 교섭상대와의 인간관계 확립에 중점을 두어야 한다(그들에게 일에 대한 이야기를 끄집어내게 하는 점을 잊

238) Farid Elashmawi, Philip R Harris, Multi-cultural Management - new skills for global success, Gulf Publishing Company, 1993.

어서는 안 된다). 회의 중에 교섭자는 유사점이 명백해 질 때까지 교섭 스타일의 차이를 당연한 것으로 하지 않으면 안 된다. 실제로는 다른데, 외국인이 당신과 같이 행동하여 발생하는 손실을 보완하기보다도, 처음에 그 차이를 생각하여, 나중에 유사점을 인정하도록 하는 편이 간단하다. 유능한 협상자는 큰 기대를 갖고 맨 처음의 큰 제안을 하고, 많은 질문을 하면서 회의를 진행하여 협상의 최종단계에 이르기까지 수많은 언질을 하는 것을 피한다. 유능한 협상자는 협상 자리에서, 미숙한 협상자에 비하여, 자극적인 말 , 반대제안 및 공격·방어라는 악순환을 이용하지 않으며, 논의가 희박해지지 않을, 행동의 시그널, 적극적인 청취, 감정 설명을 많이 이용하고 있다.

가장 유능한 협상자는, 양 당사자가 만족하는 해결책을 찾아 회의에 임하고 있다. 협상 기술의 의의는 창조적인 선택안과 대체안을 고려하는 데 있다고 생각한다.

13 이문화전략과 시너지효과

보이지도 않고 만질 수도 없는 문화가 조직에 영향을 준다고 생각하고 있는데, 그렇다면 영향이 있다고 하면, 조직에 플러스인 것일까, 그렇지 않으면 마이너스인 것일까. 혹은 유익할까, 그렇지 않으면 유해할까. 비즈니스맨은 문화적 다양성을 어떻게 관리해야 할 것인가. 무시해야 할까, 최소화해야 할까. 그렇지 않으면 이용해야할 것인가.. 등의 수많은 이슈가 등장한다.

우리나라와 같이 단일문화권에서는 큰 문제가 생기지 않지만 다양한문화와 다인종의 국가에서는 문화도 정책의 하나로서 중시되고 있다. 인도네시아의 국가모토는 다양성에 의한 통일이고 미국의 모든 동전에 쓰여 있는 것은 수많은 개개의 존재로부터의 성립이라는 모토처럼 다인종, 다문화권에서의 국가모토이다.

본 장에서는 문화가 얼마나 보기 힘든 것인가, 그리고 반대로, 우리들이 얼마나 문화를 볼 수 없는가를 고찰하겠다. 문화적으로 다양한 환경에서 일을 할 경우, 어떤 문제점과 이점이 숨어 있는가를 기술하여, 문화적 다양성과 그것이 초래하는 결과를 관리하기 위한 몇 가지 전략을 제시해 보겠다.

< 제 1 절 >
이문화 분석모델

국제비교연구에서 국제경영론에의 발전을 논하다 보면 '발전단계설'이나 '수렴가설'을 의미하는 것으로 오해할 수가 있다. 발전단계설이나 수렴설은 서구사회(선진국)을 세계의 정점으로 두고 계몽주의의 가치관으로 서구의 진보된 지식으로 후진세계(후진국)를 구제하여야 한다는 설, 즉 서구문화의 보급에 의해 '제 3 세계의 질서화'야말로 문화적 제국주의의 본질이다.[239]

그러나 이러한 논리로 이문화 접근을 하면 실패를 하므로 사회간 문화의 차이, 그 차이의 근원, 그 결과에 대해 알고나서 판단과 행동을 취하여야 한다는 문화적 상대주의(cultural relativism)의 입장[240]에서의 이 문화분석모델이 필요하게 등장한다.

1 이문화 분석모델 : 차원적 접근

기업문화의 가장 핵심적인 요소는 구성원들의 가치관이기 때문에 국제경영에 있어서는 구성원들의 가치관에 영향을 주는 타문화를 이해할 필요가 있다. 일반적으로 자국문화에 접해 있던 민족

239) Tomlinson J, Cultural imperialism, printer publiser, 1991.

240) Grest Hofstede 저, 차재호, 나은영역, 세계의 문화와 조직, 학지사, 1995, p. 28.

은 타민족의 문화를 자국 문화적으로 인식하여 갈등이 일어나는 경우가 많다. 특히, 현재처럼 다문화사회에 살고 있는 현대인이지만 타국의 행동이나 가치관을 자국의 가치관으로 인식하여 다국적 기업 중에는 타국의 문화를 이해하는 것을 국제경영의 최초의 이해라고도 한다. 다문화사회에서의 문화적 행동, 가치관을 이해하기 위해서는 이문화의 분석모델은 필수이며 상황에 따른 문화적변수를 분석해보려 한다.

1) 이문화의 분석모형

(1) 클러크혼(F. Kluckhohn)의 모형

각 문화의 가치체계에 따라 문화적 차이를 비교하기 위하여 클러크혼은 5가지의 기본적인 질문에서 사회의 주류가 어떻게 답변을 하는가에 따라서 그 사회의 문화를 구분하고 있다.[241] 물론 한 문화권 내에서도 수많은 사람이 있고 그들이 제각기 다른 가치관과 행위 유형을 갖고 있겠지만, 그 중에서도 다수의 구성원들이 갖고 있는 공통적 가치관과 사고방식을 찾아내 보자는 것이다.

클러크혼의 5가지 질문은 다음과 같다.

① 인간의 본성은 기본적으로 선한가, 악한가?
② 인간과 자연의 관계는 어떤가?

241) F. R. Kluckhon & F. strodtbeck, Variations in Value Organization, Greenwood press, 1961.

③ 삶의 주 관심사가 과거인가, 현재인가, 미래인가?
④ 사람의 활동양식이 정적인가, 동적인가?
⑤ 인간관계는 개인주의적인가, 그룹 중심적인가, 권위주의적인가?

경영자는 우선 자기 문화나 자기의 가치관, 혹은 행위가 어떤 행위인가를 이 질문을 통해서 확인한 후, 비교하고자 하는 외국문화의 가치관과 행위를 사하여 두 문화의 차이를 음미해 볼 수 있다. 이 질문에 대한 답변은 [표 13-1]과 같다.

표 13-1 클러크혼의 모형

기 준	행위 및 사고 유형		
인간의 본성	기본적으로 악함	선과 악의 혼합	기본적으로 선함
인간과 자연의 관계	자연에 복종	자연과의 조화	자연을 정복
시간 지향성	과거 지향적 (전통적)	현재 지향적 (찰나적)	미래 지향적 (목표 지향적)
활동 양식	정직	내면 성장	동적
인간관계	권위주의적 (상하관계)	그룹 중심적 (공존관계)	개인주의적 (동등한 관계)

주 : a) 인간의 본성은 선과 악 말고도 가변성인가 불변성인가를 기준으로 분류할 수도 있다.
b) 정적 : 인생에 꼭 무엇을 달성해야 되는 것은 아니고, 존재하는 것만으로도 충분하다. 내면 성장: 인간의 존재이유는 내면적 성장에 있다.

클러크혼 모형은 물론 외국 문화의 여러 측면 가운데 일부만을 보여주고 있으므로 이것만 가지고 외국문화를 완전히 비교할 수 있다는 것은 아니다. 그러나 이 모형의 매력은 그것이 아주 간단하다는 데 있으며, 그러면서도 이를 통해서 외국문화에 대한 이해를 높일 수 있다는 점이다.

(2) 홀의 모형

문화적 차이를 이해하기 위해 문화를 비교하는 또 다른 하나의 비교문화적인 분석방법으로 홀(E.T. Hall)의 모형을 들 수 있다. 그는 각 국가의 문화를 고배경 문화(High-Context Culture: HCC)와 저배경 문화(Low-Context Culture: LCC)의 개념으로 이원화 하였다. 여기에서 배경(Context)은 사상을 보는 방법들 중의 하나로서 각 국가의 문화를 평가하는데 중요한 역할을 한다고 보고 있다.

표 13-2 클러크혼 모형의 적용

아랍 문화권	일본 문화권
선악 혼합	선악 혼합
자연과 조화	자연과 조화
자연에 복종	
과거 지향적	과거 지향적, 미래 지향적
정적	정적
권위주의적	권위주의적, 그룹 중심적

홀이 **고배경 문화**(HCC)와 **저배경 문화**(LCC)로 각 국가의 문화를 분류하는 데 있어 기준으로 삼는 몇 가지의 문화요소 또는 차원을 중심으로 양자의 차이점을 평가한 것을 개략적으로 살펴보면 다음과 같다.

먼저 HCC에서는 커뮤니케이션 또는 메시지의 정보가 대부분 신체적 배경 또는 개인에 내부화 되고 명백하게 부호로 나타나거나 메시지로 옮겨지지 않는다.

많은 정보를 포함하기 때문에 실제로 구두로 나타난 메시지에는 적은 정보가 적게 포함된다는 것이다. 반면에 LCC에서는 메시지가 명백한데 커뮤니케이션에 있어서는 실제의 대화를 통해서 대부분의 정보가 교환된다고 보고 있다. 이러한 차원에서 볼 때, 중국, 일본 및 아랍문화는 HCC에 속하며 미국 또는 독일의 문화는 LCC에 분류된다. 미국의 경영자들이 일본 기업의 경영자들과 협상을 할 때 일본의 파트너들이 분명하게 그 핵심을 밝히지 않는다고 불만을 표시하는 이유의 하나가 이와 같은 문화적인 차이에서 기인한다고 할 수 있다.

표 13-3 고배경 문화와 저배경 문화의 비교

요소 및 차원	고배경 문화	저배경 문화
법 또는 법률가	덜 중요함	매우 중요함
개인의 말	그 개인이 보증함	서면으로서의 보증임
조직의 실책	최고위층이 짐	최하위층이 짐
공간	상대방과 근접함	개인 공간을 지니며, 받는 것을 싫어함
시간	폴리크롬닉함. 즉, 생활에 있어서 매사는 그 자신의 시간에 의해 처리됨	모로크로닉함. 즉, '시간이 돈이다'라는 관념이 강함
협상	매우 오래 끌게 됨. 그 목적을 모든 당사자들이 서로 알게 하는데 있음	매우 신속히 진행됨
경쟁 입찰	빈번하지 않음	일반적임

자료 : W. J. Keegan, Multinational Marketing Management, 2nd ed.(Englewood Cliffts, New Jersey: Prentice-Hall Inc., 1980), p. 87.

이상에서와 같이 홀은 각 국가의 문화를 몇 가지 요소들을 기준으로 분석하였으며, 이 모형이 지나치게 기술적이고 주관적이라는 한계점을 지니고 있다. 아울러 HCC와 LCC로 구분하는 데 있어서 경계가 불분명하다는 약점을 가지고 있다. 그러나 국제경영의 관점에서서 각 국가의 문화적 차이를 이해하는데 클러크혼 모형보다 유용성이 높다고 하겠다.

(3) 호프스테드의 모형

국가 간의 문화적인 차이를 비교, 분석하는 또 하나의 모형으로 호프스테드(G. Hofstede)의 연구를 들 수 있다.[242)]

호프스테드는 4가지의 기준, 즉 ① 개인주의 대 집단주의(individualism versus collectivism), ② 대·소 권력간격(large or small power distance), ③ 불확실성에 대한 회피성의 강·약(strong or weak uncertainty advoidance), ④ 남성다움 대 여성다움(masculinity verse feminity)에 따라 국가 간의 문화적인 차이를 비교 분석하였다. 예를 들어 권력 간격과 개인주의-여성다움과 불확실성에 대한 회피성 등과 같이 서로 독립적인 2개의 차원을 결합하여 각 국가들을 다양한 문화집단으로 분류하였다. 호프스테드가 표현한 4가지 차원들의 개념 또는 의미에 대해 간략하게 살펴보기로 한다.

① **개인주의** : 이는 사람들이 그들 자신과 직계가족들에게만 관심을 갖는 것으로 간주되는 느슨하게 짜여진 사회구조를 의미한다. 반면에 개인주의는 사람들이 자신의 집단과 외부집단 사이를 구별하는 엄격한 사회구조로 특징되는데, 그들은 그들 내부집단(친척, 당파, 조직 등)이 자신들을 돌보아 주기를 기대하며, 내부집단에 절대적인 충성을 보인다는 것이다. 예를 들면, 미국·영국·네덜란드 등은

242) Geert Hofstede, Culture & Organizations, Institute for Research on Inter Cultural Cooperation (IRIC), University of limburg at Maastricht, Netherands, 1995.

매우 개인주의적인 국가이고, 콜롬비아·파키스탄·대만 등은 매우 집단주의적인 국가로, 일본·인도·오스트리아·스페인 등은 양자의 중간에 위치하는 국가로 나타났다.

② **권력간격(권위주의)** : 이는 한 사회가 어떤 기관이나 조직에 있어서의 권력이 불평등하게 분산되어 있다는 사실을 받아들이는 정도를 의미한다. 모든 사회는 불평등하나, 어떤 사회는 다른 사회보다 그 정도가 상대적으로 심하다는 점에 착안한 것이다. 필리핀, 베네수엘라, 인도 등은 권위주의적 국가에 속하는 것으로 나타났으며, 반면에 덴마크, 이스라엘, 오스트리아 등은 평등주의적 문화로 나타났다. 그런데 재미있는 현상은 권력간격과 집단주의를 결합시켜 보면 집단주의의 특성이 강한 국가는 항상 큰 권력을 나타내지만 개인주의의 특성이 강한 국가는 항상 작은 권력간격을 나타내지는 않았다는 점이다. 다시 말하면 개인주의적이면서 동시에 권위주의적인 문화가 존재하는 것이다.

③ **불확실성에 대한 회피** : 이는 불확실한 미래를 어떻게 받아들이는가를 설명한다. 불확실성에 대한 회피가 약한 사회에서는 미래에 대해 별로 위협을 느끼지 않아 일을 열심히 하지 않고 다른 사람의 의견이 자신의 것과 달라도 별로 신경을 쓰지 않는다. 반면에 불확실성에 대한 회피가 강한 사회에서는 초조 불안 등이 뚜렷하게 나타나며

이에 따라 각종 법적 규범적 제도치로써 위험을 줄이고 안전을 기하기 위해 많은 노력을 기울인다. 이 불확실성에 대한 회피성과 권력간격 차원을 결합했을 때, 불확실성에 대한 강한 회피성과 함께 큰 권력간격을 보이는 국가들에는 모든 라틴국가(라틴유럽과 라틴 아메리카), 유고, 그리스, 터키 등의 지중해 연안 국가들과 일본, 한국 등이 속하는 것으로 나타났으며, 그 반대의 경향을 보이는 국가들에는 덴마크, 스웨덴, 영국, 아일랜드 등이었다.

④ **남성다움**: 이는 사회 안에서 지배적인 가치가 어느 정도로 남성다운가를 나타냈는데, 남성과 여성의 역할을 구분하는 데 있어서 성의 사회적 역할을 최대한으로 구분하는 사회를 '남성다운' 것으로 보고, 상대적으로 그것을 작게 구분하는 사회를 '여성다운' 것으로 본다는 것이다. 가장 남성다운 국가는 일본으로 나타났고, 그 반대로 여성다운 국가는 4개의 노르딕국가들과 네덜란드로 나타났다.

여기서 우리나라의 경우를 권력간격과 개인주의-집단주의, 권력간격과 불확실성에 대한 회피성 그리고 남성다움-여성다움과 불확실성에 대한 회피성 등 서로 독립적인 두 개의 차원을 결합하여 살펴보면, 한국은 큰 권력간격과 낮은 개인주의, 큰 권력간격과 강한 불확실성 회피, 강한 불확실성 회피와 여성다움에 속하는 국가로 분류되고 있다. 그리고 우리

나라의 문화적 차원을 몇몇 대표적인 국가들과 비교하여 살펴보면 [표 13-4]와 같다.

표 13-4 주요국의 문화적 차원

네 가지 문화적 차원	문화적 차원의 수준		
	높음/강함 X	중간 X	낮음/약함 X
개인주의	미국		일본 한국 과테말라
권력간격	말레이시아 한국 일본	미국	오스트리아
불확실성 회피	그리스 일본 한국	미국	싱가포르
남성다움	일본	미국	한국 스웨덴

자료 : 강태구, 국제경영, 전영사, 1997, p. 180.

이상에서 호프스테드가 각 국가의 문화를 비교하기 위해서 제시한 4가지 차원에 대해서 살펴보았다. 이 호프스테드 모형은 방법론에 있어서 클러크혼 모형이나 홀의 모형과는 달리 계량적인 분석방법을 도입하였기 때문에 객관성이 훨씬 높다고 볼 수 있다. 그리고 이 모형으로 얻어진 결과는 국제기업 또는 국제경영인이 본국과는 달리 분류되는 국가에서 리더십, 조직설계, 동기유발 등의 문제에 효과적으로 대응하는 방안을 모색하는 데 도움을 줄 것이다.

그러나 호프스테드의 모형을 이용할 때, 그의 연구가 어느 정도 타당하며 일반화될 수 있을 지에 대한 문제점이 제기될 수 있다. 그가 연구를 위해 추출한 표본이 과연 각 국가의 문화를 대표할 수 있는가라는 대표성 문제와 그가 표현한 차원의 문제가 제기된다.

(4) 트롬패나스(Fons Trompenaas)의 모형

호프스테이드와 홀의 연구가 학술적이었다면 트롬패너스와 함덴터너의 연구는 실천적이었고 구체적이었다고 하겠다. 따라서 그의 연구는 1979년에 개시한 로얄 더치 쉘그룹의 5개 사(네덜란드, 스웨던, 싱가포르, 그리스, 베네수엘라)와 의류업체 5개 사(미국, 오스트리아, 네덜란드, 스페인, 이탈리아)를 대상으로 한 조사가 발단이 되었으며 7개의 차원으로 연구되었다.

15년에 걸쳐 경영에 대한 문화에 대한 연구의 성과를 집대성한 것이 '문화의 물결을 넘어서(Riding the Waves of Culture, 1993)'란 책이다.[243] 그는 30개 사의 협력을 얻어 세계 50개국에서 이루어진 조사의 결과를 발표하였다. 트롬패너스가 중시한 것은 첫 번째로 기업의 경영과 조직에는 유일한 방법이 없다는 것과 두 번째는 자국의 문화와 타국의 문화를 이해하여 비즈니스로 그것을 살리는 것, 세 번째로 국제적인 조직에서 글로벌과 로컬이라는 딜레마에 조직적 통찰을 줄 것 등의 세 가지 점이다.

그리고 그는 보편주의와 개별주의, 개인주의와 집단주의, 중립적과 감정적, 특정적과 확산적, 업적과 속성, 시간과의

243) Fons Trompenaars & Charles Hampden-Turner, Riding the Waves of Culture, 1997, Nicholas Brealey.

관계, 환경과의 관계 등 7가지 차원을 축으로 각국의 비교분석을 행하고 있다.

① **보편주의와 개별주의**(Universalism vs Particularism)

보편주의의 인간은 규칙을 중시하고 예외를 인정하지 않는 경향이고 개별주의의 인간은 규칙을 무시하고 상황에 의하여 다른 판단을 하는 경향이 있다. 조사의 결과에 의하면 프로테스탄트계의 국가는 보편주의의 경향이 강하여 문제가 발생한 경우 법원에 가는 경향이 많다. 또한 보편주의에서는 비즈니스에서 계약이 무척 중요하게 취급된다.

개별주의의 인간은 규칙은 하나의 가이드라인 정도로 생각하고 오히려 인간관계를 중시하는 경향이 있어 보편주의의 사람들과 비즈니스를 할 경우 알력이 일어날 가능성이 있다.

② **개인주의와 집단주의**(Individualism vs Collectivism)

개인주의는 개인을 주체로 생각하는 경향이며 집단주의는 공통의 목적을 중시하는 경향이다. 조사에 의하면 이스라엘, 루마니아, 나이지리아, 캐나다 등은 개인주의가 강한 국가이며, 프랑스, 일본, 중국 등은 집단주의의 경향이 강하다.

③ 중립적과 감정적(Neutral vs Emotional)

감정을 어느 정도 표현하는 것인가를 나타내는 차원이다. 가장 중립적인 것은 이디오피아와 일본이다. 유럽의 경우는 나라에 따라 달라지고 있으며 오스트리아가 유럽에서는 가장 중립적이며 스페인, 이태리, 프랑스는 감정적인 정도가 강하다. 중립적인 국가의 사람이 감정적인 국가의 사람과 잘 적응하기 위해서는 상대를 따뜻하게 접대하며 정열적으로 대응하고 이야기의 중심이 사람이고 물건이 아니라는 것을 알 필요가 있다. 반대로 감정적인 사람이 중립적인 사람들과 잘 적응하기 위해서는 교섭 전에 될 수 있는 한 서류를 준비하고 구체적인 화제를 중심으로 하는 것이 중요하다.

④ 특정적과 확산적(Specific vs Diffuse)

특정적이라는 것은 비즈니스의 상하관계와 직책이 일하는 것에 한정되어 있는 경우를 말하며 확산적이라는 것은 일 이외의 사생활에도 이 입장이 침투되어 있는 경우를 말한다. 미국, 영국, 스위스 등 유럽 국가들은 특정적이며 중국, 네팔, 나이지리아 등은 확산적이다.

홀(Hall)의 이론과 부합시켜 본다면 저배경 문화는 특정적 문화와 관계가 있고 고배경 문화는 확산적 문화와 관계가 있다고 하겠다.

⑤ **업적과 속성(Achievement vs Ascription)**

업적문화는 그 사람의 업적에 의해 사회적평가가 정해지는 문화이며 연령이나 계급, 지위, 학력 등 소위 속성에 의해 평가되는 속성문화가 있다. 프로테스탄트계의 나라의 사람들이 업적을 중시하고 가톨릭, 불교, 힌두교의 국가들은 속성을 중시한다고 되어 있다. 우리나라와 일본은 유교국가이지만 속성문화의 특성과 관계가 있다고 하겠다.

⑥ **시간과의 관계(Attitudes to time)**

시간에 대한 감각도 문화에 따라 다양하며, 과거, 현재, 미래의 관계에 나라의 문화에 대한 차가 명확하게 등장한다. 러시아와 베네수엘라 등은 과거, 현재, 미래의 연결이 끊어져 있지만 프랑스, 캐나다, 노르웨이 등은 과거, 현재, 미래가 연결되어 있고 특히 일본과 말레이시아 등은 겹치는 부분이 크게 나타나 과거, 현재, 미래가 밀접한 관계가 있다고 하겠다.

⑦ **환경과의 관계(Attitudes to the Environment)**

환경과의 관계는 자연을 조정할 수 있는 자세와 자신은 자연의 일부로서 존재하는가 하는 2차원의 접근방법이다. 이것은 또한 자신의 인생을 자신이 조정하려고 하는 자세와 자신 이외의 힘을 인정하는 자세와의 차이이다. 북미는 자신이 조정하려는 경향이 강하고 러시아, 중국은 약하게 나타난다.

2 이문화 분석 모델 : 은유적 및 생활적 접근

국제기업은 다양한 문화권에서 다양한 사람들을 구성하여, 다양한 고객들을 대상으로 비즈니스 활동을 한다. 따라서 국제기업 경영에서 문화적 차이를 이해한다는 것은 전략경영에서 기본이다. Gannon과 그의 동료들(1994)은 이문화의 분석방법으로서 질적인 방법을 제시하였다.[244] 이것은 은유(metaphor)를 통해서 특정 국가의 문화를 통찰하고자 하는 관점이다. 국제기업은 특정 국가문화에서 국민의 정체성을 가장 잘 반영하는 생활방식을 통해서 경영학적 제 문제에 접근하고자 하는 방식으로 볼 수 있다. 세계적인 보편성을 가진 생활방식을 통해서 국제기업은 전략적으로 대응할 수 있는 전체를 그려낼 수 있다. 일례로 프랑스의 '포도주는 프랑스의 문화적 향기를 대변하는 것이다', 미국의 '햄버거는 미국의 실용주의 문화를 먹는 것이다' 등이 그것이다. 국가의 이름을 말하면 그 국가에 연상되는 특징적인 생활문화가 바로 그 국가를 이해하는 기초라는 관점이다.[표 13-5 참조]

244) M. J. Gannon and Associates. Understanding Global Cultures, 1994, London : New Delhi.

표 13-5 국가문화를 대변하는 은유

국 가	생 활 문 화	은 유
프랑스	포도주	향기
독일	교향악	하모니
일본	정원	아기자기
중국과 화교	가족제단	위계질서
미국	햄버거, 청바지	실용
브라질	축구	즐거운 축제

그러나 은유적 접근은 이면적인 문화적 속성이 다양하게 표현될 수 있기 때문에 국제기업의 이문화 경영을 위한 전략적 초점을 찾기가 쉽지 않다는 단점이 존재한다. 그렇지만 특정 국가의 문화를 이해하고 이를 경영에 적용시키고자 할 때, 뚜렷한 생활문화를 이해하고 이를 중심으로 가치관과 행동양식을 파악하는 방법은 폭넓은 국제 활동을 전개하는 기업의 국제 이문화 관리의 효율성을 높일 수 있는 보완적인 방법이 될 수 있다. 특정국가의 생활문화를 연구하고 적용하는 것은 국제기업에 당면한 과제라고 하겠다.

< 제 2 절 >
보이지 않는 문화 : 문화를 인식하는 전략

1 문화적 다양성과 문제

일반적으로, 문화는 만질 수도 없고 보이지도 않는다. 우리들은 통상, 문화가 표면화되면 문제를 일으킨다고 생각한다. 즉 문화적 다양성이 조직에 이익을 초래한다고는 거의 생각하지 않는다. 예를 들면, 프랑스에서 개최된 경영 세미나에 출석한 국제 매니저에 문화적 다양성이 조직에 주는 장점과 단점을 물었을 때, 마이너스 면을 들지 않은 매니저는 한 사람도 없었으나 플러스 면을 들 수 있었던 사람은 30%에 지나지 않았다.[245)]

똑같이, 머길대학에서 열린 이문화 경영 국제심포지움에 참가한 52명의 기업인과 학자도, 문화적 다양성이 일으키는 단점도 장점을 찾는 데 고생했다. 출석한 모든 매니저와 학자가, 문화적 다양성에 관련된 여러 문제를 확인할 수 있었다.[246)]

245) Laurent Andre & Adkr Nancy J. Managerial skills for international Business, executive seminars held at instan in foutainebleau France, August 1981~83.

246) Adler Nancy J. 'cross-cultural managemant : issues to be faced, international studies of managemant & organization. Vol. 13, no. 1-2 (1983, Spring-summer). pp. 7~45.

표 13-6 문화적 다양성에 대한 장점과 단점

장 점	단 점
이문화 시너지의 장점 : 멀티 컬쳐주의에서 조직이 얻는 이익	문화적 다양성의 단점 : 멀티 컬쳐주의가 일으키는 조직적 코스트
의미 확대 다양한 시점 새로운 아이디어에 대한 보다 열린 다양한 해석 선택폭의 확대 창조성 증대 유연성 증대 문제해결 스킬 증대	다양성은 애매함 복잡함 혼란을 증대한다. 의미에 대한 통일이 곤란해진다. 커뮤니케이션 · 미스 한 가지 합의에 달하는 곤란성 행동 통일이 곤란해진다. 구체적 행동에 대한 합의가 곤란
특정 문화에 관한 장점 : 특정 나라나 문화와 일할 경우의 이익	특정 문화에 관한 단점 : 특정 나라나 문화와 일할 경우의 코스트
외국인 종업원에 관한 보다 좋은 이해 특정국 고객과 보다 효과적으로 일할 능력 특정국 고객에게 보다 효과적으로 판매하게 할 능력 외국의 정치, 사회 법률, 경제, 문화 환경에 관한 이해의 증대	극단적인 일반화 조직의 정책 조직의 전략 조직의 관행 조직의 수속 본국 지향주의

출처 : Nancy Adler, International Dimensions of organizational Behavior, 1986.

그럼, 문화적 다양성은 어떤 문제를 일으킬까? [표 13-6]에 나타났듯이, 가장 문제가 일어나기 쉬운 것은 동일 목표에 대한 수렴

(收斂) 프로세스, 즉 조직이 종업원에게 같은 사고나 행동을 요구할 경우이다. 그러한 상황 하에서는, **커뮤니케이션**(동일한 의미로의 수검)과 통합(동일 행동으로의 수검)이 한층 곤란해진다. 다른 문화의 인간끼리는 다른 방법이나 페스로 일을 하기 때문에, 상호 이해가 곤란해진다. 조직이나 프로젝트가 명확함이나 어떤 일정한 방향을 요구할 때, 즉 수검을 필요로 할 때, 애매함, 복잡함, 그리고 혼란이 증대할 가능성은 가장 커진다.

문화적 다양성은, 종업원이 조직 습관과 프로세스를 과도하게 일반화할 때에도 문제를 일으킨다. 예를 들면 어느 나라에서 개발된 마케팅 캠페인을 현지 시장에 적응시킬 노력을 하지 않고 수출하는 것도 그 일례이다.

2 유럽에서의 인사담당 매니저의 기록

미국의 회사 방침에 맞추어, 유럽 각지의 현지 법인이, 전 종업원의 건강진단 데이터를 만들기 위한 공통 시스템을 설계하려고 했다. 영국, 독일 네덜란드, 스웨덴, 룩셈부르크, 스페인, 이탈리아의 인사담당 매니저가 모여, 어떤 시스템을 어떻게 개발하는가에 대하여 합의했다. 미국의 회사의 수속은 훌륭한 것이었으나, 그것을 유럽에서 실행하는 데는 각국의 법률, 문화적 관심이라는 제한을 고려하지 않으면 안 되었다. 더욱이, 유럽에서는 무엇인가를 결정하기 전에 노사협의회나 노동조합과 상의하지 않으면 안 되기 때문에, 이용 가능한 정보 범위가 한정되어 버렸다. 국내에서라면, 다양한 제한이 경감될 것이며, 가령 남은 제한이 있다 해도 시스템 개발에 관여한 모든 인간의 명백한 이해를 얻어내기 위해, 시스템은 좀 더 빨리 개발되었을 것이다.[247]

3 문화적 다양성이 주는 이익

문화적 다양성이 확보되어 있는 사회에서는 현대의 질식상태의 공업문명의 대체안을 탐색할 수 있을 것이다. 이질적인 문화의 교배 즉 hybrid(이중교배)에 의해 새로운 조직문화, 새로운 조직생존방법이 등장할 수 있다.

1970년대의 일본경제의 성공은 미국의 기술과 경영방법의 도입에 의한 조직혁명이 성공한 것이며 1990년대의 미국기업의 부활은 일본적 경영의 학습과 무관하지 않다. 타국의 문화를 배우는 것이야말로 문화적 다양성의 기본목표이다.

문화적 다양성은 수검 프로세스에서 큰 문제를 일으키나, 역으로 분산 프로세스에서는 큰 이익을 가져온다. 조직을 확대하

247) Laurent Andre & Adkr Nancy J. Managerial skills for international Business, executive seminars held at instan in foutainebleau France, August 1981~83.

려 할 때, 즉 조직이 그 경영적 시점, 어프로치, 사고범위, 활동, 제품라인, 마케팅 계획을 확대하려고 할 때, 다양성은 최대의 이점이 된다. 신규 프로젝트의 스타트, 새로운 아이디어 창조, 새로운 마케팅 계획 책정, 신규사업 계획, 새로운 시점에서의 트렌드 평가 등에 의해 조직을 재구축할 경우, 다양성은 큰 이점이 된다.

다문화적 조직은 새로운 아이디어에 대하여 보다 유연성을 갖고 개방적이라고 생각하는 매니저도 있다. 다문화적 조직이, 예를 들면 고객의 국적을 따른 마케팅 캠페인을 행하듯이 고객의 니즈를 이해할 수 있다는 점을 강조하는 사람도 있다. 또한 그러한 조직이 지닌 다면적인 시점은, 문제 해결법을 가져와, "집단사고"를 회피할 능력이 증대함에 주목하는 사람도 있다. 전체로서, 다양성의 이점으로서, 창조성, 유연성, 문제해결 스킬(특히 대부분의 질적 요인이 얽혀 있는 복잡한 문제에 관한 문제해결 스킬), 문화적으로 다른 고객그룹과 일을 할 때의 유효성, 더 나아가 조직 내의 다이나믹함과 커뮤니케이션 패턴에 대한 인식 고양 등을 들 수 있다.

즉, 문화적 다양성을 조직의 짐이 아닌 자원으로 취급함으로써 얻게 된다. 프랑스에서의 경영 관리자 연수 프로그램에 출석했던 국제 매니저는, 문화적 다양성에 의해 그들의 조직에 다음과 같은 이익을 가져왔다고 말하고 있다.

1) 신제품 개발

어느 미국의 약품회사가, 새로운 경쟁력을 지닌 항암제를 개발했다. 그것은 먼저 이탈리아의 자회사에서 개발되어, 세계에서 가장 앞선 임상치료 연구소(미국의 국립 암연구소)가 연구 지휘하여, 새로운 창조적인 기술이 스웨덴에서, 특수한 치료방침은 일본과 중국에서 만들어지고, 주된 자본은 독일과 미국이 책임졌다.

2) 새로운 아이디어의 수용

자국의 인간에게서 들으면, 위협 혹은 부조리하게 생각할 수 있는 새로운 아이디어도 외국인에게서 들으면 순수하게 받아들일 수 있다. 예를 들면 한창 에너지 위기일 때, 미국과 영국 노동자는 최저온도의 서몬스타트의 설정이 규제되어 있음을 깨달았다. 일찍이 브리티시 레이런드의 설계 팀이 포니를 설계하기 위해 한국에 갔을 때, 그들은 한국인이 세차 전에 얼음을 깨는 것을 보고 매우 놀라워했다. 이후 그들에게 최저온도 서몬스타트 설정은 이미 대단한 규제로는 생각할 수 없게 되었다.

< 제 3 절 >
이문화 시너지

시너지에 대해서는 여러 가지 의견이 있지만 풀러(Buckminster Fuller)에 의하면, 시너지란 시대에 뒤진 형식에서 자유롭게 도와주고, 더 나아가 허용되었던 무지의 껍질을 찢을 수 있는 새로운 사고방식을 의미한다.[248] 모런(Moran)과 하리스(Harris)는 저서 '이문화 시너지 관리(Managing Cultural Synergy)' 안에서 '세계 사람들의 문화적 차이 그 자체가, 서로 성장과 완성으로 이어지고, 그것은 각각의 당사자가 이문화 간 상호작용에 단일문화로 제공하는 공헌을 상회하는 것이다'라고 강조하고 있다. 또 그들은 다음과 같이 말하고 있다.[249]

문화적 다양성의 영향을 관리하는 접근방법인 이문화 시너지에는, 조직 구성원들과 고객의 문화양식을 기초로 하여(그러나 그것에 제한 받는 것은 아니나), 경영자가 조직의 방침, 전략, 구조, 그리고 관습을 형성하는 과정이 포함된다. 이문화 시너지적인 조직은, 그 구성원을 개개의 문화를 초월한 새로운 경영과 조직 형태를 창조한다. 이 어프로치에서는 다문화적 조직을 형성하고 있는 각국의 사람들 간의 유사점과 상위점 쌍방이 인정되어, 우리들에게 문화적 다양성을 무시하거나 최소화하지 않

248) Buger P & Bass, Bennard M. Assessment of manager : An international comparison, Free press, 1979.

249) Moran Robere T. and Harris, Phillip Managing cultural synergy, Gulf publising company 1981, Chapter 15.

고, 오히려 그것을 조직 설계와 개발에서의 자원으로 볼 것을 권유한다.

이문화 시너지적 어프로치의 기초를 형성하는 가설은, 직장에서 일반적으로 받아들여지고 있는 이문화의 상호작용에 관한 가설과는 다르다. 첫 번째로, [표 13-7]에 나타나듯이, 미국에서 가장 보통으로 볼 수 있는 가설은 "인종의 도가니"의 신화에 근거한 동질성, 즉 '모든 인간은 기본적으로 같다'라는 것에 대해, 이문화 시너지는 이질성을 전제로 하고 있다. 시너지 어프로치에서는 우리들이 반드시 완전히 같지 않다고 가정한다. 사회에는 많은 다른 문화그룹이 존재하고, 각 그룹이 그 특징을 유지하고 있다고 생각한다. 동질이라기보다 오히려 다원적인 사회 이미지가 시너지 어프로치의 기초를 이루고 있다. 두 번째는 일반적으로 가설은, 인간이 지닌 유사점이 가장 중요하다는 것에 대해, 이문화 시너지는 유사점과 상위점의 어느 쪽도 똑같이 중요하다고 생각한다. 세 번째로 일반적인 가설은, 우리들의 방식이 생활과 일의 유일한 방법임을 전제로 하고 있는 것에 반해, 이문화 시너지는, 공평주의, 즉 최종 목표에 도달하기 위한 많은 동등한 방법이 존재하며, 따라서, '어떤 문화 방법도 본질적으로 다른 것보다 뛰어나다는 것은 아니다'라고 가정한다. 네 번째로 대부분의 사람들은, 어느 정도, 본국 지향적(자신들의 방법이 생활과 일에서 최선의 방법이라고 믿는 것)인 것에 반해, 시너지 어프로치에서는 문화조건 적응, 즉 무엇이 최고인가는 관여하는 사람들의 문화 여부로 결정된다고 생각하고 있다.

표 13-7 다문화적인 환경에서의 잘못된 가설

일반적이나, 잘못된 가설		별로 일반적이지 않으나, 보다 적절한 가설	
동질성	인종 도가니의 신화 : 우리들은 모두 동일하다.	이질성	문화적 다원성의 이미지 : 우리들은 모두 동일하지는 않다. 오히려, 사회적으로는 문화적으로 다른 많은 그룹이 있다.
유사성	유사성의 신화 : 「그들」은 완전하게 나를 닮아 있다.	유사점과 상위점	그들은 나와 닮지 않았다 : 많은 사람들이 문화적으로 나와는 다르다. 또한 대부분의 사람이 문화적으로 보아, 나와의 유사점과 상위점을 갖고 있다.
협의주의	유일한 방법의 신화 : 자신들의 방식이 유일한 방법이다. 그 이외의 생활양식, 일 방식, 사물에 대한 처신은 인정하지 않는다.	공평주의	자신들의 방식은 유일한 방법이 아니다. 같은 목적에 도달하기 위한 방식, 또한 일이나 생황방식에는, 문화적으로 다른 많은 방법이 있다.
본국 지향주의	최선의 방법 신화 : 자신들의 방식이 최선의 방법이다. 그 외의 모든 방식은 자신들의 것보다 뒤떨어진다.	문화조건 적응	자신들의 방식은 하나의 가능한 방법에 지나지 않는다. 같은 목적에 도달하는 데에 같은 효과적인 많은 다른 방법이 있다. 최선의 방법은 거기에 관여하는 인간 문화에 의해 결정된다.

출처 : William Eddy, eds. Handbook of Organization Management Marcel Dekker, 1983, pp. 481~499.

<제 4 절> 이문화 시너지와 문화적 다양성

이문화 시너지는 문화적 다양성에 대한 영향을 관리하는 하나의 어프로치이며, 그것에 의해 조직은, 이문화 환경하에서 일할 때의 문제를 효과적으로 해결할 수 있다. **시너지적 해결**은 종업원과 고객이 지닌 각각의 문화를 인식하고, 더 나아가 그것들을 초월함으로써, 경영과 조직의 새로운 형태를 창출한다. 일반적으로 자주 볼 수 있는, 어느 문화를 강요하는 어프로치나 양자의 타협안을 모색하는 어프로치와는 달리, 이문화 시너지는, 다양성을 배제하는 것이 아닌, 오히려 그 영향에 대한 관리를 강조하는 것이다.

문제해결에 대한 시너지 어프로치는, 세 가지 기본적인 스텝, 즉, 상황기술, 문화적 해석, 그리고 문화적 창조성으로 되어 있다. 조직 멤버는, 첫 번째로 관여하는 모든 문화시점에서 문제를 정의한다. 두 번째로 각각의 문화적 행동의 논리적 패턴을 각각의 문화시점에서 분석한다. 그리고 세 번째로 관계하는 어느 문화의 규범도 범하지 않고 조직의 생산성을 향상시킬 해결법을 창조한다.

1 이문화 시너지와 맬팅팟, 글로벌 도시

경제 발전에서 이민자들의 역항을 지적한다. 월스트리트 저널 기자 파스칼 자카리(P. ZACHARY)는 저서 '더 글로벌 미(The

Global Me)'에서 이렇게 주장한다. 이민에 대한 개방이 혁신과 경제적 발전의 초석이라는 것이다. 그는 미국의 성공적인 경제적 성과가 전 세계의 혁신적이고 정력적인 사람들을 수용한 것과 직접적인 연관이 있다고 주장한다. 그리고 한때 번영했던 일본과 독일 같은 국가들의 쇠퇴 원인을 인구의 동질성에 있다고 주장한다.[250)]

그리고 밀켄 연구소의 2000년도 연구는 이민자들이 국가의 도시와 지역들을 재형성하는 두 가지 가장 강력한 인구 동향의 하나임을 확인했다. 그 연구의 '도가니 도시(Melting Pot Metros)' 목록에는 그 나라에서 가장 다양한 지역들의 순위가 정해져 있다.[251)]

색스니언의 연구에 의하면, 1980년 이후 시작된 새로운 실리콘밸리 사업의 약 1/4이 이민자들에 의해 설립되었다. 그 수치는 1995년 이후 설립된 사업의 30%까지 증가했다.[252)]

현재 미국의 하이테크 지수 순위 1위 도시는 샌프란시스코이다. 이곳에는 실리콘밸리가 위치하고 있다. 실리콘밸리는 '멜팅팟(Melting Pot)'이라는 별명을 갖고 있다. 세계인들의 최첨단 아이디어가 가장 효율적으로 융합하는 용광로이기 때문이다. 멜팅팟이란 이민, 혹은 외국 태생의 비율을 도가니 지수라고 부른다.[표 13-8] "이민자와 하이테크산업"을 참조하면 도가니 지수가 높은 지역과 하이테크 지수가 높은 지역 사이의 관계를 비교해보면 하

250) G. Pascal, Zacharay, The Global Me, publicattairs, 2000.

251) Richard, Florida, Creative Class, 이길태역, 창조적 변화를 주도하는 사람들, 2002, 전자신문사, p. 384.

252) Saxenian A Regional Advantage : Culture and Competition in silicon Valley and Route 128, Harvard University press, 1994.

이테크 지수가 높은 지역이 도가니 지수 또한 높다는 것을 알 수 있다.

표 13-8 이민자와 하이테크 산업

하이테크 지수 순위	지역	도가니 지수 순위
1	샌프란시스코	4
2	보스턴	8
3	시애틀	16
4	로스앤젤레스	2
5	워싱턴 DC	14
6	달라스	17
7	애틀랜타	31
8	피닉스	21
9	시카고	7
10	포트랜드	24

자료 : Richard. Florida, 2002, p. 386.

실제로 실리콘밸리 사업의 약 1/4이 이민자들에 의해 설립되었다. 그리고 현재 미국의 거대 기업을 보면 그 설립자들이 외국인들이다. 지금도 실리콘밸리의 외국인 노동자는 25%에 달한다.

이문화 시너지와 문화적 다양성은 글로벌 기업뿐만 아니라 문화적 다양성과 창조성으로 연결되어 글로벌 시티로 발전한다. 문화적 다양성과 이문화디어리는 글로벌화에 나타난 가장 중요한 창조적지수로 볼 수 있다.

참고문헌

姜太求, "다국적 기업경영론", 무역경영사, 1994, pp. 241-246.

김선식 · 조동성, "한국기업의 기업특유경쟁우위 형성에 관한 실증적 연구", 국제경영연구 제8권, 1997, 8, pp. 127-149.

송면 · 김영래 편역, 국제경영론, 박영사, 1985.

이스라엘 M. 커즈너 저/이성순 역, "경쟁과 기업가정신", 한국경제연구원, 1995, pp. 53-116.[1973년에 저자가 출간]

정구현, "국제경영학", 법문사, 1994.

김화섭(2005), "한류의 확대와 新3D", 산업경제분석.

문화관광부, "문화정책백서", 2003년.

송병우 · 양은경(2003), "한국 대중문화의 현주소와 글로벌화 방안: 한류현상을 중심으로", 사회과학연구 제14권(충남대학교).

한국수출입은행, 수은조사월보.

Fons Trompenars, "문화와 세계경영", 이현우역 21세기북스.

대한상공회의소, "한류 열풍의 실체와 기업의 전략적 활용방안," 2005.

박정현, "상품이 아닌 문화를 팔아라", LG주간경제, 2004.

반병길, "국제경영", 4판, 박영사, 2000.

삼성경제연구소(2002), "문화마케팅의 부상과 성공전략", CEO Information (제372호).

삼성경제연구소, "한류 지속과 기업의 활용방안", 2005.

이장로 · 신만수, "국제경영", 홍문사, 2003.

T.J 피터즈, R.H 워터만, 이길진역, "The search of Excellence", (엑설런트 컴퍼니), 1984.

日本經濟新聞, 2002년 7월 4일.

H. I. Ansof Strategic management, 産能大 出版社 역, 1977.

山崎淸. 竹田志郎 *, 「テキストブック 國際經營」, 有斐閣ブックス, 昭和57年.

A. Rebecca Reuber and Eileen Fischer, "The Influence of the Management Team's International Experience on the Internationalization Behaviors of SMEs", *Journal of International Business Studies,* Vol. 28 No. 4, 1997, pp. 807-825.

Arthur H. Cole, Business Enterprise in its Social Setting, Cambridge, Massachusetts, 1959, p. 16.

B. Chakravarthy and H. Perlmuter, "Strategic Planning for a Global Business", *Columbia Journal of World Business*, Summer 1985, pp. 3-10.

Behrman, J. N. and Grosse, R. E., International Business and Governments: Issues and Institutions, South Carolina, University of South Carolina Press, 1990.

Benjamin M. Oviatt and Patricia Phillips McDougall, "Toward a Theory of International New Venture", *Journal of International Business Studies,* Vol. 25. No. 1, 1994, pp. 45-64.

Bereau of Economic Analysis, U. S. *Direct Investment Aboard,* Washington, D. C., U. S. Department of Commerce, Dec, 1985.

Charles W. L. Hill, Peter Hwang, and W. Chan Kim, "An Eclectic Theory of the Choice of International Entry Mode", *Strategic Management Journal*, Vol. 11, 1990, p. 118.

P. Ghemawat, "Wal-Mart store's Discount operation", Harvard Business school care, No. 9.

D. E. Lilienthal, "Management of Multinational Coporation", in

Melvin Anshen and G. L. Bach(ed), *Management and Coporation*, 1960.

D. Hellriegel, J. W. Slocum, Management, 1992.

D. P. Kircher, "Now the Transnational Enterprise", *Harvard Businese Review*, Mar~Apr., 1964.

Department of Economic and Social Affairs, United Nations, New York, 1973.

E. J. Kolde, International Business Enterprise, 2nd. de. Englewood Cliffs, New Jersey: Prentice-Hall, 1973.

Endel J. Kolde, International Business Enterprise, Second Edition, Prentice-Hall, Inc., Englewood, New Jersey, 1973.

F. R. Root, *Entry Strategies for International Market*, Lexington, Mass: Lesington Books, 1987, pp. 2-5.

Frank Bradley, *International Marketing Strategy*, Prentice Hall International(UK) Ltd., 1991, pp. 55-78.

G. H. Clee & A. di Scipio, "Creating a World Enterprise", *Harvard Business Review*, Nov~Dec, 1959.

George, Von Krogh., Johan Roos and Ken Slocum, "An Essay on Corporate Epistemology", *Strategic Management Journal*, 15(Special Issue), 1994, pp. 53-71.

Gray Hamel and C. K. Prahalad, "The Core Competence of the Corporation", *Harvard Business Review*, May-July 1990, pp. 79-91.

H. V. Prelmuter, "The Tortuous Solution of Multinational Coporations", *Columbia Journal of World Business*, Jan~Feb 1969.

H. V. Purlmutter, Yoram Wind, S. P. Douglas, "Guidelines for Developing International Marketing Strategies", *Journal of Marketing*, April 1973, pp. 14-23.

Hymer, S., "The Efficiency(contradiction) of Multinational Corporations", *American Economic Review*, Vol. LX, No. 2, May 1970.

J. Fayerweather, International Business Management: a Conceptual Approach, New York McGraw, 1969.

J. H. Dunning, "Toward and Eclectic: Theory of International Production", *Journal of International Business Studies*, Spring/Summer 1980, pp. 10-12.

J. Hladik, International Joint Ventures, Lexington, Mass: Lexington Books, 1985.

J. K. Bruck and F. A. Lee, "Foreign Content of U.S. Coporation Activies", Financial Analysis Journal, Sep~Oct, 1966 and "Foreign Investments Capital Control, and Balance of Payment", *The Bulletin, New York University Institute of Finance*, Apr, 1968.

J. K. Johansson and H. B. Thorelli, "Internationnal Product Positioning", *Journal of in ternationnal Business Studies*, Vol. 16. No. 3, Fall 1985, p. 59.

J. N. Behrman, Some Patterns in the Rise of the Multinational Enterprise, Chapel Hill: *The University of North Carolina Graduate School of Business Research Paper*, 18, 1969.

Kindleberger, C. P., American Business Abroad: Six Lectures on Direct Investment, New Haven and London, Yale University Press, 1969.

Kobrin, S. J., "Expropriation as an Attempt to Control Foreign Firms in LDCs: Trends from 1960 to 1979", *International Studies Quarterly*, 1984(28).

Lowe, J., *The Secret Empire: How 25 Multinationals Rule the World,*

Homewood, III., Business One Irwin, 1992.

M. E. Porter, *Competitive Advantage*, New York : The Free Press, 1985, pp. 33-61.

M. E. Porter, *The Competitive Advantage of Nations*, The Free Press, New York, 1994. pp. 33-68.

M. Z. Brooke, *International Management: A Review of Strategies and Operations*, London: Hutchinson, 1986, pp. 38-42.

Martin and Tolchin, S., *Buying into America : How Foreign Moey is Changing the Face of Our Nation*, New York, Timess Books, 1988.

Neil M. Jocoby, *The Center Magazine*, Vol. III, No. 1, Center for Study of Democratic Industries, Santa Barbara, Calf., May 1970.

OECD, *International Investment and Multinational Enterprises: Investment Incentives and Disincentives: Effects on International Direct Investment*, Paris, OECD, 1989.

OECD, Investing in Drveloping Countries, 5th ed. Paris, OECD, 1983.

Oliver E. Willianson, "The Economics of Organization: The Transaction Cost Approach", *American Journal of Sociology*, Vol. 87, No. 3, 1981, pp. 548-577.

Otto Anderson, "On the Internationalization Process of Firms: A Critical Analysis", *Journal of International Business Studies*, Vol. 24, No. 3, 1993, pp. 209-231.

P. J. Buckley and M. Casson, *The Economic Theory of the Multinational Enterprise-Selected Papers*, New York: St.Martin's Press, 1985, pp. 103-105.

P. J. Buckley and M. Casson, *The Future of the Multinational Enterprise*, London: MacMillian, 1976, pp. 32-62.

R. D. Robinson, "Joint Venture of Transnational Business",

International Management Review, Vol. 1, No. 1, 1964.

R. L. Daft, Management, Dryden Press, 1991.

R. Robinson, International Business Management, Hindsale, N.Y. : Dryden Press, 1978.

R. Vernon, *Sovereignty at Bay*, New York, 1971.

Raymond Vernon, "Organizational and Institutional Responses to International Risk", in J. Herring Richard(ed), *Managing International Risk*, Cambridge Univ. Press, 1983, pp. 191-217.

Robonson, R. D., International Business Management, 2nd ed., Hinsdale, III., The Dryden Press, 1978.

S. E. Rolfe, "The International Coporation", ICC, 1969.

S. Lall, *The Multinational: The Spread of Third World Enterprises*, John Wiley & Sons, 1983.

S. Robock, K. Simmonds, & J. Zwick, International Business and Multinational Enterprises, Richard D. Irwin, Inc., 1972.

S. Young., J. Hamill., C. Wheeler, and J. R. Davies, *International Market Entry and Development-Strategies and Management*, Englewood Cliff, N. J. Prentice Hall, 1989, p. 3.

Sae Jin Chang, "International Expansion Strategy of Japanese Firms: Capability Buliding through sequential Entry", *Academy of Management Journal*, Vol. 38. No. 2., pp. 383-407.

Sanford J. Grossman and Oliver D. Hart, "The Costs and Benefits of Ownership: A Theory of Vertical and Lateral Integration", *Journal of Political Economy*, Vol. 94, No. 4, 1986, pp. 691-919.

Sanjeev Agarwal and Sridhar N. Ramaswami, "Choice of Foreign Market Entry Mode: Impact of Ownership, Location and Internalization Factor", *Journal of International Business Studies*,

Vol. 23, No. 1, 1992, pp. 1-27.

Sanjeev Agarwal and Sridhar N. Ramaswami, *op.cit.*, pp. 1-27.

Stephen Herbert Hymer, *The Multinational Corporation-Radical Approach*, Cambridge University Press, Cambridge, England, 1982.

Stopford, J. M. and Dunning, J. H., *Multinationals: Company Performance and Global Trends*, London, Macmillan Publishers, 1983.

Suilleabhain, M. O., Investment Incentives and Performance Requirements, in Walter, I., and Murray, T., *Handbook of International Business*, New York, John Wiley & Sons.

Theodore Levitt, "The Globalization of Market", *Harvard Business Review*, May-June, 1983.

UN, Department of Economic Social Affairs, *Multinational Corporations in World Development*, New York, United Nations, 1973.

United Nations Centre on Transnational Corporation, *Foreign Direct Investment, Debt and Home Country Policies*, New York, UNCTC, 1990, UNCTC Current Studies Series A No. 20.

United Nations Centre on Transnational Corporation, New Issue in the Urguay Round of Multilateral Trade Negotiations, New York, UNCTC, 1990.

W. A. Dymsza, Multinational Business Strategy, McGraw-Hill, New York, 1972.

W. Chan Kim and Peter Hwang, *op.cit.*, 1992, pp. 29-53.

W. Kuemmerle, "Building Effective R&D Capabilities Abroad", *Harvard Business Review*, March-April, 1997, pp. 61-70.

Walters, K. D. and Monsen. R. J., "State-Owned Business Aboard:

New Competitive Threat", *Harvard Business Review,* March-April 1979.

Warren J. Bilkey, "An Attemped Integration of the Literature on the Export Behavior of Firm", *Journal of International Business Studies,* Vol. 9, Spring/Summer 1978, pp. 33-46.

William H. Davidson, "The Location of Foreign Direct Investment Activity: Country Characteristics and Experience Effects", *Journal of International Business Studies,* Fall 1980, Vol. 11, No. 2, pp. 9-22.

William, S. W., "Arming the Third World: The Role of the Multinational Corporation", in Dixon, C. J., Drakakis-Smith, D., and Watts, H. D(eds), *Multinational Corporations and the Third World,* London & Sidney, Croom Helm, 1986.

W. J. Keegan, Global Marketing Management, 4th ed. (Englewoods, N. J. : Prentice Hall, 1989), p. 47.

Wilson, D. T., *International Business Transactions,* (St. Paul, Minn., West Publishing Co., 1981)

Y. L. Doz and C. K. Prahalad, "Quality of Management: An Emerging Source of Global Competitive Advantage", N. Hood & J. Vahlne, ed., *Strategies in Global Competitive,* Groom Helm, 1988, pp. 346-353.

Yair Aharoni, "On the Defination of a Multinational Coporation", Quartely Review of Economics and Business, Autumn 1971.

Yip, G, Global strategy in a world of nation? Sloan Management Review 1989, Fall.

찾아보기

ㄱ

ㄴ

ㄷ

ㅅ

ㅇ

ㅈ

ㅊ

ㅋ

ㅌ

〈저자 약력〉

이덕훈 (李悳薰, Lee, Duk-Hoon)

일본 게이오대학 상학박사
일본 게이오대학 상학부 객원 교수
미국 뱁슨칼리지(Babson college) Arthur M Blank center 기업가 객원 교수
한남대학교 일본연구소장, 경영연구소장 역임
한남대학교 학술정보처장, 학생처장, 기회조정처장 역임
현 : 한국재래시장학 회장
　　한남대 경영학과 교수

≪著書≫

일본의 기업사회, 학문사 (1995).
기업과 환경, 학문사 (1996)
국제경영학, 한남대 출판부 (1996)
기업과 인간, 한남대 출판부 (1997)
신 경영학원론, 학문사 (1997)
기술혁신과 과학기술정책, 기업기술연구원 (1998)
글로벌기업경영, 학문사 (1999)
현대경영의 이해, 진영사 (1999)
화교경제의 생성과 발전, 한남대 출판부 제3판 (2001)
벤처비즈니스와 창업경영, 한남대학교 출판부 제3판 (2007)
한국의 기업경영, 한남대 출판부 (2002)
국제기업과 환경, 교우사 개정판 (2002)
현대경영학, 공저 교우사 (2002)
이덕훈의 경제이야기, 교우사 (2004)
국제 기업전략, 한남대학교 출판부 (2005)
국제 비교경영, 한남대학교 출판부 (2005)

≪譯書≫

유교자본주의 운명과 대안, 시공아카데미(1999)

≪論文≫

The Role of Entrepreneurs in the Development of Japanese Automotive Industry, KEIO Business Review, No 32, KEIO University
화교기업의 기업가적 특성과 문화, 한국생산성학회 외 다수

글로벌 기업과 전략

2007년 8월 25일 초판 인쇄
2007년 9월 1일 초판 발행

저 자 / 이덕훈
발행자 / 오판근
발행처 / 교우사

주 소 / 서울 동대문구 제기2동 148-19
전 화 / 925-2861, 929-4865
팩 스 / 925-2860
E-mail / kw2861 @ chollian. net
http: // www. kyowoo. co. kr
등록 / 1994. 3. 24 제6-0256호

ISBN 978-89-8172-706-2 (93320)

값 **22,000**원